新版

ローマ法案内

現代の法律家のために

木庭 顕

# はしがき

　本書は、前著『ローマ法案内——現代の法律家のために』（羽鳥書店、2010年）の改訂版である。改訂の方針は叙述を多少簡潔にするというものであった。しかし結果として、基幹の部分の説明を全面的に入れ替えることとなった。

　改訂版を出すという、言わば割の合わない仕事を引き受ける労を惜しまなかった鈴木クニエさんに心より感謝したい。

# 目　次

はしがき　　i

序　　…………………………………………………………………………　1

## 第1章　　歴史的前提　…………………………………………………　5

1-0　　5

1-1　政治　　8

1-2　都市と領域　　11

1-3　ローマにおける政治の成立　　14

1-4　ローマの政治制度、その骨格　　17

1-5　裁判ないし刑事司法制度　　23

1-6　都市の実現　　29

1-7　領域の組織　　33

## 第2章　　民事法の原点　…………………………………………　37

2-0　　37

2-1　デモクラシーの原理　　37

2-2　ローマのデモクラシー　　42

2-3　占有　　47

2-4　民事訴訟　　57

2-5　取得時効　　63

2-6　消費貸借　　69

2-7　地役権、相隣関係、不法行為　　74

目　次　　iii

2-8　財産の金銭評価　76

2-9　身分法　81

# 第3章　　契約法の基本原則 ……………………………… 87

3-0　87

3-1　助走　87

3-2　契約法を生み出した社会　92

3-3　契約法の骨格　97

3-4　売買　102

3-5　委任　106

3-6　組合　109

3-7　寄託、銀行　112

3-8　bonorum possessio　115

3-9　嫁資（dos）、ususfructus、fiducia、そして usucapio の
　　　付加的要件　119

3-10　自由人の労働　121

# 第4章　　所有権概念の登場とその帰結 …………… 125

4-0　125

4-1　新しい現実　127

4-2　占有概念の転換　131

4-3　領域上の占有を売買する　137

4-4　契約責任の変貌　143

4-5　不法行為法の変化　147

4-6　意思 voluntas　150

4-7　民事訴訟の変容　153

4-8　争点決定 litis contestatio　158

4-9　刑事訴訟の新展開　164

4-10　犯罪の新しい概念　168

## 第5章　　所有権に基づく信用の諸形態 ……………… 175

5-0 　175

5-1 　locatio conductio 　175

5-2 　質権 　177

5-3 　債権信用 　181

5-4 　condictio 周辺の新動向 　186

5-5 　保証 　188

5-6 　特有財産 peculium 　192

5-7 　身分法の変容 　200


## 補　遺 ……………………………………………… 205

索引 　211

# 序

　ローマ法が今日の法律学の土台を成しているということは動かない事実である。

　とはいえ、法律学が全面的に更新されるとき、常に全く新しいローマ法像が獲得され、これが基礎となったということも確かである。少なくとも 16世紀の人文主義法学において、そして（当初、新人文主義を標榜した）19世紀のパンデクテン法学において、そうであった。そして、新しいローマ法像の獲得は知の全く新しい質、素材を吟味する全く新しい方法、等々を伴っていた。そうした全体的な変化の一つのコロラリーであった。ローマ法が土台となる関係というものは、実際にはこのようなものであった。

　私は現在世界がこれらに匹敵する大きな変化を要請していると認識している。そして新しい方法と作業に基づく新しいローマ法像の獲得に年月を費やしてきた[1]。そうした作業は、拙著『政治の成立』（東京大学出版会 1997年：

---

　1）人文主義的なローマ法記述はどうしても「われわれのかくかくの制度は本来はしかじかの意味を持っていた」というタイプの言明になる。この落差を通じて読者を揺さぶり、問題を根底から考え直させるのが趣旨である。しかしときどき暗に原点へ帰れと主張していると誤解され、突然とんでもないところから頭ごなしに攻撃されたと受け取る若干の読者を生む。まず本書のテクストは決してそのようには言っていない。反対に思い切り現代風に大胆に解釈すべきとの立場が透けて見えるはずである。通常のローマ法の教科書はわれわれの既存の枠組をそのままローマ法に投影しているため、心安らかな反面、意味をなさない。われわれの観念が 19世紀ローマ法学の所産に基づいているのであるから、堂々巡りをしているだけである。創造的であるためには、ローマの人々が何を問題としたのかということに立ち返って考え直す以外にない。本書はこれを探求する。この探求はわれわれが問題を感知する精度を上げる。すると見過ごしていた現代社会の問題が意識しうるようになるかもしれない。根本的な問題を見つけなければ先へは進めない。そして、彼らがそ

POL）、および『デモクラシーの古典的基礎』（同 2003 年：DEM）、そして
『法存立の歴史的基盤』（同 2009 年：POSS）において報告された。まずはギ
リシャ・ローマ全体についての認識を最新のものにすることが目指された。
必然的に、法のみならず政治やデモクラシー、文学や哲学、信用や労働等々
についての認識の再点検をも伴った。本書はとりわけ POSS の要約版という
性格を有するが、ギリシャ・ローマ世界全体の基礎を深く理解しなければロー
マ法の認識には到底至らないという観点をとる以上、POL や DEM の参
照をも乞うこととなる。

　新しいローマ法像と言っても、個々の制度や概念や規律それ自体の内容は
概ね現在の標準的教科書、とりわけ少し保守的なそれと、まして相対的に
19 世紀ドイツのローマ法学の影響が薄いジラールなどと、それほど違わな
い[2]。大きく異なるのは、それらの制度や概念や規律が社会の中で果たした

---

れらの問題をどう解決したかという答えの方ではなく、どのように鋭く問題を発見し、ど
のように真剣にそれと取り組んだか、どのようにして挫折したか、の方を追ってほしい。
むしろ彼らの失敗をこそ貴重な遺産としつつ、われわれがこれを受け継ぐのは伊達ではな
いと気づくはずである。そのようにして問題意識を高度に更新してきたからこそ、われわ
れはここまで来たのである。逆に問題を飛ばして答えの方しか見ないならば、それこそ不
条理な頭ごなしとしか映らないであろう。何でまた関係ない時代の関係ない地域の関係な
い文化を受け容れなければならないのかと（ただし「西洋のもの」ではない、「西洋」も
またギリシャ・ローマに無理解・劣等感・反発を繰り返してきた）。もっとも、解答集を
仲間内で共有することにのみ生きがいを感ずるのが法律家の悪癖である。問題を発見し根
底から解答集を覆すなど、仲間内を説得するのが裁判である以上、言語道断であると感ぜ
られよう。かくして歴史上何度も法や法律学は客観的な現実を見るよりははるかに仲間内
の顔を見るものに変質した。問題を見ずに答えだけをやりとりする姿は、自分たちだけが
ありがたがるワッペンか何かを蒐集交換するマニアのサークルに似る。法学教育の場面で
しばしば横溢してきた思考である。にもかかわらず、時として法や法学そのものが、「果
たして問題を解決できますか、解決できなければ退場してもらいますよ」と法律家の外か
ら言われた。そして現代はそのような時代の一つである。現実と真剣に対峙するならば距
離を取らなければならない。一旦緊張を強いる外へと出なければならない。これが人文主
義の思考回路である。距離を取るということは簡単なことではなく、学問的重装備を要す
る。根本から前提を取り直し、かつデータを新しい Critique によって厳密精査しなけれ
ばならない。
2）ちなみに、日本語の教科書としては、唯一原田慶吉『ローマ法』（有斐閣 1949 年、実質
片岡輝夫による改訂版 1955 年）を挙げうる。ドイツの教科書として相対的にサウンドな
Jörs-Kunkel を土台として明治民法典に接続するものだからである。とはいえ、もちろん

役割の理解、その社会自体についての理解、したがって歴史上いつ現れ、いつ変質したかについての理解が大きく異なる。社会自体についての理解はもちろん最新の歴史学的研究を反映したものである。多くのローマ法の教科書（ばかりか学界の議論そのもの）が現在これを反映しないことを大変遺憾とする。結果として、本書は、「共和末までにローマ法の主軸が出そろい、以後はむしろ混迷していく」という認識に基づく。いわゆるローマ法源、ユスティニアーヌス法典[3]に現れる紀元後の法学の所産を通り抜け、もっぱら共和期の歴史に深く分け入るのが本書の特徴である。そこは同時代史料のない領分であるから、高度の分析技術を要する。それだけに、法学的観点から精度の高い具体的画像が示されることはこれまでになかった。しかし共和末までのローマ社会においてこそ、ローマ法の諸々の諸原則は深い理解に値する意味を湛えているのである。これを基礎としてのみディゲスタの諸法文の錯綜も解明することができる。

---

パンデクテン方式でローマ法を叙述する19世紀ドイツのスタイルは踏襲されるほか、歴史的経緯や背景社会の叙述は流石に今日読むに堪えない。19世紀ドイツの実証主義ないしパンデクテン法学のバイアスを免れるためには、フランスの教科書でも P. F. Girard (*Manuel élémentaire du droit romain*, 1 ed., 1896) まで遡らなくてはならない。むしろ Buckland (W. W. Buckland, *A Textbook of Roman Law from Augustus to Justinian*, 1 ed.;Id. et McNair, *Roman Law and Commom Law:A Comparison in Outline*, 1936) が有用である。Arangio-Ruiz のいくつかのモノグラフが貴重であるが、これについてはその箇所で適宜紹介する。他方、新しい教科書になればなるほど惨憺たる代物が混じるから注意を要する。

3）確認すれば、紀元後6世紀のビザンツで歴代ローマ皇帝の勅令を編み直し（Codex）、初等法学マニュアルを再版し（Institutiones）、かつての法学者の著作から適宜切り取り断片を記念に保存した（Digesta：これも確立したジャンルであった）。そうこうするうちになお出された勅令をも加えた（Novellae）。このテクスト群が16世紀以降 Corpus Iuris Civilis と称され、「法典編纂」であるかのような誤解を素人に与えた（6世紀ビザンツでなされたことは実際にはサンプルを博物館に収め記念物化し死亡宣告したに近い）。なかで Digesta は一旦西ヨーロッパから消え、11世紀に鳴り物入りで「再発見」されたのであることに留意する必要がある。この Digesta が法的思考をわれわれに伝えたということは認識されてよい。とはいえ、ステレオタイプになりながら数百年積み上がったものであるから、テクスト解釈は実は極度に難しい。Lenel の Palingenesia は必携であり、その実証主義的限界を意識した新しい Palingenesia の試みが A. Schiavone のグループによって試みられつつある。

# 第 1 章　　歴史的前提

## 1-0

　ローマ法を理解するためには、まずはローマの社会について広く知ってお
かなければならない。とりわけ、いかなる問題を発見しこれに立ち向かって
いたかを知らなければならない。ローマ法が高度な内容を持つ以上、問題を
鋭く意識したうえで系統的にこれにアプローチしたものであろうと推測され
る。われわれが彼らの問題を理解するためには、彼らの社会をかなり深いレ
ヴェルで認識しているのでなければならない。否、彼らの問題としたことを
全く新たに捉え直そうとする（反射的に自分たちの問題を新たに捉え直そうと
する）ならば、およそ社会自体を全く新たな水準で捉えなければならないし、
新しい質の知を獲得しなければならない。

　しかるに、今日標準的なローマ法教科書を開き、それがローマ社会をどの
ように理解しているかを問うと、愕然とせざるをえないであろう。専門の論
文を読んでも印象が大きく改善されることはない。ローマ法学の認識は、
「原始的な農業社会であった」「帝国は活発な通商をもたらした」程度、つま
りスペキュレーションに基づくものであり[1]、史料に基づく歴史学的認識作

---

　1）イデオロギー色の強い内容がむしろ実証主義後 20 世紀（1930 年代）の特徴であるが、
　　ここ半世紀標準的な理解は、紀元前 700 年くらい（論者によってはそれ以前）から 300 年
　　を過ぎる頃まで一続きの古い農業社会と考え、紀元前 3 世紀に取引の活発化が生じ、新し
　　い社会が生まれるが、これが紀元後 200 年過ぎまでをカヴァーする、というものである。
　　しかし、少なくとも伝承は紀元前 500 年前後に「王政を廃棄し共和政に至った」共和革命

業を何ら経ない[2]のである（深く新たに捉え直すのならば、史料精査は不可欠であるし、しかもその史料批判史料操作に新機軸を要する）。考えてみれば、実定法学者が現代社会の構造をどこまで深く認識しているか、その認識のためにどれだけの時間を費しているか、疑問に思われることがある。

を記憶し、450 年には十二表法という画期を捉える。また、紀元前 1 世紀の「共和政崩壊と元首政成立」という大転換が部分的にしか法の変化をもたらさなかったということがありえようか。

20 世紀後半において最も標準的とされた「ローマ私法」教科書、M. Kaser, *Das römische Privatrecht* を例にとってみると（ここでは第 2 版 = München, 1971 による）、まず（S. 19ff.）、十二表法に流れ込む蓄積を想定し、十二表法以前を漠然と長く指し示しつつ、農耕と「家団体」、そして家長権力を核として捉える。次の特徴は、この家長を念頭に置いて「実力行使」（Gewalt）を社会像の基軸とする点である（S. 36ff.）。しかも「法」と不可分にこれが概念され、"Rechtsherrschaft" "Herrschaftsrecht!" "Zugriffsrecht" 等々の多分にミスティアリアスな語が並べられる。これがいかなる「歴史研究」にも基づかないものであるとは言えない。M. Kaser, *Das altrömische Ius. Studien zur Rechtsvorstellung und Rechtsgeschichte der Römer, Göttingen*, 1949 が叙述の基礎をなすことは明らかである。しかしこの研究が、ローマの古い時代に関する当時（1949 年）の歴史学の水準に全く達しないことも同時に明らかである。極度に思弁的に見える。「ローマ」というのはどこで、何世紀の前半のことか後半のことか等の具体的な知見は存在しない。共和革命は影も形も見せず、十二表法制定も古来の慣習をただ記したものと考えられ（*Das römische Privatrecht*, S. 30:「既存の法制度を既に存在し拘束力を持つものとして前提している」）、legis actio のシステムも太古のものとされる（*Das römische Privatrecht*, S. 29:「国家実定法」に先立つという意味での「慣習法」の存在が徹底的に強調される）。私法は日常生活のコロラリーで政治変動と無縁であると考えられるためかもしれないが、それは勝手な思い込みであり、民事法の形成は高度な彫琢の帰結であり、それを解明するためには紀元前 5 世紀に関する周到な歴史学的作業が不可欠である。その点まさに、1960 年代以降考古学の大規模な貢献があり、人文主義以来の伝承批判の伝統と、これを基礎として Momigliano 等によって開始されていた歴史学の新しい方法がある。さらには「都市と領域」という枠組を基礎に据えて社会構造を捉えるという決定的な動向も存した。対するに Kaser の教科書は 1930 年代の或る種の時代のイデオロギーを無批判なまま露呈させるばかりであり、これがとりわけ暗い印象を与える。

他方もう一つのジャンル「ローマ法史」をとると、それでもようやく近年少し酔いから醒めた印象を持ちうる（同じ Kaser でも民訴 *Das römische Zivilprozessrecht*, München, 1966 は、素材のテクニカルな性質を反映するのか相対的にかなりサウンドであることは記しておいてよい）。ジャンルとして政治体制と「公法」について述べざるをえないからであろう。元来、最も標準的な W. Kunkel, *Römische Rechtsgeschichte*（第 6 版 München, 1972 が重要である；初版は 1947）は古い時代に関して極度に謙抑であり、その時代の歴史学の所産をさらりとかつ懐疑的にリステートするのみであった。F. Wieacker は Kaser と並んで神秘的なローマ法史像（とナツィス）に貢献した学者であるが、彼の晩年の *Rö-*

第1章　歴史的前提　　7

　ローマ史学は人文主義以来 Critique をリードしてきた[3]が、20 世紀後半、史料学、史料批判の分野において大きな革新があったし、社会構造を厳密に捉えるという学問的営為も体系的になされてきた[4]。すぐ以下に述べる理由

---

　　mische Rechtsgeschichte, München, 1988, S. 236ff. は、6-5 世紀のエトルスキ王制期からしか述べない節度を見せる。ただし十二表法の内容をアルカイックに見せて遡らせる手法は相変わらずである。A. Magdelain, Jus imperium auctoritas, Paris, 1990 も、十二表法が太古の慣習そのものではなくそれを加工したものだという段差をつけはするが、基本的には同傾向である。最新の A. Schiavone, Ius. L'invenzione del diritto in Occidente, Torino, 2005 は、そうした点で最も敏感であり続けてきたイタリアの或る学派（Bari 学派）の総決算であるだけに、流石に最新の歴史学・考古学をよく吸収し、また政治システムの存否の問題にも触れるが、なお精度に問題を残す。

2）片岡輝夫（「原田慶吉先生を偲ぶ」『書斎の窓』33、1956 年、6 頁）は、「その後外国の文献や学界の様子を見ますと、先生の仰言ったような点が重視されてきているようです。言いかえますと、私法上の諸制度にしてもそれを社会的地盤と関連させてとらえ、また公法史の研究を促進し、ローマ法の全体を歴史的にインテグラルにとらえようとする動きが強くなっているようです。……ここでもう一つだけ是非指摘して置きたいことがあります。……『原史料に即してじっくり研究せよ』ということは、これこそ先生が御自分の研究を通じてわれわれに示し、教えられた最も根本的な点だと思います。読者の中にはこういうことはわかり切ったことだと思われる方もありましょうが、実は、日本の学界は全般的に見るとこういう点の基礎・実力がきわめて貧弱です。史料操作が法史学のすべてではないことは勿論ですが、それが本格的なものでなければ本当の意味の法史学の研究は成り立たない。」と述べている。片岡によれば（1995 年 1 月 21 日聴き取り）、原田慶吉は、占領下の東大赤門付近で深夜帰宅時に鞄を強奪され、脳挫傷を負い、その後遺症（強度の抑鬱状態）ゆえに自死に至る（1950 年 9 月初頭）のである（「国宝級の学者、税金苦に自殺」と新聞が誤報し、同期の友人鈴木竹男以下同僚たちが新聞社を訪れて抗議したという）が、その直前（7 月末）最後に見舞った際、高円寺の駅まで片岡を見送った原田はなぜかなかなか帰ろうとせず、引用のごとき趣旨を長く話したという。ただならぬものを感じながら後ろ髪を引かれる思いで別れた片岡はこれを遺言として受け取り、その後これに極めて忠実であった。中世近世フランス分割所有権に関する処女論文を書いたばかりの門外の片岡に、死を予期した原田はローマ法講座を託していた。片岡は、当時学問の権化として仰ぎ見られていた原田のこの要請を、大変な重圧であったものの断ることはできなかったと述懐したが、原田のこの学問的遺言に答える方向の研究は、その後ヨーロッパでも原田の言うようには発展せず、今日の致命的な衰退の主要な理由となっている。

3）少なくとも、Leonardo Bruni や Lorenzo Valla 以来そうであり、Critique の黄金期には Perizonius の後 Louis de Beaufort が先端の水準を切り開き、19 世紀の実証主義は Barthold Niebuhr から始まった。ローマ史の基幹部分、共和政期に関する限り、同時代史料のない時代を数百年遡る冒険の旅を試みなければならない。紀元前 1 世紀に成立したテクストを分析し、そこに書かれた紀元前 500 年前後のローマに関する情報をふるいにかけ、後者の時代の社会を再構成するということになる。

8

によりギリシャ史学における画期的な発展をも指摘しておかなければならない[5]。

　もちろん、本書はその性質上ローマ社会に関する本格的な記述をなしうるわけではない。しかし、法すなわち民事法が立ち上がる前提となった部分については少しだけ詳しく叙述する。これが以後数百年、ローマ社会の基礎をなした。法が立ち上がった後の社会の発展については、必要な限りで言及するにとどめざるをえない。本格的な分析につき、POSS の参照を乞う。

## 1-1　政治

　ローマ社会を理解するうえでまず基礎に据えるべき認識は、それが政治を土台として成り立っているということである。ここで政治と呼ぶのは、紀元前 8 世紀にギリシャで誕生した、自由を指導原理とする全体社会組織の、その自由を実現する仕組ないし装置のことである[6]。

　自由とは、「贈与交換を典型とし、しかし言語行為や記号連関をも含む、échange（交換[7]）によって媒介される相互依存（réciprocité）[8]に由る支配従属関係」からの解放のことである。échange と無縁に見える端的な暴力もこ

---

4）後註 16, 20 参照。

5）後註 11 参照。

6）「政治」は "politics" 等の西欧語の訳語であり、「外来語」である。しかし西欧各言語においてもギリシャ語をそのまま（われわれがカタカナ）表記するような外来語であり、これに限ってラテン語でさえなくギリシャ語を使うことになっている。ポリスという社会組織、その組織運営中枢の事柄を指す "ta politika" という中性複数表現に由来する。

7）社会人類学の基本的な概念の一つであり、よく知られているので解説の必要はないと思われるが、念のために註記すれば、集団間の物・サーヴィス・言語のやりとりが、1 対 1 の対価性を少なくとも意識させずに体系的に展開され（全体的給付）、集団間の segmentation 維持に寄与するばかりか、しばしば集団区分ないし編成を形成し直す役割を果たす。民法の「交換」や他の「経済的に合理的な」「交換」との混同を避けるためには「交換」という訳語を避けた方がよい。

8）「互酬性」という訳語を見かけるが、安定した対価性や利益交換を想起させるのでミスリーディグである。主体間の関係に一定の安定をもたらすかのような誤解を与える。事実これを社会編成や制度の基礎と見る社会科学理論がある。しかし échange という概念とともに、システムではなく問題状況をさしあたり指示する語である。

の関係の一形態である。réciprocité は定義上集団を発生させ、また集団内と集団間で展開される。かつ、さまざまなリソース、とりわけテリトリーをめぐって発達する。大まかには不透明な利益交換とこれに付随する暴力組織の行動原理である。社会人類学によれば、およそ人間社会に普遍的に見られる事象である[9]。この普遍的なメカニズムからの解放が自由の意味するところとなる[10]。そうであるとすれば、自由は個人のものである。集団こそが réciprocité の産物であると同時にヴィークルだからである。

　支配服従の関係が根底的で普遍的であるとすると、これを克服するためにはよほど深い包括的な省察が要請されるであろう。緻密な分析を経た批判的なコスモロジーのごときが生まれるであろう。ギリシャで政治が誕生するとき[11]、ホメーロスの叙事詩とこれに対抗的なヘーシオドスのそれが形成され広く人々に共有された[12]。他方、自由を実現するための制度を構築するための資源は、その自由を抑圧するメカニズムの側に求められなければならない。なぜならばそれが所与のすべてであるからである。その所与はそのま

---

9）M. Mauss の *Essai sur le don*（『贈与論』）をどのような版であれフランス語で読むことを薦める。échange 等々の語が例えば交換等の日本語に置き換えると誤解を招くからである。ただでさえ、Mauss には「近代の契約関係」に反対像を突きつけ理想化するというバイアスが存在する。これを処方ないし土台として現代に採用するというバイアスを引きずる新制度論等の動向もある。それでも Mauss の貢献が今なお基底的であるのは、暴力や抑圧、大量殺戮等々に意外な秘訣が存在することを示唆するからである。

10）以下に見るように政治や法はこの自由のために存在するから、réciprocité のさまざまなメカニズムに苦痛を覚える、苦痛を覚える人のその苦痛を理解する、ことができなければ政治も法も全く理解しえない。集団によって抑圧される個人の苦しみに共感しうる想像力を持たない人は法律学の学習も諦めたほうがよい。

11）「ギリシャ人の奇跡」の解明は L. Gernet の研究によって始まった。20 世紀半ば少し前からということになる。Gernet の継承者たち（ギリシャ史学のパリ学派）によってその研究は大きく発展した。パリ学派自身構造主義に影響されながらこれを既に批判するものであったが、POL は Momigliano や Lepore を踏まえてさらにそれを批判するものである。本書の認識はこれを要約するものである。

12）これらのテクストの中に暗号として、政治ないし自由を生み出したその秘訣が隠されている。全くのフィクションであるのに、否、まさにそのフィクションに秘密を解く鍵がある。これらのテクストは、現在のわれわれにとっての（次のデモクラシーの時代のギリシャで分化する）文学・歴史学・哲学を包含するものであるが、この広い意味の文学（literature）が肝要であったことは常に押さえておくべき事柄である。

までは抑圧しか帰結しないから、周到にこれを換骨奪胎しなければならない。これはまた冷徹な分析を要請するであろう[13]。この2点のみで既に政治を立ち上げるためにはよほど透明な意識を人々が持たなければならないという結論に至るに十分であろう。

　人々が関係を結ぶとき深い省察と分析が先立たなければならないというのであるが、省察と分析は自然言語によってのみなされうる。事象や思考やイメージの差違を識別する性質を自然言語が有するからである。識別は自問自答によっても可能であるが、考えを鋭く対置対抗させる複数の主体があればもっとよい。同時にそこに透明な関係を創り出しうるし、まさに各当事者を独立させ、結果自由にする[14]。かくして、自由な関係は必ず言語によって媒介されていなければならない。ただし、言語を交換していれば必ず自由であるということではない（通常はただの échange である）。特定の厳密な仕方[15]で言語を交換していなければならない。かくして、自由実現装置のことであ

---

13) 具体的な制度構築の方面について言えば、冷静な分析ばかりか、抉り出した範型を想像力で思い切りそれぞれ対抗極へと発展させなおかつ突き放し（ここまでが文学の領分）そのどれでもないものを造形する創造が不可欠であった。前提として、文学は、既存の意識の中から多様なエレメントを引き出し、それらをいきいきと解放しなければならない。近代の造形芸術・音楽・舞踊が引き継ぐ。逆に言えば、あらゆる素材に、あらゆる若い人々に、豊かな可能性がある。これを押し潰す試みはそれ自身 réciprocité の抑圧スパイラルにはまる。

14) 今日この透明な関係はなかなかイメージしにくいであろう。ヒントとなるのは、契約交渉において圧迫したり出し抜いたりすることなくフェアかつオープンに明快な合意を達成する、という課題である。言語が使われなければならないが、言語によってかえって欺くこともできるのであるから、特定の訓練を受けたうえで言語をやりとりしなければならず、それを遂行しうるためには透明な意識が必要であろうし、互いに相手の透明な意識を確認しうること、つまり信頼も不可欠である。そのような透明な意識は、少なくともギリシャではもっぱら文学によって培養された。政治の立ち上げに際して Homeros と Hesiodos が決定的であったし、その後叙情詩、悲劇が続いた。所与の全体につき深い省察を施す営みである。

15) 互いの考えの差違を極大化すると同時に厳密にするために、考えを論拠と結論に分節させる。普通に言えば、必ず理由づけするということである。少なくとも同床異夢の曖昧さと卒然たるやったとったは回避される。理由は説得のために有効かもしれないが、そうでなくとも互いの主張の意味するところが明確になり、選択が自覚的になるであろう。それだけで échange のメカニズムの無媒介的作動を抑制する。

る政治を最も狭く指すときは言語のこの厳密な交換活動を以てすることとなる。

　ただし、人々はこの活動とは異なる性質の活動をも継続しなければならない。当然そのままではそこから échange が生まれ、支配従属関係が生まれるであろう。かくして、一個の社会が自由であるためには、特定の厳密な仕方による言語交換活動が存在するというだけではなく、これがそうでない性質の活動を掣肘し、その活動から派生する支配従属関係を極小化し、それが社会の質に影響を与えないようにしなければならない。政治とは、さらに厳密には、このような制圧に成功した、特定の厳密な仕方による言語交換活動のことである。具体的には、「厳密な議論の末に一個の一義的に明確な決定がなされ、これに社会全体が明確に従う」ということが不可欠である。échange は連鎖として現れるから、この連鎖を政治的決定は切断する。決定が取引や利益交換の波の間に浮かぶというのであってはならない。かつ、社会は何らの実力装置なしに決定に従うのでなければならない。実力により強制される関係はそれ自体が échange だからである。かくして、政治制度の基幹は、議論と決定とその自発的で明快な実現であることになる。制度構築のための工夫も、先に述べた、所与に対する省察と分析に由来するが、工夫は大変体系的となる。政治システムという語を使いうる所以である。

## 1-2　都市と領域

　ローマ社会を意識するときに不可欠であるのは、それが都市を基礎としているということである。正確に言えば、空間を都市と領域に厳格に区分することによってその社会は成り立っている[16]。この二元的構成は社会の諸制度諸概念を基幹的に貫通しているから、その社会から生み出されたテクスト

---

16) 都市と領域の二元構造という認識はイタリアなどでは長い伝統を持つ（Siena の Palazzo Comunale の「良き統治と悪しき統治」の図を見よ）が、歴史学的な厳密な認識対象としたのは E. Lepore の功績である。例えば M. I. Finley との協力の産物である M. I. Finley, ed., *Problèmes de la terre en Grèce ancienne*, 1973 がそのことを証言する。

はこのコードに通じていなければ1行たりとも理解できないほどである。文法をマスターし辞書をたくさん引いても及ばないのである。中国の古典を基礎とする平安朝貴族社会の密なコードの理解なしには源氏物語を読めないのと同じである。なおかつ、都市の概念[17]が厳密で今日のわれわれの都市から類推してはならない点、政治と同様である。事実、厳密な意味の都市は政治のコロラリーであり、都市と領域の二元構造なしには政治は成り立たない。この二元構造が遠くに近代における国家と市民社会の、政治と経済の、公私の、二元構造の原点である、と言えば少しは理解されるかもしれない。

都市と領域の二元構造が政治の存立と連帯の関係にあるということは、前節に述べたことから容易に導かれる。人間の活動はすべて具体的な空間において行われる。しかるに、政治の存立は、具体的な空間の上に展開されるリソースをめぐる échange を、これと全く異なる性質の活動が制圧することに懸かっていた。後者（政治）もまた具体的な空間において行われなければならないとすると、échange が展開される通常の空間と政治の空間は一義的に区分されなければならない。通常の空間、領域に対して政治の空間、都市が概念される。それは定義上 échange を行いえない空間である。

かつ、都市が領域を完璧に制圧しているのでなければならない[18]。前者が円の中心のように一定の延長を持つ周囲の連続的な空間を一義的に自らへと帰属させる。単純にこちらでは政治をしており向こうでは échange をしている、というのではそこには都市はない。社会全体に政治があるとは言えないからである。

政治を直接担う活動は言語だけが君臨する空間においてでなければ実現しない。つまり échange からの解放であるが、これは費用果実関係からの解放と言い直すことができる。échange が典型的には「地表面を区切って費用を投下し果実を得る」という活動をめぐって展開されるからである。このと

---

17) R. Martin, *L'urbanisme dans la Grèce antique*, Paris, 1974 が必読である。

18) 都市の厳密な概念は、それが領域（後述）を有することをメルクマールとする。北ヨーロッパの中世都市も一種自由な空間であったが、封建諸権力の谷間にあった限りでは都市ではない。自己が完全独立の領主でなければならない。言わば主権を有しなければならない。

第1章　歴史的前提　13

き区切られた地表面がテリトリーとして観念される。テリトリーは必ず重畳的に観念される。集団Ｐの費用果実関係テリトリーは集団Ｑとの réciprocité の中で認識される。典型的には、Ｐの果実の一部がＱに給付されるのと見返りにＱがＰのテリトリー占拠を認知するという関係が生まれる。Ｑが投下費用を「貸す」、Ｐがそれを「返す」、という形態が採られる場合もある。そのテリトリーから果実がＱに帰着していくから、このテリトリーにつきＱもまた何らかの意味で自己のものであると考える。集団と組織（ＰとＱの結託）はこのようにしてテリトリーの上に形成される。Ｐは自らのテリトリーの内部の人員と、Ｑは外側やさらに上部と、同様の関係を築いていることであろう（このようなテリトリーの重畳的区分を社会人類学は segmentation と呼ぶ）[19]。かつ、占拠自体、それから給付関係も、非常に流動的である。給付が十分でないと判断されれば（Ｑのテリトリーの一部の上にＰの活動がある場合、Ｐのそのテリトリーの）外側（のＱのテリトリー）の人員を使ってＱはＰのテリトリー内に押し入る。かくして、それ自身曖昧な segmentation 自体常に流動化し、また流動化ゆえに衝突が生じ、衝突に備えて人の集団がテリトリーの線引きを越えて形成される。つまり実力（暴力ないし軍事化）が発生する。以上を典型とするテリトリーの上の échange の複雑な展開は具体的な社会組織のありかたはおろか、人々の意識、さまざまな観念複合体を豊かな内容で染めている。都市は定義上これらすべてをしたくともできない空間でなければならない。例えば石畳は一つのデヴァイスである。これにより費用果実関係は遮断される。誰も種を蒔けない。突き出た岩の丘もよい。繰り返すが、一義的に区分されていなければならない。テリトリーの特徴は重畳的で曖昧で流動的な点であった。なし崩しに誰かが自分の費用果実連関を侵食させるのであれば、政治的決定にバイアスがかかる。

　都市は完全に開かれていなければならない。透明性の物的な表現である。誰かに対して閉ざされていれば、その者にとってその空間はグルの巣窟である。不透明であり、何かの支配服従関係が隠されている。すべての個々の自

---

19) 決定的な古典は E. E. Evans-Pritchard, *The Nuer*, Oxford UP, 1969 である。次に E. Leach, *Social Anthropology*, Oxford UP, 1982 などを参照。

由独立主体にとって等しく議論のためのアクセスが保障されていなければならない（平等の概念である）。すると、さまざまな設計上の工夫を要する。

さて、都市が樹立されたとして、その外側はどうであろうか。費用果実関係は社会にとって不可欠である。したがって外側では費用果実関係が展開されなければならないが、これが通常のテリトリーにおけるのと同じであればその社会は自由であるとは言えない。かくして都市ないし政治がそこを制圧しなければならないと述べたのであるが、制圧するというのはどういうことか。水平的に結合した自由独立の一つ一つの主体と一つ一つの独立の費用果実連関が1対1で対応し一義的に明確になる、ということ以外にない。その結果、テリトリーはまるで幾何学が空間を画すように曖昧さを残さず区分される。それぞれの間の échange は排除される。要するに上に見たばかりの segmentation が排除される。空間と主体間関係に articulation がもたらされる（segmentation も articulation も「分節」と訳されて紛らわしいので、特に必要な場合、それぞれ「枝分節」「〈分節〉」と表記する）。後者の場合、すべての費用果実関係単位空間が並列に結合していなければならない。互いに孤立していれば、出会い頭の échange の関係を結んでいるにとどまる。それはしばしば暴力的となる。かつ枝分かれの結合が排除されるのであるから、幾何学的意味の一義的な横一線で結合している以外にない。その結合は都市ないし政治システムにおいてのみなされうるし、また他での結合は排除されなければならない。かつそこでのみ、厳密に規律された échange を行いうる。以上のことが実現された（その都市が君臨する）都市外空間を（その都市の）領域と呼ぶ。通常のテリトリーに比べてその性質は一変する。政治が存立して初めて領域の上に明快な関係が樹立される。もちろん、いちいちその関係が都市に一挙手一投足政治的決定を仰ぐというのではない。しかし争いはいつでも政治システムに持ち込まれ、そこで一義的な決定により解決される。

## 1-3　ローマにおける政治の成立

政治と都市は紀元前8世紀以降ギリシャ各地で続々と生まれていったが、

ローマ社会も 200 年ばかり遅れてこれを実現した。

　紀元前 500 年前後にローマを中心とする強固な共和的体制が出来上がったことについて、今日異論を見ない。1920 年代から 1960 年代にかけて、ドイツの社会学的ローマ史学が紀元前 4 世紀に共和国制成立を下げたり、北欧の考古学者たちが 5 世紀半ばに都市ローマ成立を下げたりしたが、1980 年代以降、南イタリアのギリシャ植民都市を発信源とする史料の分析が進み、共和末のローマ人自身の意識、つまり紀元前 500 年頃に共和革命があったという記憶は今日再び裏づけられている[20]。

　もちろん、その経過に関する伝承がそのまま信憑性を有するわけではなく、また、共和革命の中身について諸学説が一致するわけでもないが、最大公約数をまとめ、私自身の多少の研究を加味すれば、大略、以下のようになる。ラティーニー（Latini）と呼ばれる部族連合組織が存在したが、その一つの segment、ティベリス（Tiberis）川渡河の観点から重要な一帯を占めるそれ、を北に接するエトルリア（Etruria）出自の軍事組織が征服しかつ周囲をも支配した。エトルリアでは、諸部族がギリシャの影響を先駆けて受け、非常に変則的で中身を伴わない擬似都市的[21]社会組織が形成されていた。その社会的亀裂から飛び出してきた分子が後のローマの地を占領したのであるが、南イタリアのギリシャ植民都市におけるデモクラシー化の波に影響を受け、征服軍事組織内部の諸分子の意識に変化が生じ、他方同じ影響により、抑圧され地下に潜っていた旧部族組織の覚醒が周辺に生じ、この両者が同盟するこ

---

20) 戦後すぐの時期の Arnaldo Momigliano の研究が決定的であった。1970 年代以降その成果は基礎的認識として共有される。Livius 等のテクストが集めた年代記等の記事のソースのソースをたどる研究において、史学史を史料批判のためばかりかそれ自身社会構造分析のため枢要とする Momigliano の方法は、年代記創始者 Q. Fabius Pictor のソースにギリシャ側の歴史学を見て全く新たな地平を切り開いた。とりわけ南イタリアのギリシャ植民都市からの視点で後背地たるローマがどう見られたかということが、具体的なソースとの関係で明らかにされ、反射的にギリシャ諸都市からの強い影響に立つ共和革命像が浮かび上がった。Ettore Lepore は南イタリア植民都市域の社会構造の変化を後背地を含め同様かつ一層精緻な史学史的史料批判を反転させて分析し、結果として新しいローマ史像をも裏づけた。

21) 首長たちが横断的に結集し表見的共和体制を樹立した。

とにより王権を倒し、かつエトルリア側から仕掛けられた干渉戦争を撃退することに成功した。干渉戦争を戦う中から生まれた連帯から、新しい共和体制が固まっていく。

　これが政治システムの成立を意味することについて今日ほとんど疑いを見ない。また、伝承からしても考古学の知見からしてもこのときに（少々変則ながら）ギリシャの都市を模倣した構造が出来上がったことは明らかである。

　ただし、若干の留保も必要である。政治が成り立つとすると、既存のすべての枠組を批判的に省察しこの批判を人々が意識に蓄えていなければならない。ギリシャの場合、ホメーロスとヘーシオドスの韻文（口頭伝承）がこのことを保障し、われわれはこれらのテクストが伝わったために、電波望遠鏡が遠い銀河系から送られたシグナルをキャッチするがごとくに政治の成立を知りうるのである。しかしローマにはホメーロスやヘーシオドスにあたるものがない。文学は遅くに別の脈絡で生まれる。もっとも、文学化されない、したがって半神話的で曖昧な性質の伝承は多数伝わっており、これがローマ社会の成り立ちを解剖する鍵を握る。これらの伝承を分析すると、確かに文芸化に似た加工が施されてはいるが、その加工は全開ではなく、もっぱらエティオロジーつまり儀礼を基礎づける縁起話たることが判明する。（ギリシャにおけるように）神話が全面的に文芸化される（「神話」がギリシャの遺産を特徴づけさえする）ことはなく、儀礼を基礎づけるという一面的な役割に特化しているのである[22]。後述するように都市という物的装置自体儀礼その

---

22）神話は範型（チャーター）となる話一般のことであり、日常的な事件を語る話と緩やかに区別されている。後者も範型となりうるから区別は相対的である。これに対して、多くのヴァージョンを校合したりしてチェックし本当かどうかを疑えば、範型たるをえなくなるから、その話は神話でなくなり、残余のみが神話となる。ギリシャでは非神話化が徹底され、方法的に絶対範型たりえない話がまさに範型たりえない話として人々の記憶に刻まれた。これが文芸である（われわれにとっては「ギリシャ神話」であるが、実は非神話である）。反射的に厳密な吟味を経た範型のみが政治的決定の内容となるから、この文芸にその意味で現実的でないというニュアンスが生まれる。さて、日常的な事件を語る話と区別される（批判を経ずに範型となる）神話は、例えば部族社会の segmentation のチャーターとなるから、これを安定的に伝承する必要が存在する。日常を超越するということを印象づけるためにも、非現実を再現する特殊な空間で演じて見せることが行われる。これが儀礼である。かくして儀礼には必ず神話が存在し、神話はしばしば儀礼化される。これ

第1章　歴史的前提　17

ものであり、また主として儀礼は都市中心を基礎づけ、かつそこで行われる。すると、ローマでは、人々は都市中心でのみ儀礼として政治システムを営み、しかし文芸を通じて深く内面化することはなかった、という結論に至る。政治制度は人々の自由な意識というよりは儀礼墨守により保障された。都市の政治制度の中だけで政治を共有し、領域の日常ではそれを忘れているはずである。リベラル・デモクラシーが予感されているとも解しうる。

## 1-4　ローマの政治制度、その骨格

　政治システムは、既に述べたように深い根を持つトータルなものである。とはいえ都市で行われる特別な言語活動と決定が要の位置を占めることも明らかである。それらをどのように遂行するかが事を左右する。つまり政治制度ないし政治機構の構築には細心の注意が払われ叡智の限りが尽くされた。ローマにおいてもそうであった。立ち上がったローマの政治制度の骨格、あるいはまた個々の政治制度は、人文主義期以来西ヨーロッパで政治を立ち上げる際に何度も人々を鼓吹してきたし、19世紀以降は「ローマ公法」として暗に公法学の誕生に関わってきた。基礎的政治制度の成立年代については学説上依然争いがあり、単純には語りえないが、共和革命に遅れること20年ほどの480年代に一旦骨格が固まったと考えることが最も説得的であるように思われる[23]。

---

　　を換骨奪胎するのが、文芸化された話を上演する演劇であり、ギリシャではデモクラシー期に花開く。デモクラシーにとって不可欠なその役割についてはここでは述べることができない。
23)　以下は、いわゆる「ローマ国制」の基幹に関する叙述となる。これについては依然Theodor Mommsen の *Römisches Staatsrecht*（I, II-1, II-2, III-1, III-2）が基本的であり、最も信頼できる（第1巻初版は1871年、しかし復刻版が存在し、またフランス語訳はむしろフランスでの評価の高さに比例して多く引かれる）。近年のレヴィジオニスムは全く混乱している（これも既に古典の域にある F. De Martino, *Storia della costituzione romana, Napoli, I, 1951-* の諸巻諸版が参考を要する唯一の例外である）。Mommsen は Max Weber の師であると同時に後者の攻撃対象であり、実証主義のチャンピオンで、堅固な史料学的作品は今日なお微動だにしない。そもそも「ローマ国制」という文献ジャンルは、ポスト・ルネッサンス期の古事学に由来し、その一分野たる antiquitates publicae を原型

最も重要であったのが、政治という活動を直接担う階層の創出である。上位の権力や権威に制約されない頂点を複数確保し続けるという意義を有した。政治はさしあたりこれら頂点の自由な横断的連帯として成立した。ギリシャでもそうであったが、このために身分制、つまり貴族制が採用される。言うならば、世襲により頂点が維持され続ける仕組の「王」＝王制を複数設定するのである。patrici と呼ばれる人々が系譜により特定され、彼らのうち独立の各系譜現頂点は（ギリシャにおけるような「王」(basileus) ではなく Founding Fathers のようにして）「父達」(patres) と呼ばれた。そして patrici の中から 300 人が（ただし選挙ではなく職権で）選ばれ元老院（senatus）を構成した[24]。実質上最高無二の決定機関たる合議体であり、構成員つまり元老院議員（senatores）をこの人数に限定するのは、議論の実質を確保するためである。

　かくして、元老院は合議体であり、政治の実質を担う決定機関である。もちろん政治にとって、詰めた議論の結果たる決定が一義的に明確であり、かつ特別の手続を経ない限り覆されえないことが不可欠である。そうでなければあれこれの不透明な権力（勝手）が介在することになり、強者が横車を押し、政治の存立が脅かされる。元老院の決定は絶対であるべきはずである。にもかかわらず、元老院の決定は、まだ政治的決定そのものではない。（しばしば「元老院決議」と訳されるが）「元老院の勧告・助言」(senatus consultum)

---

とする。変化を超越した体系を摘出するところに特徴を有する。実証主義を基礎とする新しい古事学として再出発したのは Madvig 等デンマークの学者の功績であり、規範が事実の変動に抗するという点に絶対の根拠を求める実証主義法学の最も良質の知性たる Mommsen によって実証主義「ローマ国法学」は完成された。

24）ローマの政治制度はおそろしく堅固で、この節で述べつつある基本構造は共和末まで維持される。護民官制度等わずかな修正がその後施されるだけである。例えば、元老院議員の選出法も細部においては変化し、また学説上争われるが、決して選挙にはならず、ただ被選挙資格が平民に拡大されるだけである。それも、実質政務官選挙で成功した官職経験者を選んでいくことになるから、この政務官被選挙資格の拡大とともに母体が拡大したというにすぎない。なお、patres と senatores の間の関係については、"patres conscripti" という senatores への呼びかけ文句が、「patres のうち登録された者」を意味するか、「patres およびこれに加えて登録された者」を意味する（Momigliano 説）か、と争われる。両概念が相覆わないことだけは確かである。

にすぎないのであり、「法的効果」を持たないわけではないが、本当の「法的効果」を得るためには民会における批准が不可欠であった。そのうえで初めて「有無を言わさず」人々を拘束した。つまり公式には民会こそが最高決定機関である。反対に民会は議論を予定していない。さらに、元老院は民会に対して先議権を有し、元老院が裁可しない議案を民会にかけることはできなかった。民会は発議権を有しなかったのである。

　しかるにその民会（comitia）であるが、市民たるすべての成人男子から構成された。民会と議会を対比し「間接民主政」と（ギリシャ・ローマの）「直接民主政」を対比することがよく行われるが、これは大きな混乱である。議会にあたるものは民会ではなく元老院である。現にギリシャでは元老院にあたる評議会（boule）の議員は選挙ないし籤によって選出された。民会は、ギリシャにおいては多少の議論を予定したが、ギリシャでも評議会が必ず先議権を保持した（probouleusis）。審議機関と決定機関の間の分節は政治システムの不可欠の要素である。民会、特にローマの民会は、近代で言えば議会ではなくレフェレンダムに該当する。

　いずれにせよ、議会にあたる評議会や元老院の決定は直ちには人々を拘束せず、民会によって批准されなければならないのであり、「代表」の観念は排除されていると見うるが、ならば全員参加の民会が「国民」本人であるかと言えば、そうした観念も否定された。民会は自分で動くことができない。民会が「国民の意思」を表すという観念も存在しない。「国民」（populus）ないし「ローマ国民」（populus Romanus）というレトリックは使われないではなかったが、ローマの政治システムの決定を対外的に指示する場合の正式呼称は「ローマの元老院および国民（ないし民会）」（senatus populusque Romanus ＝ S.P.Q.R.）であった。そもそも「国民」の観念自体存在しないし、そこに「意思」観念を適用することもありえなかった、とする方が正しい。政治の実質（自由で厳密な議論）はもっと真剣に考えられていた。精緻な手続が発達した。言い換えれば、「国民主権」の考え方は存在しない。もちろんおよそ「主権」の考え方は存在しない。喩えて言うならば、第一に、委任はしても決して代理はさせないから、批准するかどうかは本人の自由である

（レファレンダムの効用）。「これがお前の欲したところだ、引き受けろ」という者の専断と傲慢（代表理論の（不正確な理解の）弊害）は排除される。「皆の決定」＝「お前も同意した」に対して懐疑的でありうる。第二に、委任構成でありながらなお、本人もまた居ない、ないし本人を誰も名乗りえない。つまり民会の決定、レファレンダムさえ絶対ではない[25]。

　ローマには３種類の民会が存在した。そのうち２種類のものが当初より存在したと考えられる。第一は、クーリア民会（comitia curiata）であり、その構成原理についての詳述を省くが、極めて儀礼的なものである。くだいて言ってしまえば、最高政務官就任のための認証機関にすぎないが、それでも重要な意義を有した。選挙は民会の決定の一種であるが、経過と結果は生々しい争いそのものである。しかるに、政治の本旨は、決定後はすべてを切断して皆自発的に整然と動くという点に存する。この切断、ないしすべての屈曲やいきさつの一掃、つまりは絶対的な透明性、をこのクーリア民会がまさに最高度の儀礼作用を通じて達成した。全市民がその身体によって一堂に会し（そのように擬制され）、隠れた徒党やサブグループの存在の一掃を演ずる。主として最高政務官の任命に際してのみ開かれた。最も生々しい選挙の結果でもあるし、執行権力こそ恣意に屈してはならない。実質認証行為であるこの民会決定を lex curiata de imperio と称した。lex は「法律」と訳されるが、規範たるを意味せず、民会の決定一般を指す。この場合は「imperiumの公式付与に関する決定」ということになる。imperium は「公権力」を表現する語であり、これを執行権者に与えるということである。彼の「命令」は以後「政治的決定」の相を帯び、少なくとも一旦は黙って従う以外にない。争う場合には手続が要求された。かつ、政治的決定はオールマイティーであり、すべてを改変し、ゼロからすべてを創出しうるから、imperium は絶対であった。

　逆に選挙の実質を担ったのがもう一つの民会、ケントゥリア民会（comitia

---

25) ここでは詳論できないが、「国民」や「その意思」は明らかに教会（理論）の基体（概念）からくる（法人理論に流れ込む）観念であり、「主権」は初期近代に発するさらに異なる淵源を持つ。

centuriata）である。この民会は（クーリア民会が儀礼としての軍事化を演ずる
だけであるのに対し）現実の軍事編成と密接に関係し、かつ儀礼をもう一度
現実平面に降ろす。まず各市民の自弁武装能力に応じて階級が作られ、各階
級は複数の単位（centuria）に区分され、単位ごとに票を投じた。上位の階
級は少人数多数の単位に分けられていたから、大変に有利であった。それで
も、このシステムは平準化の作用を担っていた。武装能力はやがて財産資格
に変わるが、その限りで、現在の状態一点で市民を評価し、出自・地盤・縁
戚等過去を問わない。過去にはさまざまな権力が付随してくる。政治的決定
をこれらから遮断する必要がある。民会は政治的決定を投票により批准する
のであるが、同様に選挙によって最高政務官に軍指揮権を付与する。

　選挙は、人員をオープンに取り合い勝った者が全取りするというゲームで
あり、単一性を実質的に現出させる大きな手段となる。素材となっているの
は、部族組織の軍事化装置、首長制のためのポトラッチ儀礼であり、その儀
礼版はむしろクーリア民会の方に保存されているが、選挙はそれを（レスリ
ングのようなスポーツでなく）人員獲得、支持獲得を通じて実質化したものと
見ることができる。この仕方で軍指揮権をさまざまな権力から切断し単一絶
対とするのである。

　政治的決定に導かれない軍事力、命令に従わない勝手な軍事力、分裂やサ
ボタージュ、クーデタや陰謀ほど、政治にとって致命的なことはない。かく
して、軍指揮権のみならず軍事編成自体を民会に基礎づける。確かに選挙は
軍事化と深い関係を有し、リスクが存在する。しかし、軍事編成を利用した
民会は成熟した意識を前提とすれば公権力樹立のために最適であり、かつそ
うした民会の決定を軍指揮権付与という政治的決定に使い、民会構成原理と
軍事編成を重ねれば、軍事化を統制しうるから、綺麗に循環する。ケントゥ
リア民会によって選挙された最高政務官 consul は、imperium の第一義的保
持者であり、何よりも軍指揮権保持者である。ケントゥリア組織に従って市
民の中から募兵を行い、軍団を組織し、軍事作戦を指揮する。つまり、この
軍事化は成り立ちからして十分に制約されているのである。

　しかしなお、人々はこの制約に満足しなかった[26]。軍指揮権をさらに制

約するメカニズムが精緻に発達した。まず第一に consul の任期が１年に限られ（annalité）、連続して就任することを禁止された。１年任期は、実に暦のメカニズムの利用であった。暦にはアジェンダが書き込まれ、これは人々の協働を統御する力を持つ。休日は人々を労働から解放し、祭日は身分を無礼講によって解消する。労働の予定、特に著しい協働の予定は暦に書き込まれている。他方、太陽のリズムと月のリズムを調整するために暦には空白を設けなければならない。２月の末に設定されるが、ローマの場合、この期間は極大化される。暦の空白は協働組織の空白を意味する。人々は流動化する。ここで選挙を行い、軍事編成し、３月以降も軍事編成されたその一部はそのままの状態に置かれ、日常の隊形に戻らないこととする。これがローマ流の軍事化である。暦に完全に依存するため、１年後にはこの編成は完全に一旦解消される。選挙の結果を含めて。第二に、唯一の頂点を２名置いて、互いに拒否権（veto）を行使しあうことができるようにした（collégialité）。「唯一無二の最高権力」が完全対等に二つ立つというこの矛盾ほど独創性を雄弁に物語るものもない。「二つの頂点」の観念的リソースはトーナメントの決勝戦の二つの主体である。第三に、これもわれわれの理解を超えることに、consul は「法的」には絶対の権力を保持するにもかかわらず、元老院の「勧告」（にすぎないもの）に絶対的に従う。ここでまさに元老院と民会のあの微妙な関係がもう一度生きるのである。論理的に矛盾する制度を油絵のように

---

26) 政軍関係ほど微妙なものはなく、軍事を政治の完全な支配下に置くという思想はギリシャ・ローマに由来する。事実彼らは数世紀にわたって成功を収めた。自由で独立の主体が存在するということと、その人々が軍事的に動くということ、この両者は正反対である。政治の空間からは実力の要素は完全に排除されていなければならない。にもかかわらず、この体制を外から実力によって破壊しようとするその実力に対して、軍事組織を以てするしかない場合がある。ちなみに、内側において実力で政治システムを破壊しようとする動きに対しては、実力を用いずにこの実力を破砕できるのでなければ、政治システムたるの資格がない。これは後述の刑事司法の問題となり、このとき実力を用いずに訴追が行われる。「政治的決定が何ら実力による強制なしに実現される」と述べたことのコロラリーである。ところが、政治システムの外から加わる破壊の力に対しては、もちろんこの刑事司法は無力である。かくして（政治システムの自由原理に矛盾する）軍事化は避けられない。しかし軍事化の結果出現した軍事組織が内側に向かって人々を支配しないとは限らない。これをどのように抑止するかは政治にとって最大の課題である。

塗り重ねて微妙な色を出すのがローマの政治システムの特徴である。おそらくわれわれよりもはるかによく「公権力」の一義性の概念を知っており、否、そもそもわれわれはそれをローマから借りたにすぎないのであり、その思考ですべてを合理的に組み立てることもできたであろう（論理的合理的に思考するということもギリシャに由来する）。しかしそれだけでは政治のエッセンスを守ることができないということを彼らはよく知っていた。もちろん、こうした体制を500年維持するためには二重の意味を明晰に支える（混乱せず使い分ける）成熟した思考を強いられたはずである。

## 1-5　裁判ないし刑事司法制度

　政治が出来上がると、その政治を支える仕組の中でも最も重要な制度の一つとして裁判が登場する。この装置抜きには政治は存立しえない。これもまた広い意味で政治制度である。

　裁判は政治的決定の一種である。しかるに政治的決定とは、鋭い議論の応酬の結果厳密に詰められた一個のパラデイクマ、つまりプランやプログラムをすべての自由独立の頂点が共有することである。言語を介して対抗を識別された異なるパラデイクマのうちの一つを何らかの儀礼（多数決や籤）を通じて一義的に選ぶ。厳密な意味で単一の一義的な政治システムを、とりわけ公共空間を、共有しなければならないからである。政治システムは自由のためにのみ存在する（富や虚栄やストレス解消のためにあってはならない）から、政治的決定は自由のみのためになされる。とはいえ政治システム構築は既存の諸関係を断ち切り独創的な工夫を展開することを意味するから、形式上極めて自由である。むしろファンタスティックな内容が求められる。都市計画などが典型である。しかるに、裁判は、政治的決定の一種でありながら、この特性を有しない。政治システムの基礎が破壊された場合に対処するための決定であるからである。政治システムが働かなくなったときの決定であるから、政治システムの原則に違背する内容の決定をしなければならない。破壊された状態を破壊するためには暴力的たらざるをえない。この意味で外敵に対す

る軍事編成に似る。事実、ローマではどちらの場合にも dictator^(ディクタートル) が任命されることがあった。つまりは非常手段をとるのであるから、それは厳密に最低限かつ最適でなければならない。かくして裁判という決定の内容は完全に縛られたものになる。しばしば通常の政治的決定の反対極として概念される所以である。

　政治システムの「基礎が破壊された」とは、「たまたま誰かが誰かの自由を制約したというのでなく、その事実が放置されれば自由を保障する前提そのものが破壊される、その後そこに政治があるとは言えなくなる」という事実が生じたということである。典型は、クーデタに基づく軍事的独裁的権力の樹立、政治システムが特定の徒党と利益において結託してしまった状態の確立、ないしその試みが現にあったという事実、である。あるいは、秘かな結社による闇の権力の樹立である（ローマではこれらは王政復古の試み adfec-^(アドゥフェク)tatio regni^(ターティオー　レーグニー) というパラデイクマで捉えられた）。政治システムの存立のためには開かれた公共空間が必要であるが、ここを軍事的に占拠する、つまり先に述べた軍事化（募兵）を委ねられて軍事組織を統御する者が軍事組織を内側に向けた、場合も同様である。また、複数の頂点の存続が政治システムの生命であるから、この頂点の抹消、つまり反撃しようのない打撃を与えること、つまり patrici の殺人も、またそうした事実に属する。いずれにせよ政治システムの存立は一義的であるから、その破壊もまた一義的である。つまり或る事実が破壊に該当するかどうかは一義的に判定しうると措定される。こうして犯罪（crimen^(クリーメン)）の概念が極めて一義的に捉えられる。それは何かよくないことというのではない。例えば patrici 以外の者の殺人は犯罪でないし、窃盗はローマではついに（後の崩れた時代においてさえ）犯罪となることはなかった。何を犯罪とするかというカタログを政治的決定すら左右することはできなかった[27]。

　犯罪の第一の不可欠な要件は、物的な行為の結果として外的世界に明白に遺された物的状態である。ちなみにこれらは一義的明証的である。ヴァーチャルな状態や雰囲気や人々の心理は犯罪ではありえない。ちなみにこれらが一義的明証的であるのは難しい。これらに属するものは、いかに政治にとっ

第1章　歴史的前提　25

て危険であろうとも、まさに政治の議論と批判の機能がやすやすと濾過しうるから、政治システムの基礎の破壊にはあたらない。政治システムの破壊とは必ずテリトリーのロジックに政治システムを屈服させることであるから、実力ないし具体的な集団形成を伴う。これは定義上物的な事態である。伊達にこうした集団の現実の形成を corpus（「体」）という語によって表現するのではない。他方、物的状態を捉えると言っても、（例えば過失による patrici の殺害のように）「政治システムの基礎の破壊」という意味連関に立たない行為の物的結果もまた犯罪ではない。つまり特定の主体の身体から発し結果がその主体に返ってくるという連関がなければならない。テリトリーのロジック、réciprocité 以外に政治を破壊するものはないからである。ここからして「故意なければ犯罪なし」は厳格に貫かれる（ローマでは、後にどんなに体制が崩れてもついに過失犯などというものは現れなかった）。つまり、一方で犯罪は物的な結果がなければ（いかに悪質な意図があろうとも）成り立たず、他方で明確な意図がなければ（いかにひどい結果が発生しようとも）成り立たない。いずれにせよ、政治の成立とともに、都市と領域の二元構成とパラレルに、心身二元論が思考の根底に座る。犯罪の概念はその最も先鋭な現れである。政治システムの破壊は必ず実力の現実的形成とこれを基礎とする échange（特定の因果連鎖）の企図という二元的構成によって捉えられる。

　さて、政治システムは犯罪にどう対処するか[28]。まず、政治的決定抜きには対処しないという大原則が存する。下手をすると対処は応報・応酬を意

---

27）罪刑法定主義がないということの意味は、このようなところに存した。むしろ、現代日本において（本来、犯罪の概念を政治的議論により厳密に詰めるという思考に基づくはずの）罪刑法定主義は形骸化し、議会の決定さえあれば何でも罰しうるという風潮が存在する。

28）刑事法に関しても、今なお Th. Mommsen, *Römisches Strafrecht*, 1899 が基本であり、その後のレヴィジオニスムは今日色あせてしまったが、本文の叙述は、裁判ないし刑事裁判の設立先例伝承としての Sp. Cassius 伝承の分析によるもの（POSS 参照）であり、弾劾主義の第一層を共和革命後に位置づける点で、糾問ないし imperium による懲罰からスタートする Mommsen の画像を根本から覆すものである。なお、Mommsen 後のレヴィジオニスムは、反対に、復仇ないし自力救済・リンチの遅くまでの残存をいうものであった。共和革命直後の領域における実力衝突（後述）を刑事司法の実態と誤認したものである。

味しうるから、そしてまさに実力の応酬に赴く危険が予期されるから、政治的決定による切断を介在させない対処はそれ自身政治の否定になる。応報は刑事制度の原理ではありえない。かくして対処は被害者のためになされるのであってはならない。また対処に被害者が関わってはならない。かくしてローマの場合元老院自らが、あるいは元老院議員から選抜された審判人団が、合議によって対処の内容を決定する。政治システムが政治的決定をするのであるから裁判の概念の基礎にはこの合議体があり、合議体が決定するのでなければそれは裁判とは言えない。

　そうした政治的決定の第一は、「犯罪が発生したかもしれないという嫌疑が存在する」と認定することを内容とする。犯罪に対処するための決定に至る手続を開始するという決定である。具体的には、元老院が犯罪を訴追するための者二人を元老院議員の中から、つまり自由独立頂点の中から、任命する。この「二人官」(duumviri) が最初にしなければならないのは、犯罪に責任を負う個人、一個の自由独立頂点を特定することである。一義性を確保するために、特定の個人の身体を捕縛する。これは犯罪の概念に対応する。犯罪は一個の身体から発した経過が物的にもたらした結果であった。漠然たる主体が漠然たる事態を生ぜしめたというのではない。くっきりと一個一個独立の主体が横一線に一義的に結合しているはずのところを自ら崩したのであるから、起点は一つ一つ独立の点以外にない。かつ、物的に身体を捕縛するのは、主体を一義的に同定するためであるが、同時に、主体が物的な結果であるところの政治システム破壊をもたらすとき経過が必ずその一義的な身体を経由するからでもある。捕縛はもちろん極めて儀礼化された行為である。なぜならば都市中心でなされる。少なくとも捕縛された身体は公共空間にもたらされる。私的に監禁するのではない。にもかかわらず任命された独立の私人が個人として行い、決して集団のエイジェントが行うのではない。集団が集団として実力行使をすればそれはトータルでアモルフな軍事化になってしまう。犯罪の実力的契機に対応して（儀礼化されてはいても）実力を構えて見せなければならないが、政治システムにとって有害たることを顧慮して、個人が行ったにすぎないということが擬制される。

第1章　歴史的前提　　27

　いくら多分に儀礼的なものであるとはいえ、被告人の捕縛が続けば違法な権力が現存していることになる。そこで、諸頂点間の水平的関係、連帯が再擬制される。捕縛された被告人を仲間が自らの身体を担保として一旦解放するのである。被告人が政治的階層に属するのであれば、政治的階層は特有のメンタリティで完全に水平に連帯しているから、そのような友人が居るはずである[29]。被告人が一旦解放されたうえで、果たして彼の行為は政治システムの根幹の破壊であったかと問われる。

　問うときに、もちろん政治固有の厳密な議論をもってするのであり、そのための合議体が用意されるのであるが、通常の政治的議論とは異なる構成が採られ、この点が裁判という政治的決定過程を最も特徴づけることとなる。すなわち、訴追のために任命され捕縛を行った者と、被告人およびそのために弁ずる者の間でしか議論は行われない。かつその議論も、訴追者は犯罪を論証することだけをし、被告人側はその論証を崩すことだけをする。被告人が一旦解放されることに対応して、訴追者が論証に成功しない限り、被告人は無罪であり、被告人側は無罪たるを論証する必要がない。この弁論の応酬を（他から材料を採れば私的な権力を樹立したことになるから）唯一の材料として判定の合議を行う合議体が別途任命される。この合議体は弁論には加わらず、別途判定のための評議を行うが、逆にこれには両当事者は加わらない。議論の手続はこうして大いに分節することとなるが、分節を画する儀礼を司る単一の者、裁判長が別途指揮するのでなければならず、評議のための合議体とは互いに独立でなければならない。つまり陪審は裁判の必要的要件である。以上が弾劾主義と呼ばれるものの基本であり、これはテクストを通じて直接にギリシャ・ローマから近代に伝えられたものである。

　もちろん、政治的決定たるの質は、決定後にも生きてくる。実現の自発性と透明性、なし崩しにされることや迂回されることの無さ、である。ローマでは imperium に基づいて決定の実現が図られるから、裁判における政治的

---

29)　『走れメロス』の制度的前提はこれに関わる。源は南イタリアのピタゴラス派圏内の伝承であり、デモクラシー下、利益中心に流れ原点を見失った体制に一矢を報いるという話である。

決定つまり判決への抵抗は imperium への不服従つまり反逆を意味することになる。なおかつ、ここでも判決を実現するための実力つまり強制力は存在しない。強制力による場合には échange を利用したことになる。imperium を保持する政務官が判決を言い渡すだけである。しかしそうすると、判決を決定する合議体と判決を言い渡す主体とは区別されなければならないことになる。imperium は単一性を旨とする。こうして裁判長と陪審の分化ということが再び要請される（陪審の第二の意義）。この分節と規律をめぐる審判ないし進行役としてのそれを含めて裁判長の判断は（議論の実質と交わってはならないから）機械的つまり儀礼的でなければならない（協議を伴わない）。

　決定の内容、つまり刑罰は、死刑以外にない。犯罪の主体と結果を物的に切断すれば修復が達成されるのであるが、必然的に結節点たる主体の身体を抹消する以外にない。さもなければ、相対的な交換関係（制裁ないし報復）が樹立されたことになる。政治システム破壊の度合いに応じて比例する期間の自由刑を科すのであると、échange をしたことになる。破壊は（程度がなく）一義的に 1 を 0 にしたと捉えられ、政治システムは破壊者を 0 にするしかない。互いに、やがてまた取り返すなどの話の続きの主人公になってはならない。0 と 0 のみが比例しない。1 人殺された 5 人の A 集団が殺した 10 人の B 集団の何人を処刑すればよいだろうか。1 人か 2 人か。このように問えば誰もが不条理を意識するであろう。だからこそ、厳密に個人責任を追及し、決して何か集団に対して追及を向けることをしない。連帯責任などというのは禁止である。このため、すべての被告人は「息子」であると擬制される。幸いわれわれはすべて誰かの子である。頂点たる父は決して罰せられない。息子個人が訴追されるのであり、息子が属する系譜が罰せられるのではない。系譜によって自由独立の政治主体が再生産されるということを忘れてはならない。

　以上のような制度の骨格はギリシャで既に確立されていたものであるが、ローマでも 480 年代に設立先例が位置づけられており、この「記憶」は細部を除外すれば相当に信憑性を有する。さまざまな出自の人々のさまざまな意識の中に「裁判」のさまざまな（部族社会的）原型は備蓄されていたものと

第1章　歴史的前提　29

考えられるが、設立先例をめぐる伝承は、その原型のすべてを一旦きれいに払拭したということを告げている。ただしかえってすべての原型を資源として利用したのであり、首長制[30]の儀礼に付着して、「王殺し」の主体を逆に抹消するという観念が存在するが、これはなかでも人々が素材として強く意識したものであった。

　政治制度はさまざまに儀礼を利用する。形式的な一義性を確保しなければならないことが多いためである。決定の一義性、手続区分の一義性等々。裁判において政治システムは儀礼依存を極大化させる。かつ、既に述べたように、ローマでは政治システム全体を儀礼と捉える傾向が存在した。儀礼に縁起があるがごとく、設立先例[31]とそのいわれを伝承し、こうして制度の構築をはかっていた。先例そして規範の墨守に自由保障を委ねるがごとき感覚である。かくしてローマでは裁判が政治制度の中で大きな比重を占めると同時に頂点を形成した。人々の意識の実質を手放しに信頼し人々の想像力を解放しても政治システムは揺るがないとする（裁判も通常の政治的フォーラムに近い）ギリシャと微妙に異なる点である。このことは、やがてローマだけが民事裁判を生み出すことの大きな理由となる。

## 1-6　都市の実現

　先に述べたように都市は政治樹立のために不可欠であり、かつそれは物的な装置である。そうである以上、作ることに決めただけでは意味がなく、実

---

30）出来上がった体制は（首長のような地位の存在を厳格に否定するにかかわらず）首長制を二つの局面で利用していた。第一は選挙と imperium 付与ということにおいて。第二は政治的階層を形成する者が一人一人首長のごとき単一の頂点であるということにおいて。

31）裁判そのもの、つまり民事裁判を分化させた後の目から見れば刑事裁判の設立先例においては、裁判は政治的危機に対応するためのものであり、imperium の一義性をことさらに強調するがごとくに特別な単一者によって主宰された。dictator である。後には consul の分立を克服する必要がある場合に軍事的にも用いられる。伝承上、最初の犯罪にも物的基盤の特定ということは大きな刻印を残している。秘かな権力を組織したというのが罪状であったが、政治システム外の巨大な財政（再分配）メカニズムの存在が弾劾された。具体的な財の流れの実在が犯罪とされたのである。

際に物を動かさなければならない。労働の果実でなければならない。労働は果実（穀物等）を必要とする。これらは政治システムにとって危険な代物である。彼らはこの不可欠な装置をどうやって実現したか？

　実際にはまず、領域を形成する際に既存の権力、例えば首長の権力を徹底的に解体した。権力がテリトリー上に持つ拠点は、贈与交換の物的な結び目でもあり、例えばその一つ墓などに蓄蔵財を保持する。権力解体時にはこの蓄蔵財が（「戦利品」として）奪取される。この資源を地中海交易のネットワークにより穀物に換える。この穀物を供給し労働を大規模に組織する。これを担うのは、領域を創出するための軍事作戦と軍事組織形成の担い手、個々のimperium保持者であった。彼は個人的に戦利品を一旦自分の支配下に置き、工事を遂行するのであるが、建設するのは神殿であった。これを神々に奉納した[32]。もちろん神々も神殿も公的なもの（全員に対して完璧に開かれているの）であり、特定の集団（神官団や信者集団）に属さない。考古学的痕跡ないし観光資源としてのギリシャ・ローマの都市の看板が神殿であるのは偶然ではない。ギリシャ・ローマの都市は神殿を公共空間創設の柱とするのである。神殿は神々の個人的な住居であった。彼らを地上に引き下ろし、人間のように空間を占拠させる。逆に言えば限定される。その外は彼らの支配下にない。なおかつ、神々の住居は、その内部に人々を囲い込むことが決してないように造られる。それは外から見るように出来上がり、墓の内部で行われた秘密の集会を起源とする教会のように人々が中で集う空間では決してない。なおかつ列柱により半透明性、濾過性が強調される。オープンではあるが、区切られていて、実力がそのまま押し入ることはできない。こうして、誰でもアクセスできる（信者や特定の神を頂く集団を概念しない）単なる私的住居たる神々の家は複数林立し、しかも近接集住を保つ。そうすると、人々の諸集団はクロスするようにしてアクセスしあうこととなり、クロスする空間、ヴァーチャルな意味における十字路において、まさに公共空間が出来上がるのである。反射的に（狭義の）公共空間は神々の領分から厳格に仕切ら

---

32) 『国家学会雑誌』97巻1・2号（1984）76頁以下参照。

れる。

　問題は、このような事業においては放っておけばまさに最も警戒する危険な権力が発生するということである。事業主体が果実再配分の結び目となっているではないか。少なくともこれを多元的に行わせる必要がある。しかし他方公共の、つまり一元的な空間の創出が課題である。こうして、実現は個別主体の手に委ねられ、しかし同時にその事業は完全に透明で誰のものでもない、という二重の意味の樹立が生命となる。これは後に委任や組合の概念に生かされるから、わかりにくければむしろ委任のロジックを想起すればよい。かくして「国庫」などを決して概念させない[33]。これを握った者がすべてを牛耳るであろうから。代理人を観念させないに似る。かくして実現主体は一私人かつその本人である。彼が彼に属する資源を通じて実現するのである。それを実現後公共の手に引き渡す、つまり贈与するということになる。このとき贈与に通常伴う交換や負担の観念を完全に断ち切る必要がある。それはまさに相手が「誰でもない」、神々であるということによってなされる。こうしてまた財政の基本原則が確立させた。実現主体たる個人つまり軍指揮官は「すべてを分け切らなければならない」、「手元に留保を作ってはならない」という原則である。留保は、公共の物の上に果実収取関係を樹立する（運用して利得する）ことを意味する。後述の委任においても致命的であるが、この場合政治システムの破壊にほかならない。「王のそれに類する権力の樹立」、つまり犯罪と概念された。さしあたり、「神々の物」（公共施設）と「人々の物」（皆に分配しきる分）へと綺麗に分け切ることがなかったこと、つまり「どちらでもない、そのうえに聳えるような、そのような物を生み出した」というように捉えられる。人々への分配は、穀物（入植用ストック）

---

33) ギリシャ・ローマの都市、とりわけローマが国庫の概念を欠くのは「合理的思考」を有しないためではない。官僚制を欠く理由と同じである。政務官の自己負担によって財政需要が満たされる。逆に、P. Veyne のように「民営化」の脈絡で再評価することも誤りである。そもそも、共和末以後に純然たる「私人の贈与」による公共需要の充足が一般化するという経過が別途存する。これは政治の機能の弱体化を意味した。もっと正確に言えば、後述の所有権に都市財政が依存する結果である。"sua pecunia" 碑文等の分析につき、木庭顕「sarta tecta in:Cic. Verr. II-I-50-130ff.」片岡輝夫他『古代ローマ法研究と歴史諸科学』（創文社 1986 年）159 頁参照。

の無償供与であり、労働を組織するばかりか軍務への非定量の対価でもあり
えた。後の「パンとサーカス」が由来する。他方神々への分配は、神々が一
定割合を権利として留保するという観念に基づき、具体的には神殿建設の義
務を意味した。

　以上のように、都市は神々という概念を巧妙に使って実現された。この点
はしばしば、ギリシャ・ローマの社会が「国家宗教」体制を有するというよ
うに解されてきた。都市の物的装置ばかりか、政治システムの手続を区切る
儀礼にも神々の概念は多用されたからである。しかしギリシャ・ローマの社
会は、むしろ政治が宗教を完全に制圧した状態にあると言った方が正確であ
る。政治的決定は決して宗教的権威に服することはない。政教分離は徹底さ
れた。しかしだからといって宗教の存在を否定するということはない。そも
そも否定は単に野放しを意味するであろう。政治システムが大きな穴を抱え
ることを意味する。とりわけ宗教が不透明な集団[34]や再分配作用を媒介し
たとき、政治システムを破壊する権力が現れたことになる。むしろ宗教は分
厚い省察の対象となる。その結果、神々はまるで人々のように自由なヴァー
ジョン対立を特徴とするさまざまな話の登場人物となる。肉体を持たされ、
恋愛に耽る。文学化される、と言ってよい。ローマではこの文学化の度合い
が少なく（したがって「ギリシャ神話」はあっても「ローマ神話」は厳密にはな
く）、神々はもっぱら儀礼の中にしか登場しない。人々は儀礼の中でだけ神々
を思い浮かべ、それ以外では神々を意識しない。ギリシャでもローマでも信

---

34) ギリシャに比べてもローマは領域上に現れた宗教を核とする結社に対して一段と厳しい
　措置を取った。紀元前2世紀における Bacchanalia 処罰がよく知られる。政教分離は、宗
　教的自由を含意しない。「公共が特定の神を標榜すれば、公共を共有する自己に、意思に
　反する信仰を押しつけることになる」というフィクションはローマの人々には無縁であっ
　た。このようなフィクションは、ならば全員が認容する神ならばよいか、土地の慣習では
　ないか、という陥穽にはまる。他方ならば公共を離れれば宗教は自由か、ということにも
　なる。ローマはこの点、自由な体制というものを優先させるから、宗教が団体を意味する
　ときには全く自由ではありえないという考え方を採った。これは宗教について不寛容であ
　るというのではなく、団体について不寛容なだけである。実際には新しい宗教は必ず公式
　化し都市中心に囲い込んだ。自由が極大化されている公共空間において開かれた存在にな
　ってもらうのである。

仰の概念は存在しない。神々も宗教もおよそ批判的議論の一般的対象の一つである。他方、このように政治システムと関連づけられた神々以外の神々を観念することは、それが個人的なものであれば全く自由である。つまり集団を介して政治システムを形作っている観念体系を侵食しさえしなければ自由である。侵食すれば、それは自由を破壊すると捉えられる。なぜならば、都市中心の物的装置実現に寄与している観念体系は、公共空間の実現を通じて自由を保障するのに貢献しているばかりか、宗教的権威を解体するデヴァイスでもあるからである。

## 1-7　領域の組織

　政治の成立は、自由独立の頂点が横断的に結合する組織を頂く完結的な社会を生み、この頂点とテリトリーの関係は〈分節〉的になると述べた。特定のテリトリー上の1点における費用果実関係は一義的に特定の1頂点に帰属する。さしあたりイメージされるのは、小農民が狭い土地を耕作し「共同体」を形成している図かもしれない。しかし紀元前7世紀前半に実際にわれわれが見るのはこれではない。現に、そのような「共同体」に自由があるかどうかは疑わしい。ヘーシオドスのテクストが明確に伝えてくるのは、一種の二重構造である。都市ないし政治的中心に拠って立つ頂点は領域との間に少々大きすぎる距離を有している。この距離に対応して、そのまま領域の費用果実関係に立つのならば多くの従属的人員を抱えなければならない。彼らが形式上自由で民会ともなれば自由に集まって投票するのだとしても、この従属関係は政治にとって望ましくない。かくして、領域には第二の政治システム、ないし自由独立頂点の結合体が形成される。こちらは領域との距離を極小化している。もちろんこの極小化は「村落共同体」のような不自由を招きかねない。畢竟その不自由は集団としてテリトリーのロジックないし réciprocité あるいは費用果実関係に関わることに由来する。政治システムないし都市が一定規模を必要とするのは、これらからの距離を必要とするからである。政治的議論は利益を超越して自由保障の原理を考えるのでなければ成

り立たない。関心の多様性を不可欠の資源とする。しかし同時に領域を制圧せねばならないから、規模は制圧を難しくし、また多くの従属人員を抱えさせて不自由を生み出す、というディレンマである。ギリシャではまさにこの問題に対処すべく、以下のようなシステムが構築された。第二次的結合体内部で個人が集団に自由を脅かされるとき、その個人は都市中心の政治システムの介入を求めえた。都市中心の頂点の中に彼のために弁ずる者が居るということである。都市中心の頂点はこれを一つの政治的資源とした。他には対外交易を通じて鉄鉱石や穀物等を供給するという役割がある。前節で見た都市ないし神殿の建設と密接に関係した。領域の制圧はいずれにせよ都市中心の結合体として政治的になされた。他方、以上の関係は都市中心の頂点と（介入を依頼した）第二次結合体の分子との間に一種の従属関係を発生させうる。まさにこの発生に対してヘーシオドスの韻文[35]が牙をむく。警戒音を発する。明らかに第二次的結合体の水平的団結が呼びかけられているのである。つまり今度は仲間間の水平的連帯が都市中心の頂点からの介入をブロックする。

　ギリシャとローマを分ける決定的な分岐点を意味するのであるが、出来上がったばかりのローマの領域にはこの第二次的結合体がなかった。なぜ形成されなかったか。その経過は把握しうる。政治形成の化学反応の中で芽が摘まれた。それがなぜかはわからない。結局輸入による即席のため成熟の暇がなかったのではないかという、証明しようのない仮説が立つのみである。

　結果、形成後数十年間のローマの領域は以下のようである。頂点からまっすぐ降りた比較的大きな集団が領域を割拠しているのである。それぞれ放射線状に縄張りを持つというに等しい。その内部には垂直的な関係が存在する。頂点自体の再生産が氏族制度を利用してなされたが、人員の結集もまた擬似氏族制度によってなされた。これが clientela である。ギリシャの例からし

---

35)「労働と日々」はもちろん、カレンダーの自立性を借りて地に貼りついて梃子でも動かず、都市中心の「贈与ウワバミ」に対して戦闘的な意識を永遠のものとした傑作である。彼の Prometheus 像とともにわれわれの自由の礎である。Homeros だけでは政治は成り立たなかったであろう。

て明らかなように、政治システムは領域の側にも二次的な組織を持つ必要があるが、ローマの場合、これは放射線状に延びる頂点の割拠組織そのものであった。領域の組織はギリシャでもローマでも部族組織の segment に該当する制度を指すさまざまな語を借りて指示される。ローマの領域区分は tribus（トゥリブス）と呼ばれた。人的集団の単位である擬似氏族（gens）（ゲーンス）と重なるのがローマの初期領域の特徴であった（tribus gentilicia）（トゥリブス ゲンティーリキア）。

　出来上がった体制はと言えば、これではボスの連合体、山賊の共和国、と変わらないではないか。領域の人員は、民会において自由に振る舞えるとはいえ、頂点の指示に従うであろう。ならば頂点間の合従連衡だけで政治的決定が完結する。何よりも、頂点と領域の人員の間に支配従属関係が発達する。réciprocité が花開くではないか。この最後の点だけでもかろうじてかわすのが、ローマ独特の gens 内の人的結合原理であった。つまりここが極度に軍事化される。頂点も従属分子もなく一体化し、領域の単位を占拠し、領域外の外敵、そして隣接の単位と軍事的緊張を保ち、しばしば衝突するのである[36]。もっとも、『ロメオとジュリエット』を引くまでもなく、デモクラシー前の単純政治システムにしばしば現れる現象である。組織内では、「皆は一人のために、一人は皆のために」の原理が貫かれ、すべて、とりわけ穀物が完全に相互融通される。

---

36）Fabii が gens として単独で Etrusci と戦い、全滅した、という Cremera 伝承が何故基幹的な位置を占めるのかと言えば、この一体性が体制の鍵であり、しかも imperium（imperia Manliana）や占有内（mancipium）でアナロジーが生かされるからである。

# 第2章　　民事法の原点

## 2-0

　ローマの社会は、共和革命後わずか数十年の5世紀半ば以降、再び根底的な変動を経験する。この社会変動の中からわれわれが法と呼ぶものが歴史上初めて登場した。それは断絶と軋轢の中から生まれたのであり、長い年月をかけて少しずつ形をなしていったのではない。この二つ目の社会変動もまた、ギリシャからの決定的なイムパクトにより引き起こされた。ローマにおける政治の成立が南イタリアのギリシャ植民都市におけるデモクラシーへの変動を受けて生じたという捻れを特徴とするものだったのに対して、その同じデモクラシーへの動因に影響されたローマの第二の決定的社会変動は、これもまた一種のデモクラシー化であると言いうる限りにおいて、素直なものである。それでも、第1章で見た初発の不完全を引きずる分、ギリシャのデモクラシー化に対して大きな偏差を示す。そしてわれわれにとって重要であることには、この偏差に対応して、ギリシャには存在しなかった法というシステムがローマで生まれるのである。

## 2-1　デモクラシーの原理

　ギリシャ諸都市は、紀元前6世紀後半から一斉にデモクラシーへと社会を変化させていく。デモクラシー下の政治制度の諸ヴァージョンを分類するた

めに政体論が生まれ、「デモクラシー」という語は政体の一類型を指示するために生まれたが、ここでデモクラシーというのは、政体論とは全く別に、社会の或る基本構造のことである。

政治成立後のギリシャ都市領域の状況についてはヘーシオドスを引いて例解した。この状況こそはデモクラシーへの入口である。領域の個人は二重に自由が保障されていた。領域の第二次的結合体は彼の自由を保障するが、その結合体自体からの自由は都市中心のシステムによって保障された。裏から言えば、都市中心の基幹の政治システムこそは彼の自由を保障する第一義的な装置であるが、しかしそれへの依存から生ずる干渉に対しては第二次的結合体の連帯が抵抗する。というわけでここには二重の自由があるが、しかし自由を保障する装置としては一個の単純な原理があるばかりである。都市中心の基幹の装置も第二次的結合体の装置も同じものである。同じ装置を大小組み合わせただけである。二重の自由はそれとしては保障されていない。二つの装置の非公式で偶発的な連動が保障するばかりである。しかし当然のことながら、水平垂直２方向の自由をそれとして概念しこれを保障する装置を作ることもできる。そしてこれをアプリオリな原理とし、その保障がすべてに先立つと観念することもできる。デモクラシーはさしあたりこのような体制として定義できる。鍵を握るのは個人がテリトリーないし資源と関わる局面であった。この点で政治システムはその関係の〈分節〉を達成すると述べた。二重の自由が達成されるならば〈二重分節〉という語[1]を使いうるであ

1）（音韻論から借りた）〈分節〉と同様にこの概念も言語学からの借物である。音韻がクリアに〈分節〉していなければ、言語にならない。ごにゃごにゃ連続的に変化する猫の鳴き声のような音は言語にならない。音韻は軸を切ることによる差違の構成によって成り立つ。切り方は言語によってさまざまであり、同一の切り方はその内的ヴァージョン偏差に関して鈍感である。それはディアクロニクに変化する。さて、音節間関係は自由でなければならない。そうでなければ〈分節〉とは呼べず、複数の音節が連なって出来上がる語の識別を可能としない。語の自由な連なりにより文が形成されるが、文における語の連なり方につき第一の〈分節〉が言われ、個々の語は自由独立たることによって文相互の〈分節〉的差違をもたらすが、語相互の〈分節〉的差違は音節の音韻上の自由な連なりすなわち〈分節〉によってもたらされている。かくして言語は音韻の二重分節システムであると言われる。

ろう。彼は一個の緊密な連帯に属して自分のテリトリーないし資源との間に排他的一義的な関係を樹立しえているだろう。しかしその連帯組織、特にその議論の結果が、およそ自由のためと称しつつ彼の自由を不当に犠牲とするものであったらどうか。もちろん、およそ自由を実現するためならば少々の犠牲は払うつもりである。しかしこの犠牲は無用であるばかりか、偏頗であり強いる側に結託が疑われる。そのような決定は論外である、どんなにそれ自体大きな意義を有しうるものであっても無効である、という前提原則が定着すれば、〈二重分節〉を言ってもよいであろう。

かくしてデモクラシーの成立は、新しい質の自由を保障する単一の政治システムの形成を意味する。政治が一段階発展を遂げたことになる。デモクラシーをこのように発展の二段階で捉えることは混乱を避けるため極めて重要である。基幹の政治システムは第二次的結合体を公式にその内部に組み込むこととなる。二重組織を解消して皆で新しい自由の基準を満たす決定をすればよいではないか？　そもそも政治システムそのものが評議会と民会の二元的構造を必要とする。民会の組織的基礎は第二次的結合体である。単なる区割りであってそれ自身が強固な政治システムではない場合があるとしても。そのうえ、新しい質の自由はまさに立体的な枠組に則っている。複数の（しばしば矛盾する）要請が立体的に組み合わさって新たな基準が成り立っているのであるから。単一者の頭の中でそうした判断をしてみせることも論理的には可能であるけれども、健全ではないし、何より保障がない。決定手続や決定過程、そして決定組織の構成原理に必要な立体的構造が反映されることが望ましい。例えば、かつて中心からの介入に対して領域の横断的結合体が立ちはだかったように、陪審を第二次的結合体から選出したり、これが起訴陪審等の前提手続を構成したり、事後の決定覆滅をしたり、という具合である。否、そもそも評議会自体いまや第二次的結合体から選出されるようになる。議論のための基幹の組織と領域の第二次的結合体が人的に循環するのである。さらには、第二次的結合体自体いまや相互に人員を流動化する。市民は広範な経済活動の準拠点を自由に任意の領域組織に登録することができる。〈二重分節〉たる所以である。

政治の生命である議論の構造も大きく変わる。政治的決定は、自由で独立の主体が特定の厳密な仕方で議論するということを要件とした。「特定の厳密な仕方」の要点は、主張を結論と論拠に分節させることであり、かつその論拠について何か特権的なものを設定する（権威を認める）ことがない、その意味で自由である、ということであった。論拠を批判する仕方も自由であった。ところが今デモクラシーに至ると、この論拠について、或る前提的な資格が要求される。新たな財政負担を決定するとしよう。理由はもちろん自由実現装置の物的充足である。かつてはこの負担が自由実現の理念に合するかどうか、大いに弁舌が振るわれた。しかしいまや、むしろ提案自体、誰が具体的にどのように拠出しそれがどのような過程でどのような物的充足に繋がり、その物的な充足がどのように自由を保障するのか、ということをデータに即して跡づけなければならない。負担に偏頗性や過剰があれば、そして物的装置の機能に不全があれば、点々と具体的に展開している、〈二重分節〉観念に依拠する新しい質の自由の単位、〈二重分節〉単位、の自由をどこかで侵害するはずである。だとすれば論理的にそこには必ず結託や不透明が隠れているはずである。もちろん単に非現実的でずさんな計画であるというだけで既に何か怪しい企みの存在を推定させる。その場合その論拠（提案理由）は瑕疵を帯びていることになる。資格を欠くと判定される。結論以前に提案は葬られる。要するに政治的決定手続、議論のルールが変わるのである。

　以上は巨大な思考の変化であり、この社会の変化こそが歴史学と哲学を生んだ。いわゆる「ギリシャ人の理性」を生んだのである。つまり、議論についての前提的な考究において、論拠はその内部において論理的に一貫していなければならないとされ始める。時空に展開する現実つまり所与に対して整合的でなければならないとされ、かつ、論拠と結論の間も論理的に整合的でなければならないとされ、整合性判断の基準について省察が積み重ねられる。データを徹底的に精査し、また相手の挙示するデータをそのバイアスゆえに崩す思考も発達する。ソースのバイアスに関する考察も高度になる。

　こうなると政治的決定はオールマイティーではなくなる。一旦決定されても前提的資格が疑われる場合がある。決定が瑕疵を帯びるという場合があり

うる。前提的な批判は十分だったかと問われる。そのような場合アテーナイ
などでは裁判によって政治的決定を争いえた。瑕疵を帯びた決定を提案した
のは政治システムの根幹を破壊したことに相当する、というのである。つま
り刑事司法の問題となる[2]。他方、決定の正当性自体は争われなくとも決定
の具体的実現細部が問われる場合が生ずる。実質的に決定の「執行」が二次
的に論議されるに等しい。その限りで人々が決定に直ちには従わない場合が
ありうることとなる。さまざまな異議申し立て手段が登場するが、裁判が大
いに寄与する。最盛期のアテーナイ・デモクラシーにおける財政負担の問題
に関してこの種の手続が発達した。ただし例えば、行政訴訟のようにではな
く、負担させられた者が負担するべき者を、全資産を取り替えようと訴える
のである[3]。

　政治的決定にはこうして前提的な資格が要求されるようになるが、そもそ
も単なる決定と政治的決定の大きな差異は、いきなり結論に行くのではなく、
まず立ち止まる、論拠を考えながら省察する過程へと先送りする、迂回する
という点に存した。前提的な資格を要求するということは、さらにもう一歩
立ち止まることを意味する。（立ち止まりの）二段階がここには存する。この
二段階は〈二重分節〉の観念に符合する。そして、これが政治的決定に前提
条件を課すとき、人々は個人の自由を政治的決定に先立つアプリオリとして
措定し始める。政治が保障する自由以前に一人一人が掛け替えのない何かを
自分のもとに具体的に持っている、これを尊重したうえですべての決定はな
されなければならない、という決定の実体的要件が意識される。素晴らしい
決定によって一人一人の自由が守られたとしても、そこから落伍した者をど
うするか、自由を破壊した廉で訴追された者といえども、そこまでしてよい
か、等々。5世紀のアテーナイで社会を圧倒する考え方である[4]。

---

2）違憲立法審査に見立てられる graphe paranomon である。

3）antidosis という制度である。

4）それ自身ひとまず公正な政治的決定に立ちはだかる「最後の一人」とそれへの連帯、と
　いう視点は Philoktetes や Antigone を引くまでもなくすべての悲劇作品を圧倒的に貫通す
　る精神である。そのための特定的な訴訟制度が発達するなどということはなかったが、こ
　れは、特定の範型を遵守するなどという次元に属する事柄ではなく、深い奥行きを有する

## 2-2 ローマのデモクラシー

　政治システム本体と刑事法において5世紀半ば以降ローマで生じた変化は、明らかに以上に述べたギリシャのデモクラシーの影響下に立つ。

　前章で述べたとおり、ローマでも、政治的議論に直接従事する政治的階層（貴族patrici）と、領域にありながら民会に参加して政治的決定を批准する分子は、明晰に分節して存在した。ギリシャでは、このうち領域の分子はそれぞれ独自の政治システムを有し、領域における事柄を決定した。前節で述べたとおり、デモクラシーへと移行するとき、この結合体は大きな役割を果たし、まず自分たち自身開かれた結合体、出入りの流動性を前提とした結合体（demos）に変身するのみならず、例えば政治的階層（評議会）の構成員を自分たちの中から、最も民主的な場合籤によって、選出し送り込んだ。政治的階層は、領域における結合体の存在を前提として、循環することになる。自分たち自身が代わる代わる務めるのである。ところがローマでは領域の横断的結合体が独立には存在しない。このことはデモクラシーへの移行を妨げるように思われる。実は、ローマでも何の緊張もなく領域の結合体が形成されなかったのではなく、その動きは押さえつけられ、そしてまた水面下に潜ってくすぶり続けた。450年は、水面下のこの動きが突然爆発して表面に出た瞬間であった。南イタリアの諸々のギリシャ植民都市での広範なデモクラシー化の風をひそやかに受けてのものであった。もっとも、この動きはまたしても領域の具体的な結合組織の形成を導かなかった。

　領域の分子、すなわち平民（plebs）は横断的に結合してリーダーを選び

---

立体的な事柄であると考えられたためである（表面的な履行には何の意味もない）。とまれ、これが文学・歴史学・哲学の発達と連帯の関係にあることは誰もが直感しうることであろう。その関係を説明することは難しいが、制度のようなもので繋がっているのではなく、ともに深く社会構造に根ざす中で支えあっていることだけは確かである。本書では端的な例解のため不正確にも〈二重分節〉を特定の範型のように描いたが、元来これは社会構造を近似的に表示するためのイメージであった。つまり肝要であるのは、極めて複雑な社会的条件を全体として捉えることである。

第2章　民事法の原点　43

軍務に対する集団的拒否（secessio<sup>セーケッシオー</sup>）という戦術に訴える[5]。これによって獲得されたものの一つが十二表法であるが、それだけではなかった。裁判の手続を大きく変えるのである（同じく secessio の帰結たる lex Valeria<sup>レークス ウァレリア</sup>）。裁判においては（前章で述べたとおり）元老院議員の中から訴追者が立って被告人を捕縛していた。人身を具体的に把握することが犯罪＝訴追対象の限定と具体性の保障、そして防御権の保障等々あらゆる観点からして不可欠であった。さて、政治的階層を構成する者の主体を抹消することつまり殺人は犯罪であった。被告人はこの政治裁判劇において自らに連帯する友人たる貴族を持ちうる。この友人が保証することにより彼は一旦解放される。弾劾主義の基本である。しかし被告人が平民であればどうか。仲間の平民の男の生命を質にとっても、その価値は被告人個人とたまたまどれくらい親しいかに依存し、かつまた社会全体が喪失を致命的と考える厳しい目を向けるわけでもない。つまり保証効果がない。そもそも、緊密な連帯を特徴とする直接的政治的階層に固有のメンタリティを基盤とする制度であった。かくして平民には一旦解放されるという機会がなかった。他方マッチョな貴族の若者が手下を率いて暴れ、平民が仲間の1人を殺されたとしたならばどうか。それでもこれは犯罪ではないという。なぜならば政治的多元性が微動だにしないからだという。しかしこれではあまりに片手落ちではないか。そもそもこれを放っておいて個々人の自由が脅かされれば、徒党分立の自由が存するのみで、これは諸盗賊団の pax deorum<sup>パックス デオールム</sup> 以上ではないのではないか。ボスの談合体ではないか。各集団内部の奇妙な連帯感だけに依存してよいのか。やがては政治体制そのものを破壊する要因になりはしないか。人々はそのように考え始める。意識の変化である。かくして怒った平民は一度党派を越えて団結し、被疑者をブロックし、訴追者に引き渡すのを拒否した。あたかも、一度身柄を解放させるように。貴族の友人のかわりに平民全体、具体的にはそのリーダー、

---

5）伝承は（平民が立て籠もって従軍を拒否した）いわゆる聖山（Mons Sacer）事件をダブレットで2回（ないし3回）伝えるが、このうち共和初期でない方、十二表法制定のきっかけの方、一つを真正と見る説を採用する。対応して、護民官制度の成立時期を共和初期ではなく十二表法の時期に位置づけることになる。つまり lex Valeria ないし provocatio の設立と同時期と見る。その部分の歴史学的論証は POSS に譲る。

後の護民官（tribuni plebis）が立った。その瞬間、平民たる刑事被告人に対しても弾劾主義が適用されるようになった。

否、それ以上である。貴族の友人は必ず立つとは限らない。熱い友情にのみ基づく。しかし、もしこの運動体が永続化し必ず護民官を選出するようになれば、制度的に被告人の権利は保障される。つまり起訴陪審である。逮捕された者が護民官の下の合議体に抗告（provocatio ad populum）すれば、訴追者は訴追してよいかどうかをこの合議体に訊かなければならない。そのために弁じなければならない。そのようなものであるならば貴族も欲しいに違いない。事実それを欲した。平民は、ならばというので、かわりに平民が殺人の被害者である場合にもこれを犯罪とすることを認めさせた。つまり殺人一般が初めて犯罪となった。しかしこのことは重大なことを意味する。犯罪とは政治システム支持構造の破壊であるから、平民一人一人の自由、頂点としての存続、もまた政治システム支持構造の一部とみなされ始めたのである。政治システムの支持構造の概念が拡張された。デモクラシーに相応しく二階建てになった。かくしてこの一見テクニカルな制度に見える provocatio ad populum を自由の砦として神聖視するローマ人の意識は十分に理解できる。刑事訴訟の弾劾主義は政治システムの登場とともに達成されていた。しかし弾劾主義の本格的技術的概念はこの段階で初めて発達したと言うことができる。いずれにせよこれが弾劾主義の第二段階である[6]。共和末にさらに驚くべき精緻化、すなわち第三段階が待っているが。

---

6）W. Kunkel, *Untersuchungen zur Entwicklung des römischen Kriminalverfahren in vorsullanischer Zeit,* 1962 は、Mommsen の堅固な法実証主義にサウンドな史料実証主義を突きつけた優れたものである。古い時代に関する刑事裁判記事は全て政治的でアド・ホックな刑事手続を伝えるものであり、刑事法の観点からの言わば証明力を有しないということを論証した。provocatio に関する伝承もその中に含まれたから、刑事制度としてはこれはほとんど実際的意味を持たないと解された。Kunkel は Sulla の時代における「通常犯罪概念」（後述）樹立の意義をクローズアップするためにこうした議論を展開したのであった。これを基準とする限り本格的な刑事司法の確立は遅いという Kunkel の所説は誤っていない。しかし Kunkel は刑事裁判の原型がまさに政治的なものであるという認識を欠いた。この点、Mommsen にとって provocatio は、政務官の権力の端的な行使である糾問主義を民衆の判定に基礎を有するものに改める共和初期の変革の所産である。共和革命は弾劾主義をもたらし provocatio はその弾劾主義の完成を意味したという認識、弾劾主義の概念の

第2章　民事法の原点　45

　もう一つの変化として、出頭保証人（vas）たる友人のかわりに何らかの財物（vadimonium 出頭保証金）を質として置くことが許されるようになった。主体はいまや政治システムへの直接の帰属以前に固有の価値を有し、領域の上に独立に立っている。熱い紐帯で結ばれた友人との関係が彼を支えているのではない。主体＝精神は身体を通じて自らに帰属している領域の一片と結合し、これを基盤としている。相手からすると、これを押さえてしまえば、致命的な質を取ったことになる。しかし反射的に、主体の側は、一定の財物を失う覚悟であるならば、逃亡することができるということである。領域を有しえないということは追放を意味するが、しかし亡命さえすればそれ以上罪は問われないということでもある。亡命（exilium）の権利はこうして保障されるようになる。ということは身体刑（supplicium）、その最大のもの（supplicium maximum）としての死刑は違法になる。死刑廃止はデモクラシーや弾劾主義の重大な帰結である。死刑を違法とするのでなければその社会はデモクラシーの下にあるとは言えない。共和末のローマでは市民を死刑に処したウェッレースの権力濫用をキケローは大スキャンダルとして弾劾した。

　もちろん、vadimonium という制度がたまたま exilium を通じて死刑を免れさせるというのではなく、背後には堅固な形而上学が存在した。共和初の弾劾主義第一段階においても、政治主体たる自由な人格を抹殺するという観念はありえなかった。犯罪の具体的物的帰結だけを問題としたのであり、したがって刑罰はその物的帰結を招来した身体のみに及んだ。政治システムの構成原理を思想として拒絶したからといってそれさえ犯罪ではないし、裁判が何か反省や改心を求めたりそれによって量刑が左右されるということは断じて許されなかった。精神を罰してはならないというのは今日に至るまで刑事法の基礎である。ふわふわと漂う無分節のものを罰することになるからである。政治はあくまで理念のレヴェルに存するが、だからこそ、物的なレヴェルからの超越が生命であり、だからこそ後者のレヴェルからの侵食だけを問題とした。しかし悲しいかな、身体を抹殺すると、精神まで抹殺してしま

――――――――――――――
精密なヴァージョン、を欠いたものの、政治的文脈を視野に入れることは欠かさなかったと言いうる。

うことになる。個々人の精神はその限りで身体に依存しているのである。遺憾な出来事であった。さて今しかし、自由な主体が政治システムから独立に端的に領域上に立つと、その自由の保障が主体と客体との間の関係構築に懸かってくることになる（政治システムにぶら下がるのでなく客体をつっかえ棒にする）ので、形而上学は三段階構成になる。物的な経過が主体を抹殺するという事実（殺人）は、身体の外＝客体側の経過が身体を害し、さらにその結果主体の精神が抹殺されたというように概念構成される。主体自体二重に分節して現れる。身体は物的な世界に属することをやめて主体の側の下部単位を意味するようになる。犯罪行為の概念も同様である。犯罪の事実は身体のさらに外に立つ。犯罪の結果を除去する行為、刑罰も、身体の外に立つ。結果、身体は主体の一部として不可侵となる[7]。身体の外に立つ犯罪の事実を除去することを意味する刑罰は、〈二重分節〉した主体に属する物的事実、基本的に（犯罪行為の基盤とみなされる）領域の切片に対するものとなる。これを主体から切り離すのが刑罰であることになる。かつて死すなわち精神と身体の切り離し[8]が刑罰であったように。すると自動的に身体＝足はあっても領域には立てなくなる。これが exilium である。

　以上の全体を保障するのは平民の横断的結合体である。しかしながらローマでは緊急時にこれが現れるのみで、領域に永続的に存立して政治制度全体を基礎づける結合体はついに現れない。確かに tribuni plebis は毎年（10名）選ばれるようになる。そして imperium 全体に対して大きな拒否権（veto）を発動する（intercessio）ばかりか、provocatio を patrici にも認めることと引き換えに訴追権・公訴権さえ握る。しかし tribuni plebis という制度を設立する際に現れた運動体自体はついに一過性のものたるにとどまった。それでも、patrici と plebs の間の関係は大いに変化する。いわゆる「身分闘争」は以後4世紀の半ばまで断続的に続いていくが、これは plebs が政治的階層

---

7）今日死刑が違法である理由は単純で、それが身体刑（supplicium）であるからである。「残虐な刑罰」とは身体刑を意味する。身体を傷つけずに死をもたらすことはできない。鞭打ち刑が違憲であることは誰でもが承認するであろう。体罰への嫌悪を誰もが共有するであろう。それでいて死刑を残存させればそれはただの矛盾である。

8）Homeros 以来これが死の定義であった。

に徐々に加わるようになっていく過程である。結局は plebs でも consul 職[コーンスル]に就けるようになり、ということは、senatus[セナートゥス] にも入ることができるようになる。政治的階層は徐々に循環・代謝し始めたのである。もっとも、こうして patrici と plebs の両方から成るようになった政治的階層は再び緩やかに閉じる（新しい官職貴族層 nobiles[ノービレース]）。代謝は行われるが極めて緩やかであり、政治的階層はやはりジェネアロジク（出生系譜上）に閉じられる。多くの市民は官職に就くことはなく、つまり選挙で選ばれることはなく、ただ選ぶだけ、投票するだけ、の存在である。逆に言えば選挙のとき以外は（軍事勤務を除けば）私事に没頭しうる。リベラル・デモクラシーの原型である。なおかつ、ローマでは決して古い身分制が廃止されることはなかった。護民官制度一つをとってみても、身分制を生命としている。plebs でなければ tribuni plebis の選挙権・被選挙権がない。領域に組織がない分、身分制が二元性を担保する唯一のものである。

## 2-3　占有

　さて、以上のような政治システムの具体的な変化と並行して、つまりは社会と人々の意識の大きな変化に対応して、450 年頃、ローマに或る全く新しいシステムが登場するが、この新しいシステムこそはこの書物の主要な関心事である。まずはその新しいシステムの原理に該当する部分を理解してもらい、次節でシステム自体の描写を行う。

　新しいシステムの原理を汲み取ってもらうためにも、システムそのものの伝説上の設立先例（儀礼を基礎づける神話・エティオロジー）を紹介することがよいと思われる[9]。ストーリーは、平民の父と娘に関わる。娘の名はウェルギニア（Verginia）で、ウェルギニア伝承は十二表法制定に関わる伝承群の一角を占め、かつ前節で見た政治体制のドラスティックな変革の引き金を引く事件を物語る。さてウェルギニアは或る日乳母に伴われて公共広場を通り

---

9）「はじめに話（logos）ありき」。法はその基礎を政治＝議論の外に置くので、感覚ないし直感に依拠する部分を持つ。画像やナッラティヴが概念体系より有効である。

かかる。すると、十二表法制定のための戒厳権力保持者アッピウス・クラウディウスの手先（gens を模した clientela 組織を指示すべく彼もクラウディウスである）によって捕縛されてしまう。実は、ウェルギニアを見かけ自らの欲望の対象にと欲したアッピウス自身の策謀である。手先は、「自分が所有していた女奴隷の子が幼くして攫われたのがウェルギニアであり、つまりこれは自分の物であるから、今それを取り戻す」と主張する。争いはアッピウス自身を裁判長とする裁判の場へ移る。娘の親族たちと支援者たちは、からくりが明々白々であるだけに、危機感と不条理感から、大挙して結集し応戦する。ところが裁判長アッピウスによって冷酷に斥けられる。応戦する資格を有するのは父親のみである、というのである。しかし父親は出征中で到底出頭できない。娘の側はかろうじて期日の延期を認めさせるが、そこで致命的な問題が浮上する。その間、娘の身柄をどうするか。手先を通じてアッピウスの手に一旦渡ったならば、彼は目的を遂げ、娘は暗渠から二度と出てくることはないであろう。これが劇的クライマックスである。婚約者も（直系を擬制する clientela と反対に部族組織らしく母方の）叔父も必死に弁ずるが無駄である。伝承テクストは層を成し、この場面で多くの反撃が 100 年 200 年の間に積み重ねられ（対立に煽られて不細工に[10]）書き加えられていったことがうかがえる。父が娘として、相手が奴隷として、争う場合には絶対に父の方が勝つという抗弁。いや、およそ自由人として争う場合にはその者が勝つという抗弁。未分節の親族集団ではだめで父個人でなければならないというルールにもかかわらず、軍団の兵士ならば集団としてでも勝つという抗弁。これらが積み重なる結果、現存のテクストはいずれも大変読みにくくなっており、解読不能として捨て去られる。しかしとにもかくにも娘の側は一旦娘を取り戻し、必死に父を呼び戻すべく使者を発たせる。この使者をアッピウスの手の者たちが妨害する。しかし父は困難を乗り越え戻ってくる。期日の日、（祈願のポーズをとるために）ボロをまとって出頭した父にはしかし残酷な判決しか待っていない。娘は例の手先の物である、という。この瞬間父は

---

10) Lévi-Strauss のいうところの bricolage である。

娘を葬り聖化する。アッピウスの手にだけはかけさせない。怒った民衆は蜂起し、secessio に至る。これが（前記 lex Valeria をもたらす）革命へと至る。この（それ自身多くの異なるヴァージョンで伝えられる）伝承には（別の話という形態をとる）対抗ヴァージョン（群）がある。アルデア（Ardea）というローマの同盟都市にも平民の娘がおり、これを貴族と平民の息子がそれぞれ争う。娘の母は貴族との結婚を望むが、後背地の部族組織と連携した男系親族集団は平民の側を望む。アルデアは内乱に陥り、ローマの干渉を許す。ローマは貴族と母の側に立って軍事的に介入する[11]。

　貴族の専横に対する平民の蜂起を称える物語か？　アルデア・ヴァージョンの存在はこの解釈を退ける。アルデア・ヴァージョンは貴族側に加担し、ローマ・ヴァージョンは平民側に共感するのであり、われわれが見るべきは貴族と平民の対立か？　しかし一個の観点が貫通している。アルデアにおいても平民の「母と娘」が作る固い単位に視点が据えられている。貴族はこれを尊重し、平民は男系単一の大集団を成し、単系で軍事化した後背地部族組織と結託している。だから貴族の側が勝つ。ローマでも初め平民は大集団を成し挫折するが、後に「父と娘」の固い単位を築いて反撃する。一旦破れるが人々の共感を得て革命を成功させる。貴族側は、そのような固い単位を築いているように見えてそれは虚偽であり、単系擬似 gens にすぎず、平民の

---

11）Verginia 伝承の分析は POSS の要をなす。まず POL でおよそ伝承分析、そしてギリシャの特殊な（文芸化された）伝承体系（「神話」）の分析、そこから社会構造の分析を試みる方法の探求、がなされ、（構造主義に近い）パリ学派を含む先行研究の批判的検討が行われた。提案された方法のポイントは徹底したヴァリアントの偏差の分析であった。Verginia 伝承に関しても、それ自身の諸々のヴァリアントはもちろん、同時代を生きたと目される同型諸伝承、対応するギリシャの諸伝承、が比較された。その上で年代記に収まっていく儀礼化ヴァージョン、exemplum iuridicum 設立先例となるヴァージョンを位置づける。同時にこの exemplum iuridicum にその後書き込まれていった部分を1枚1枚剥がす（例えば Livius テクスト上では高々 causa liberalis であるように見える）。いずれにせよ諸伝承は bricolage のため不条理に切れたりくっついたりしている。これを対立諸ヴァージョンの引きちぎる力のなせる結果と解し、その力から社会構造に迫る。本書では以上のような作業を一切省略してよくできた占有概念設立先例があるがごとくに叙述する。もっともローマでは儀礼的思考のためこの短絡が相対的に有効である。ギリシャではすべての伝承は社会構造を媒介にしてしか制度に結びつかない。本物の文学たる所以である。これはまたギリシャとローマの社会構造の違いを雄弁に物語る。

集団がアルデアにおけるのと異なって婚姻により結びつく双系を実は隠しているのと対比される。

　しかし貴族と平民の対立が無意味であるというのではない。これが内から支える梁となる緊張を生んで固い単位を支えている。貴族が婚姻のパイプを通じて上から切り込みを入れ平民ブロックからその固い単位を切り取るという動機。つまり水平直線を切るという動機。対するに、縦に繋がっている組織を（婚姻によっても織りなされた）平民の水平的な連帯が切るという動機。ちょうど『ジャックと豆の木』でジャックが天に伸びた木を最後に切り鬼の降下を阻止するように。つまり垂直直線を切るという動機。この二つのヴェクトルの均衡、それを支える対抗なしには、この単位は概念されえない。アルデアとローマでそれぞれ母と父が主役を交代する所以である。現実に二つの社会的階層の対抗が社会構造を支えたであろう。

　貴族であれ平民であれこの新しい条件をクリアした方が勝つのであるが、この前提条件問題はウェルギニア伝承において以下の手続問題へと翻訳されている。つまり、ウェルギニアがどちらのものかを争うその主体はこの条件をクリアしていなければならない。その認定は裁判長の判断に懸かる。その裁判長がアッピウス自身であるという不条理。ウェルギニア側はこの資格要件をアッピウスから突きつけられ一旦どん底に突き落とされる。しかし資格要件自体には異を唱えることができない。ところがさらに、実は突きつけた当のアッピウス側に虚偽が存在する。「手先と奴隷」という固い単位が主張される限りで、こちらの側が優位を認められるように見えたが、アッピウスと手先はまさに親分子分関係であって、グルである。実は関係が〈分節〉していない。得体の知れないところへ通じている。〈分節〉は形ばかりのものである。この問題は、ウェルギニアが一旦不透明な集団の中に連れ込まれれば何をされるかわからないという恐怖によって劇的に表現されている。要するに前提資格をクリアしていないどころではない。加えて、当事者と裁判長の間にも結託がある、否、実質同一である。これに比してウェルギニアの側は実体がありながらたまたま形がとれないためそれでも負ける、という悔しさ。しかも、真実どちらの物かを争う前に門前払いされる、という無念。そ

第2章　民事法の原点　　51

れでも、どちらが正しいか、どちらのものか以前の、前提的資格こそが徹底的に争われる。繰り返すと、無念が表現されても、平民側も新しい原則自身に異を唱えるのではない。相手の狡猾な虚偽に対してである。こうして問題は「どちらのもの」かから前提資格へと置き換わったが、駄目を押すように、さらに別の問題に置き換えられる[12]。さしあたりどちらが身柄を確保して期日を迎えるか。前提的資格をクリアできなければこの中間的な人身確保の資格を奪われるのである。某クラウディウスがその間の人身を確保すれば、ボスのアッピウスに娘が渡され、アッピウスは娘を好きなようにしてしまう。返せと言って後に正しさが認められたとしても、取り返しがつかない。目的を達したアッピウスは、言わば屍を喜んで返して寄越すであろう。反対に、「父と娘」の堅い結合さえ維持できていれば、それはひとまずアプリオリに尊重されるから、クリティカルな場面を乗り越えられる。そのうえ、その「娘」が実は自分の奴隷の娘であることを証明するなど容易ではないから、非常に強い立場に立ちうる。話の焦点はこの緊急の問題に強烈に合わせ直される。

　ギリシャに登場した新しい質の自由、つまり〈二重分節〉の観念がこの固い単位という原理に及んでいるのは明らかであろう。二方向の自由が追求されることからわかる。そればかりではなく、判断手続の二段階という点でも符合が見られる。xは領域の人員aとbのどちらに帰属するか。ギリシャでさえ領域の第二次的結合体が非公式に扱っていたにすぎない。この審級が存在しないローマでは問題にさえならなかった。そういう問題が確かに政治システム内で取り上げられる。しかしその点に関する当事者の主張のどちらが正しいかということより先にまず、当事者が或る前提資格をクリアしているかどうかが判断され、こちらの方が致命的な問題と考えられる。もちろんこの前提資格自体まさに〈二重分節〉の観念に従っている。言わば水平的な関係にある独立の両当事者が対等に争うというのでは足りず、両当事者は垂直的にも〈分節〉している、つまり二重に自由であらねばならない。とりわけ

---

12) redondance が時系列に展開される典型的な bricolage である。

集団から切り出されていることが肝要とされる。アッピウスの手先がその点で見かけの自由しか持たないという設定こそ、まさにその関心を最も的確に表現している。要するに判断は二段になる。まずは両当事者がそのように二重に〈分節〉しているかどうか。そのうえでどちらが正しいか。別の言い方をすれば、論拠に資格要件が課されていることになる。「かくかくしかじかだからそれは私のものである」という論拠において、「かくかくしかじか」の中に「正規に〈二重分節〉した主体が云々」という部分がなければならない。

　この点を先決問題とするということは、「領域の上に〈二重分節〉単位が安定的に敷き詰められていること自体は、各単位への正しい帰属よりはるかに重要である」と考えることを意味する。たとえ正しい帰属を主張するのであるとしても、そうした状態を実力つまり集団によって変更することは前提問題として許されない、という考え方である。そのような考え方が定着して紡ぎ出す質を領域が獲得しなければならないという思想である（獲得したとき「市民社会」の名に相応しくなるであろう）。「父と娘」のような bx 関係が形成されているとき、a は、たとえ x を b から奪われたのであるとしても、その関係をひとまず無条件で尊重しなければならない。このことはウェルギニア伝承においては中間的な身柄確保の問題として表現されている。相手の確保を容認しつつ縷々理由を述べて政治システムを通じて取り返さなければならない。もう少しで一旦ウェルギニアを手に入れかけるアッピウス側のトリックは、この原則を欺罔によりかいくぐるものであった。つまりいきなりウェルギニアに手をかけようとするものであった。これは実力に訴えて x を取り戻すに等しい行動であった。新しい原理の下、このように実力を行使した者は追放されてしまう。たとえ実は正しい主張をしていたのであるとしても。つまり理由の如何を問わず実力行使は絶対的に許されなくなる。

　何が実力か。この点も明確になる。bx のところに固い単位が認定されれば、a は自分と x の間に立ちはだかる b とその人員 b′ を排除しなければ x にアプローチしえず、自己のコントロールする範囲を越え b の範囲に侵入しなければならない。b の範囲内に（送り込んだ、または寝返った人員）a′ を見

第2章　民事法の原点　　53

出し a-a′ 結合を達成しなければならない。これが実力（vis）である。〈二重
分節〉侵犯である。a も b も等しく実力で x を取り合っているように見える
場合も、固い単位がどちらにあるかによりどちらが実力を行使しているのか
を判定する。さて、a-a′ は既に集団であり、そこには政治システムがない以
上 a の背後に姿が見えないとしてもボスたる A が居るかもしれないし、そう
でなくとも a-a′ 間には支配従属関係がある。ミニマムに不透明な集団が存
在する。つまり、実力は必ず集団を意味する。そして新しい原理は集団に対
して個人をアプリオリに優先させる。孤立して固い単位を築いている個人を
実力行使や欺罔等に訴える不透明な結託組織が襲っている、というように事
態を捉えるのである。ギリシャのデモクラシーにおけるのと同様に、孤立し
て追い詰められた個人、誰も援護しない「最後の一人」に究極の価値を見出
す思考へと発展していく道筋がここに存在する。

　もっとも、ギリシャの〈二重分節〉観念との違いも存する。ローマにおい
ては、前提的資格としての〈二重分節〉をデモクラシーの政治手続の中で論
ずるのではない。自由な議論によってではなく、物的事実として、〈二重分
節〉を示さなければならなかった。かつ政治的空間内部における儀礼として
の物的事実である。つまり forum[13]（フォルム）において集団が形態を示して見せる[14]。
集団から切り分けられた父が現れ、その身体において娘との関係を人々の目
の前で作って見せる。儀礼とは、神話をそのとおりに物的身体的レヴェルで
実現して見せることである。ここでは儀礼が主であり、神話は従であるにす
ぎない。神話はもっぱら儀礼の由って来たるところを説明してみせるエティ
オロジー（縁起話）という性質を帯びる。それがウェルギニア伝承であった。
その伝承のヴァージョン対抗が、社会構造のレヴェルで〈二重分節〉を明白
に指示してくるのである。そしてその神話を再現実化する儀礼は、単に政治

---

13）公共空間、都市内の狭義の政治的空間であり、公的な言論、やがては公的な性質の取引
　が行われる。

14）儀礼は物事を formel にし、publicité を作り出す。物的再現の物的性質自体これをもた
　らすし、画された現実が日常の現実の中に闖入するのであるから、すべての日常の現実に
　等しく対峙する。秘儀というものも存在するが、それでさえ publicité を外から覆って閉
　ざしたまでである。内部は厳かで formel である。

手続を画するだけの儀礼とは根本的に異なる。領域のただなかにそのまま現れる日常の物的事態として（領域上の人的組織の）〈二重分節〉が端的に表現されているのである。

　他方、領域に一旦浮出し政治の場に再回収されそこで再現される物的事態の核として、〈二重分節〉主体が捕縛する対象、ウェルギニア、つまり彼女の身体が存するということを忘れてはならない。〈二重分節〉の観念自体、主体とテリトリーないし資源の間の関係についてのものである。つまり、儀礼の物的身体的性質は、主体が対象を捕捉しきる、地面に何も残さない、被捕捉体が地に着く、ことにより完結する。隙間を作らず簒奪されえない（下からめくられない）状態、少しも宙に浮いていない状態、この意味で想像力によって宙に浮かぶことを旨とする政治の対極、が作られなければならない。ギリシャでは、〈二重分節〉というアプリオリでさえ議論ないし議論の手続の分節が保障した。ローマにはそれがないから、地面にしがみつくことの堅固さが、地中深くに打ち込まれ風に飛ばされない杭のみが、その一義的明証性だけが、新しい垂直水平両方向の自由を保障した。「領域において、さしあたりあたかも政治システムと無関係であるかのように、よく切り出された個人が明確に画された対象との間に排他的で一義的な関係を結んでいるのであり、曖昧な集団が曖昧に関わっているのではないということ」を、人々は墨守すべき範型として保持した。儀礼は必ず墨守すべきものであるが、儀礼空間の外、領域においても墨守すべき範型としてこの儀礼は作用した。

　ただし、儀礼は静態的なものではなかった。裁判という制度が流用されるのも偶然ではない。裁判は、実は軍事化と同じくポトラッチ儀礼をもとにしている。政治システムの破壊の有無、それへの責任の有無、被告人の存在の有無、すべて１か０である。一方が全取りした状態から他方が全取りする状態に移行するか否かの一義的な勝負である（他を行わせないこの儀礼性が一般の政治的決定と異なる、と述べた）。その緊張が精査を生む。〈二重分節〉を同様に一義的にヴァイタルだと考えたローマの新しい社会は、同様にポトラッチ儀礼に事を委ねる。ただし、〈二重分節〉に固有のこととして、政治システムからもまた自由でなければならない。逆に言えば政治システムは本来の

第 2 章　民事法の原点

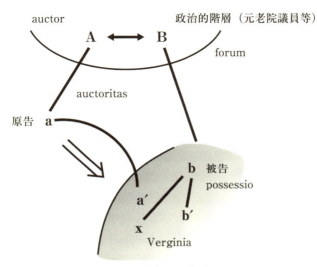

図 1　占有／民事訴訟

裁判におけるようには全面的にはコミットしない。前提資格要件をいちいち厳密審査するのではない。侵害をいちいち裁判するのではない。資源 x につき a が前提資格を満たしているかどうかの判定は相対的対抗的になされる。つまり x につき同種の関係を主張し事実を築いている b との争い、対抗、比較においてのみ a の主張は判定される。別の言い方をすれば c との関係においては別の判定になる。x との安定した関係を築いている b に a が襲い掛かっているのか、その反対なのか、しか判定しないということである（領域上のすべての事態をこの枠組でのみ捉える）。前者の場合、対象 x との位置関係は a/bx 略して abx となり、b/ax 略して bax でない、と符号で表現することとしよう［図 1］。a による実力行使＝暴力は自動的に abx となる。b も同じことをしたらわれわれは複雑な判断を強いられる。「何だ、どちらも暴力的であり、結託しているではないか」と。しかしそれでも abx か bax かを争わせる。審判が相対的な優劣を判定する。領域の上に線を引いて区画を作り 1 個 1 個にお墨付きを与えるという権威づけの方法は採られない。自由でオープンに覆しうる。〈二重分節〉は政治システムの判断からさえ相対

に自由だということを意味する。裏を返せば、ローマ型〈二重分節〉は政治システムの外で人々が領域をめぐり常に争い続けるということを生命として成り立つ。

　abx か bax かの判定は評価というより知覚そのものである。陸上競技で審判が着順を判定したり、サッカーでボールがゴールの線を越えたかどうか判定したり、に似る。写真判定に相応しい。x という資源に対して持つ関係は形の問題であり、それの（abx か bax かという）単純なパタン認知である。前提として、時点を特定しなければならない。それは現在以外にない。将来というのであれば、何か理由（正義）を振りかざし誰かをどけて入っていくに等しい。これは形を変えた暴力である。実体の審理はまだ行ってはいけない。過去というのであれば、これは紆余曲折の混沌に分け入るに等しい。そのうえどちらが正しいかという事情に深入りすることになる。そもそもどうであったかなど由来に遡って多くのデータを挙げて論証することは不適切である。現在というユークリッド的 1 点において時間軸を切るのであるから、議論の余地はなくはないが、限られる。折しも前提資格に関わる判断をしようというのであるから、どのみち後段の判断、正義を混ぜてはいけない。こうして、この前段の判断は政治システムの判断とは異質の極めて技術的なものになる（そのかわり時間が経てば取り返しのつかない、実力による侵害に対して、速効性のある救済を与える）。デモクラシーにおける前段手続はどれも技術的になりうるが、ギリシャではそうなった試しがない。これを技術的な判断に還元しようとする理論家が現れただけである。それはそこにも政治システムがあるからである。しかしローマでは、まさに領域の上の組織の構造に対応して、判断は技術的になった。

　この判断の基準、つまり abx か bax かを判断するときの基準、は後の時代[15]に占有（possessio）というテクニカル・タームで指示されるに至る。対象に対して明確で直接的な関係に立っている方が「占有を保持している」な

---

15）テクニカルな儀礼用語は vindicia/vindiciae、慣用語は habere という動詞であったと思われる。possessio がテクニカルに圧倒するようになるのは、その分類が始まる紀元前 2 世紀末（第 4 章参照）のことと推測される。

どと言って判断を表現する。双方が「自分の方こそは対象との間に個別的で固い関係を築いており、外部の者、怪しい組織、は一切関与していない」と言い張るであろう。それを一刀両断して一方に占有を認め、他方をゼロとするのである。この判断は、既に述べたように基本的に事実の認知の判断である。しかしながら、このように言うとしてもそこには若干メタファーである部分がある。実は、写真判定のようには単純でない。「技術的判断」と言ってさえ言いすぎである。何よりも根底にかなり高度な価値判断が存する。〈二重分節〉という社会の構造に関する判断であった。それは高度な意識に支えられていた。したがって、占有の判断も、洗練された意識を感覚ないし直感として内蔵する者が行う必要がある。それでも、政治的決定における全面的総合的価値判断、方向決定とは、根本的に異なる。

かくしてこの占有という概念は、ローマでは、非常にテクニカルでありながら、社会の基本構造、基本的な質を、一手に引き受けるということになる。そしてこの概念を基盤として政治的決定をする活動の総体、その手続と決定の集積、が政治の一個のジャンルとして、あるいは政治一般と相対的に区別されて、概念しうることとなる。これが法である。つまり法の根底には占有という原理が潜む[16]。占有という価値理念が底を流れる。

## 2-4　民事訴訟

ギリシャのデモクラシーにおいては、新しい質の自由ないし〈二重分節〉を保障するのは主として文芸によって養われる分厚い意識であった。この意

---

16) このことは現在では意外であろうが、伝統的には占有理論の重要性が認識されていなかったわけではない。サヴィニーの占有論 (*Das Recht des Besitzes*, 1803) を挙げるまでもなかろう。このモノグラフは19世紀の全ドイツ法学のパラダイムとなった。他方、19世紀以降激しい論争が占有をめぐって戦わされた。占有の問題であると意識されない領分においても実質占有が問題であったケースも枚挙にいとまがない。無因理論の登場や表見法理の発展などもそうである。今日の最先端に目を転ずると、占有の語を使わずとも、その原理をその事象において概念しうるかどうかが、法学的議論の成否を分けている。今日もちろんわれわれはことごとくそれに失敗している状況にある。20世紀以降占有理論が忘れられた事情については、ここでは述べることができない。

識は広い意味での政治システム全般に浸透している。ローマにおいても同種の意識の変化を検出できなくもないが、むしろ、政治システムないしそれを支える意識の外に出てこれに対抗するという動機の方が顕著である。なおかつこの動機は、政治制度の内部にエティオロジーを通じて特定の儀礼を横づけするということにより対抗する。政治的判断を堰き止める障壁たる作用を儀礼は持つ。かつそれにとどまらず、この儀礼は間接的に領域を規律した。そこで再現される儀礼的物的事態がそのまま領域に戻って有効であるというばかりか、広義の記号作用をヴィークルとして領域の人々の意識を支配した。しかも、このチャンネルを通じてのみ（文学等々に依拠せず）、ローマの（社会構造としての）〈二重分節〉は維持された。

　既に述べたとおり、横づけは裁判という政治制度に対してなされた。政治システムが、ａとｂが資源ｘないしテリトリーを争う場面をわざと取り上げ決定して見せる。しかし両者の主張のどちらが正しいかについての関心は見かけだけであり、実はそのような主張の前提資格の充足にしか関心を有しないのであった。つまり争いの前に前提資格をチェックする。この部分の手続がヴァイタルであった。しかも、前提資格は（相対的に）一方が満たし他方は満たさないと判定される。かつ、満たした方は最終決定まで対象を確保しうる。そして実はそればかりか、最終決定に至る当事者相互（のみ）の議論において、裁判独特の偏頗性、つまり bx に対して a のみが主張立証し、ｂは防御さえすればよい、という原則が採られる。裁判に固有の弾劾主義を借りる。換言すれば、前提資格優先の姿勢はまた一段増強される。この新しい種類の裁判が民事裁判であり、その手続の総体が民事訴訟である。民事訴訟は占有を原理とする。かつ占有原理作動の心臓部、したがって法そのものの心臓部である。占有という新しい社会原理は、主として、民事訴訟をするという儀礼的行為を通じて生きる。

　設立先例によれば、民事訴訟は以下のように進行する。「父と娘」bx を前提として、今 a が x を儀礼的に捕縛してみせる。abx を前提にこれを bax へとひっくり返すのである。このとき b はこれを abx に捻り返さなければならない。できなければ bax を前提として以下手続が進んでしまう。ｂは占

第2章　民事法の原点　　59

有を認められず、あるいは中間占有が取れず、その間何をされるかわからない
し、取り返しがつかないかもしれない。そうでなくとも、 x が自分に帰属
することをやがて一から証明しなければならない。儀礼上の捻り返し、つま
り父の父としての出頭、ないしきちんと訴訟上の保証人（auctor）を立てて
B-b という垂直分節隊形で当事者席に着くことができれば、占有を認定され
る。この認定は疎明のみに基づいて簡易の審査により裁判長が職権で行う。
かくして占有は被告適格を意味する。被告は第二段階の実体的政治的判断手
続において圧倒的に有利な立場に立つ。自らの占有を覆す論証はすべて相手
側の負担であり、自分は相手の論証を切断しさえすればよい。勝利が推定さ
れている。この片面性は、ひとまず占有を尊重するということ、bx 結合を
土足で踏みにじってはならないということ、つまり社会の基本原理としての
占有原則にとって、生命線である。

　他方の a [17] もまた〈二重分節〉形態を有しうるのでなければならない。
x が帰属したとしてもおかしくない者でなければならない。アッピウスの手
先はダミーであるからこの資格を欠く。これが当事者適格のもう片方、原告
適格である。 a が具体的に占有しうるものとして x がそこに存在しているこ
とも a の訴えの要件であり、現在では訴えの利益と呼ばれる。

　以上のように、民事訴訟は厳密な訴訟要件を特徴とする。ここに全精力を
注ぎ込むがごとくである。繰り返すが、それは、前段の手続で前提資格たる
占有を扱い、この占有が社会の生命線だからである。民事訴訟は他の紛争解
決制度と全く異なる、ないし全く関心を異にし、そもそも紛争解決制度では
ない。

　まさにそれゆえに、ローマではやがて当事者が前段の判断だけで決着をつ
けようとするに至る。つまり両当事者が abx から出発するか bax から出発
するかにすべてを、さしあたり多額の金銭を、文字どおり賭けるのである。
この判定を陪審に委ねる。これが事実上「第二段」となる。占有判断の過程
で自分の占有を明らかにするばかりか相手の実力行使、つまり bx 尊重義務

---

17）後段まで進んだ場合の原告の訴権を rei vindicatio と Digesta の法学文献は呼ぶ。近代
　法学は「所有権に基づく返還請求訴権」と解する。

違反を論証し、相手に巨額の賠償を払わせ、あまつさえ相手を取引社会からの追放によって破滅させることもできる。おそらく紀元前3世紀以降にならないとこの独立型は登場しない（後述）が、これが占有訴訟である。すると本来の第二段へは滅多に進まないことになる。それほど前段の判断が重きを占めるのである。もともと第二段における論証は困難を極めた。こうして第二段の判断は、形の上で置かれるだけという趣を呈し、陪審は形骸化し、単一の者の判定（iudex unus）へと退化していった。

　民事訴訟の手続はかくしてクリアに二段階へと分節される。前段の手続をin iure と称した。前提となる占有判断を担い、訴訟物 x と当事者の役割を決定する。政務官たる裁判長に委ねられた。4世紀半ばからは praetor がこのため別途選挙で選ばれた。したがって in iure は praetor の職権的判断の布告を以て終局的となる。ただし当事者の申し立て（主張）によらなければ一切手続は動かない。その限度でしか職権的判断が与えられない。当事者主義は貫かれた。本案審理への移行が認められたとき、初めて陪審に訊く内容は特定される。b が保持している物を a が実は自分の物であると言っているが、これは正しいか、と。a の物か b の物かはたまた誰の物か、などとは訊かない[18]。第二段の手続は apud iudicem（単数で「審判人のもとで」）と呼ばれる。第一段階の問題を取り出して争い決着をつける場合、praetor に一方が暫定の占有を付与してもらってこの付与が正しかったかどうかを争う。この種の占有訴訟では、相手の実力行使に直面し占有侵害を訴える占有訴訟原告が自らへの占有付与が正しかったという方に賭け、相手が不当であったと賭ける。第一段階を取り出して争うこのような場合においてこそ大きな実質的陪審が構成されるから、トライアルらしいトライアルになる。いずれにせ

18）「訴権」つまり actio アクティオーによって思考することはローマ法の特徴とされ、19世紀ドイツで「克服される」までヨーロッパの民事法を限界づけたと説かれる。フランス法などにいまなお色濃く残る訴権的思考は、5世紀半ばのローマに遡るが、法にとって基底的な意義を有する。政治システムが正義を振り回して資源の帰属を決める、政治システムとさえ言えない権力や権威が利益を調整する、等々のことを阻止し、占有原理に関する、しかも端的に物的な事態としての、問題しか扱わない、ということを「アクティオー思考」は意味する。占有原理が多岐に花開いていったとしても、民事訴訟の前段の手続で決められる形、つまり後段の手続で陪審に訊くこと、は類型的に限られる。

よ、以上のような二段階構成、二段階訴訟がローマの民事訴訟の特徴であり、占有審理と本案審理の二段階、「訴訟要件と本案」という手続ないし判断の二元性は、およそ民事訴訟の本質的メルクマールとして今日まで継承されている。

民事訴訟後段の「本案手続」に関する固有の諸原則は大きく発達することがなかった。高々上述のバイパス訴訟で本格的な陪審が立った場合にのみ弁論の手続が問題となった。その場合、政治的決定手続であるから、音声言語のみによりかつ論拠と主張を分節させて議論するのは当然である。書面は話者を書かれた言語の背後に隠し[19]、テクストの下に諸解釈を分岐させ論拠間支配従属構造を作り出す。ギリシャでもローマでも政治システム内で徹底的に書面は警戒された。口頭で弁じ立てて争うということは、ギリシャ・ローマそして刑事民事に共通した裁判の中核的要素である。さらに、裁判に固有のこととして、訴追者ないし原告が主張・論証することしか議論の対象としない、という厳格な原則が存在した。判決は訴追者ないし原告の求めるものを受け容れるかどうかのみを裁定しうる。判決が別途付け加える理由は存在しえず、判決の理由は即訴追者ないし原告の論拠づけそのものである。ただ、（ローマにしかない）民事訴訟に固有のこととして、本案で取り上げられる「原告の主張」自体 praetor の決定に懸かり、陪審に訊くのは praetor であった。審判人が勝手に論拠を工夫し証拠を集めることは問題外である[20]。

---

19) 今日では刑事裁判における伝聞法則に継承されている。ちなみにギリシャでは、例えば壺の作者が署名する場合、壺の一人称で「私を誰々が作った」と彫られる。吟味されるべき一個の証言にすぎず、本当にそうですかとその人に訊けば、知らないと答えるかもしれないからである。

20)「弁論主義」の原型となるものが存在したことは確かであるが、判決が独自に理由づけするということがないから、その理由をどこから採るかという問題は予め摘まれている。したがって弁論主義を言わない方が正確である。そもそもこの概念が今日多少わかりにくいとすると、それは litis contestatio の消失と関係するのではないかという重要な指摘（垣内秀介「主張責任の制度と弁論主義をめぐる若干の考察」『民事手続法学の新たな地平：青山善充先生古稀祝賀論文集』有斐閣 2009 年）が存在する。つまり in iure の働きが無くなったから理由や主張のレヴェルの拘束がとれ、当事者の弁論と判決の理由づけの間に微妙な問題が発生し、弁論主義概念による限定も必要となったが、その概念が難しくもなったのである。弁論内から論拠を採るという限定は変わらないとしても、被告の反論のため

また、論拠を基礎づけるために何か特定の証拠や証人によらなければならないという法定証拠主義は強く排除された。証拠や証人に関して、当事者がこれをしてはならないという規則も発達しない。陪審の批判能力は完璧であると想定される。これが自由心証主義である。他方、この自由心証主義を補強すべく陪審にバイアスを与えないようにする証拠法は全く発達しない。

今日十二表法のテクストは失われているが、引用断片から再構成することがポスト人文主義の時代から行われ、その内容は定着している[21]。その断片は概ねここでイメージした新しいジャンルの手続を指示してくる。つまり民事訴訟そして法の登場は十二表法に結びついた変革の所産であり、定着には時間がかかったと見られるものの、きっかけはやはり鋭い断絶であった[22]。

---

の論拠を原告の結論のために使ってよいか、等々。判決は弁論に登場した要素を元来の目的を離れて自由に使ってよいか、等々。ちなみに「処分権主義」は、判決内容の拡張減殺が自由に認められるようになった脱訴権化の中で、その自由を制限し元来の枠をどこまで維持するかという問題に関わる語である。

21) Bruns または Riccobono の FIRA (*Fontes Iuris Romani Antiqui*) を見ること (Bruns も独自の価値を失っていない)。

22) 19世紀以降の学説は必ずしもそのように考えない。19世紀前半に (紀元後2世紀の法学者) Gaius の「法学提要」(初等法学教科書) が忽然と発見され、これに大きく影響された。今日教科書類は Gaius のテクストをそのまま引き写して legis actio の諸類型を掲げる。若干の研究書は「十二表法に書かれた」「しかしはるかにそれより遡る」「呪術的な」、原始的手続であるように脚色する。しかし歴史学的史料批判のかけらも存しない。強い儀礼的思考については、1930-40年代のフランス＝ベルギーの学派が既に明らかにしたとおり、闘争を模したとしても何か実力をそのまま追認するのでは到底なく、むしろその反対である。そもそもローマの政治システム自体既に述べたようにギリシャに比して儀礼に依存するところが大きい。そのうえ、占有判断が現在という瞬間についての形の判断になるから、これまた儀礼に親和的である。否、儀礼を利用しなければ、本格的に政治的な本案の判断と前段の間を画すことができない。総じて、儀礼についてのしっかりした理論に基づいて分析すれば簡単に理解できるこれらの諸点を、学説はいまだに本格的には究明しないでいる。そしてプリミティヴィズムは今なお色濃くあちらこちらに残存している。しかし legis actio に関するテクストの分析は、反対に、これが (先に単純化して紹介した) 占有概念および民事訴訟の設立先例伝承と符合することを示すし、後者はまた十二表法条文テクスト伝承と符合する。

## 2-5 取得時効

　本案手続において原告が用いうる論拠、相手の占有を容認しつつその占有を自己に回復するための論拠は、形のうえでは決して限定されなかったであろう。占有原則をクリアして前提的資格を得た以上それ以上要求されず、政治システムの議論の基本則に戻り、論拠の自由が復活する。が、説得力ある事由が占有原則に合致しこれを補強する方向に求められていったであろうことは容易に想像できる。このことを雄弁に伝えるのが取得時効制度の発達過程である。

　「確かに占有は今被告のところに存するが、しかし本来は自分たる原告に帰属しているべきであった」ことを論拠づけ説得に成功した場合、原告は政治システム（判決）によって占有を権威づけられたことになる。x は B-b でなく A-a の下に入るべきであるという政治的決定である。AB は政治的決定を直接担うアクター、元老院議員などである。占有とは、「争う主体がA-a や B-b の形をしていなければならないことである」と翻訳できるから、A, B, C, D,……が構成する forum の決定による権威づけは、まずは A-a の作用、つまり A, B, C, D,……が構成する forum の決定を後ろ楯とする A のa に対する保証として現れる。A は auctor、A-a 作用は auctoritas と呼ばれたから、返還つまり a に占有を移転させる命令の効果は、auctoritas と呼ばれるようになり、この語は後の「権原」を当てて訳すと大変にうまく機能する、そのような権威づけを意味するようになる。しかるにその auctoritas の論拠は全くオープンである。どんな事情でも見事な弁論を通じて論拠となることができる。もっとも、社会が占有理念によって導かれるとき、政治的気まぐれから自由でかつ頑固に自律的な論拠体系が必要とされる。それは占有原理以外にありえないのではないか？　かくして、B-b でなく A-a に付け替えるという政治的決定の事実上の排他的論拠は、かつて A-a が重大な占有侵害を被った結果が B-b である、というものになる。現在の占有は優先であるから、これを破るのは過去のかつ重大な（放っておいたのでは占有原

則が危うくなるような）占有侵害でなければならない。原告は「かつて自分の占有が、占有原理に重大に違反する仕方で、つまり実力によって、あるいはこっそりと（窃盗）、奪われた」と主張する。そしてそれを論証するのである。もし論証できたのであれば、それはこの体制にとって重大なことであるから、直ちに原告は占有を回復されなければならない。たとえ被告がその占有原則違反行為に全く関わっていない場合でさえも。

原告は、しかしながら、過去の唯一回の占有原則違反行為を論証すれば足りるとは限らない。被告は言うだろう、「確かに君はそれを奪われたに違いない、しかし今私が占有しているものがまさにそれであるという証拠はあるのか」と。同一性の判断である。それが明白でない場合、原告は奪われてから被告の手に落ちるまでの経過をたどらなければならない。念のために言えば、返せと言われた（追奪された）被告が自己の潔白を証明するために「たどりたどって所有権を証明して見せなければならない」のでは決してない。しかしまさに原告の論証はどうしても帰属が転々とする場面をめぐるものとなる。被告はこれをいちいち論駁しうる。

帰属の転々流通はしかし占有の移転を意味する。占有はどうやって移転されるのか。占有を切り取って眺めれば A–a という形態が現れる。民事訴訟において、当事者 a のために auctor たる A が立っている姿である。反対当事者 b には B がついている。もし原告 a が被告 b に対して勝ち、判決によって占有が b から a へと引き渡されるならば、われわれはここに最も確かな占有の移転を見ていることになる。A と B が a と b のためにしっかりとそこに立ち、C, D, E,……という政治システムの直接の諸頂点の前で、「公式に」(formelment)、かつオープンに、受け渡しを演ずる。判決なしに擬制的にこの儀礼を行うこともできる。判決を真似たこの移転方式を in iure cessio という。法廷（ius）[23]、さらにはその前提をなす都市中心の公共空間の存在が

---

23) この語は、ここで今述べつつある事象、民事法ないし法そのものを包括的に（しばしば複数形 iura で）指す場合もあれば、このシステムの内部で個々人に帰属する権能を指す場合もあり（この場合にはしかし占有の方に近く、「権利」にはほど遠く、権原と重ならない場合がある）、さらにはこのシステム内部の価値判断を示す（「正当である」と訳したくなる）場合もある。

不可欠である。さて、法廷までは用意せずとも、そしてもう少しグレイドの下がる「公共空間」、市の立つ場所など[24]、で公衆と A, B, C, D, E,……に相当する証人たちが用意されれば、これまたかなり確かな占有移転をaとbは達成することができる。これを mancipatio という。このような性質の行為を要式行為という。儀礼の公式性、公開性を、生命とする。一度してしまえば公式に確定されて戻らない。遠く政治システムの作用である。厳格法、厳格責任（stricti iuris）などという講学上の用語も存在する。

　mancipatio はなかなかに強力である。これを経由すると、占有は攻撃されにくくなる。占有を奪われても本案で有利になるばかりか、占有判定において praetor の占有付与決定をひっくり返しうる。実際、mancipatio は占有訴訟に備えるものであると言ってもよいくらいである。さて、cから訴訟を起こされたbは、自らの占有を認定されたものの、本案では不利が予想されるとしよう。なぜならば、A-a/B-b の mancipatio でその占有を取得したのに、c は A-a/C-c という事実を論拠として攻めてくる。自分はBを連れてくることができない。否、BはACと結託し、そんな事実は知らないと言う。別の auctor を立てて被告適格を確保することも難しい。それほどbは孤立している。占有は政治システムから独立の価値であるが、しかしその価値は究極的には政治システムによって保障される。しかるに、政治システムの決定は究極においては自由であり、皆が一つの流れになってあらぬ方向へ行ってしまうということを完璧に排除できるわけではない。かくしてbのような立場の者がどうしても出てきてしまう。しかしこれを放置すれば占有理念はそこから穴が空いてしまう。こうして既に十二表法は或る非常手段をローマ社会に据えつけた。これが "usus auctoritas" ルールである。Bが立たない場合でも、つまり auctoritas を欠く場合にも、一定の要件を満たせば auctoritas を備えるとみなす、auctoritas を擬制する、という準則である。「一定の要件」は usus（「使用」）という語で指示される。われわれが概念する占有の実体部分とあまり変わらないから、「占有が占有を擬制する」ように読め

---

24）領域のただなかに浮かぶこの種の半公共空間についてはすぐ後に述べる。

て奇妙であるが、占有の自足性をよく表すものでもある。地に着く基盤を有していれば政治システムとの連関における儀礼的形態を欠いても占有は成り立っているとされるのである。もう少し具体的に言うと、usus という語、そして十二表法制定の状況、からして、要件は「領域の具体的な脈絡で誰か隣人が、いつからは知らないがもう長年彼が安定的に占有しているということを証言したならば」といったようなものであったと考えられる。つまり、秘かにもう一つ別の、領域側の横断的結合体が（少なくとも擬制的に）概念され、これとの関連で占有がしっかりなされている、ということである。

　しかしこの主張を認めたときに奇妙なことが起きる。占有を擬制するのであるから、ｂに被告適格が認められ、占有が認定されるだけであるはずである。本案では、ｃはａから買ったと主張し、なのに今ｂが占有しているとすれば、ｂが盗んだか、盗まれた物を買ったか、だと主張する。ｂは、ａから買ったと主張したいが、ａはｃに売ったと言う。そこでｂはテーブルをひっくり返す。何がどうだか知らないが、もうずっとこうやってここで占有し、そのことを隣人皆が認めるところである、と。"usus auctoritas" ルールはｂの占有を通常の政治的 auctoritas の脈絡から切り離された独自の世界に基礎づける。ｃはこの最後の事実を論駁するよりほかに手がない。それは実は自分の物だと事実をたどる道を絶たれる。こうして "usus auctoritas" ルールは、占有の自足性により、原告から権原を援用して本案をする余地を奪う。その占有は権原からの攻撃に対して免役を帯びる。

　この制度は後に usucapio（取得時効）と呼ばれるようになる。時効の制度理由は大変にわかりにくいとされるが、ここでは明白である。占有のための非常手段である。政治システムの決定に留保を突きつける。だからこそ古くから自由主義の砦とされてきた。他方、この制度はこのように防御的にのみ使用される（抗弁であり、援用を要する）。要件はこの後大いに発達していくが、しかしいずれにしても厳格であり、in extremis にのみ発動される。また、奪っておいて時間を稼げば獲得できるということがないように、工夫が凝らされる。反対に、孤立した人の最後の手段であるから、「最後の一人」を理念とする法の精神の典型的な発露であると言える。さらにまた、時間の

第2章　民事法の原点　　67

要素も二義的であり、ローマでも早いうちに土地につき2年となったようであるが、いずれにせよ短期であり、一般に、長期の取得時効制度は大変に怪しい。ローマでも諸制度が崩れ始めた時期に全く別系統の長期の取得時効が現れる（praescriptio longi temporis）。しかしこれはあらゆる社会に見られる、弱体化した権力が実力の応酬を調停することに疲れてモラトリアム立法をした結果である。われわれの取得時効制度にはいずれにせよ両方が流れ込んでいるから注意を要する。ちなみに、同じ「時効」でもいわゆる消滅時効はローマが正規には知らない制度であり、法にとって本来のものではない。現在見られる諸制度の性質は非常にさまざまであるから分解して理解しなければならないし、何よりも、取得時効と消滅時効を「時効」の名の下に統一して扱うことは非常な混乱をもたらす。

　usucapio は初めから濫用の危険性を有し、後に限定のための要件が次々に付加されていくが、当初より逃げる usucapio を執拗に追ったと思われる制度がある。窃盗（furtum）である。ローマでは窃盗は最後まで犯罪ではなく、刑事法の対象ではない。独自の懲罰的民事訴権（actio poenalis）の対象である（actio furti）。既に tribuni plebis の説明のところで述べたように、十二表法制定の力学において重要であったのは plebs の（非常手段的）連帯であった。これを領域の人員の非公式横断的組織に置き換えて観念することもできる。そもそも、占有の概念は、一方に A-a の関係があり、他方に a-b の関係がある、ことによって成り立つ。a-b からは A が a を解放する。だからといって A が a に対して横暴であれば a-b が連帯して立ち向かう。この均衡ないし力学が生命である。ローマではそのうち a-b 連帯が相対的に弱い。その分を特殊な儀礼が補う。それでも、秘かにそれは働いており、何よりもそのような儀礼設立時には明示的に働いた。つまり十二表法制定過程において働いた。そればかりでなく、今日伝わる規定断片においてもかなり濃厚に a-b 組織の発想が伝わる。典型は窃盗に対する間髪入れずの自力制裁を認容する規定である。古い部族組織観念を記憶の底から呼び起こすような観念であるが、そして十二表法が太古からの制度を書き記したものであると誤解させる原因となってきたが、そうではなく、占有原理を支える固有の力学に関わる。

隣人の立会いを要件とする（夜間は免除）。領域の横断的結合体にとってこそ窃盗は不倶戴天の敵なのである。だからこそ強盗などよりもよほど重大とされる。時効と並んで反窃盗は平民と自由主義のものである。なぜならば、彼らにとっての敵は、横に固く団結したところへ垂直組織にものを言わせ禿鷹のように上から舞い降り、奪われた物を奪い返そうと追いかけてもくるくると上空を転々流通させ、結局どこかの組織の奥底に隠してしまい、しらを切る、そうした存在である。usucapio において遮断の対象であった auctoritas の鎖、これは追いかけてくるから危険であった。しかし追いかけなければならないとき、この橋が落とされていると、今度はこれが平民にとって打撃になる。折角発見したのに、auctoritas の鎖の部分についてはしらを切られて時効を主張されてしまう。秘かに奪われ気づいたときには上空であるという場合、占有訴訟のしようもない。鎖をたどりにたどるしかないが、まさに追い詰めたそのときに時効を主張されると憤死する以外にない。そのときの悔しさったらないであろう。その万感の思いを込めて、時効を要求した同じ平民が、懲罰的賠償訴権と並んで、「贓物の抗弁」(exceptio rei furtivae) を確立する。窃盗が介在していることを証明できれば、切り札に見えた時効の抗弁を破ることができる再抗弁である。

　同じパラデイクマは自由保障のための幹となる制度の基礎を成す。自由身分訴訟（causa liberalis）である。設立先例としてのウェルギニア伝承は、リーウィウス等のテクストにおいて、直接的には占有や民事訴訟のレヴェルではなく、その発展型である causa liberalis の格好をしている。一方が自分の奴隷だと言い、他方が自分の娘だと言って争うのであったが、テクストの発展層として、そういう場合には占有原則を機械的に適用するのではなく、自動的に娘だという側に占有が付与されるべきである、という新しい付加準則の形成が認められる。これはさらに、自由人であると主張する側は奴隷であると主張する側に対してアプリオリに優位に立つという原則に発展し、かつ自由人であると主張して訴訟に立つのは誰でもよいという準則が生まれる。奴隷として扱われている者を任意に捉えて自由人だと言い立てれば、占有を獲得し、被告になる。自称主人の側は、確かに自分の奴隷であるということ

第2章　民事法の原点　　69

を一から証明しなければならない。奴隷として売られた者を買ったというのでは足りない。どこかで攫われて売られたのかもしれない。これらの事実をすべて排除するのは不可能である。その人に力さえあればどんどん解放していくことが可能であった。事実そうやって政治的リソースを拡大する者が現れた。いずれにせよ、この「自由のための取り戻し人」（vindex libertatis）はローマでは好まれた姿であり、そして、人身保護の観念を通じて近代においても自由ないし人権の歴史的コアを形成する。

## 2-6　消費貸借

　占有原理の敵は数多いが、最も手怖い相手は（原）消費貸借である。両者の対立は宿命的なものである。

　占有は果実の関係をも一義的にする。果実（fructus）とは、占有の対象たる資源、第一義的には領域の特定の連続的切片に必要な費用（impensa）を投じたことによって得られた結果である。その結果は、それ自体につき占有が成り立つ物でありうる。その占有もまた躯体の占有の帰属先に一義的に帰属する。かくして、果実は占有に一義的に帰属する、という重要な原則が導かれる。占有は領域の上の関係を一義的にし、明確な単位を唯一の頂点たる個人に関連づけ、この個人がその占有内の事柄において一切の干渉を他人から受けない、という状態を作り出す。同じ関係が果実についても得られる。したがってこれも一点に帰属し、占有概念が機能すれば果実をめぐって複数の主体が綱引きをするというようなことがなくなる。誰かに渡さなければという負い目はありえない。他人がよこせと巻き上げていく「みかじめ料」や年貢のごときものは排除される。ちなみに、果実発生の前提をなす費用投下の主体もただ一点であり、一義的である。これも躯体の占有を保持する者が行わなければならない。要するに占有内の事柄はすべて彼に帰属する。

　さて、果実や費用を構成する物は、占有を構成する物と相対的に異なる性質を有する。果実を生み出すのに不可欠なのは労働であるが、労働は食料等によって支えられる。典型は穀物であるから、労働と種子を合わせ費用を穀

物に置き換えることが可能である。他方果実も穀物を典型とする。費用と果実は置き換えうる。このように置き換えうるという性質に着目すると、金銭（pecunia）に行き着く。費用の投下は結局金銭の投下であり、果実の収取は（収穫を売る等による）金銭の取得である。もちろん占有自体、例えば土地や家畜を金銭に置き換えることも可能である。しかし土地の取得自体を直ちに費用の投下であるという人はいない。土地を高値で売り抜けても直ちに果実の収取であるという人はいない。キャピタル・ゲインの獲得は果実の取得とは異なると観念される。占有への働きかけがないからである[25]。事実「占有から果実が得られる」「果実は占有に従う」というとき、何か簡単には動かない躯体のようなものと、その躯体から発生したり、流れ出たり、流れ込んだりする、多少とも流動的なものが観念されている。後者についても占有が成り立つとはいえ、第一次的には前者が占有の柱をなす。そして厳密ではないが、それぞれにつき典型的な物を想定している。例えば土地と収穫物である。収穫物について占有が成立した場合、そこからさらなる果実が生まれるかもしれないから占有と果実の間の関係は相対的である。それでも「占有と果実」という二元的思考、果実に費用が対応するという関係、は基本のカテゴリーとして動かない。

　ローマは、「動産不動産」というわれわれが慣れ親しんだ区別を知らない。これほどまでにわれわれが基幹カテゴリーをローマに負うにかかわらずである。ローマにおける物の区別の基本カテゴリー、res mancipi と res nec mancipi は明晰である。それぞれ「mancipium の対象物」と「そうでない物」という意味であるが、そうすると mancipium が概念のすべてである。これはまさに占有を意味する。res mancipi は、占有移転の厳格な要式行為（先述の mancipatio）によって移転し把握させる、そうした物という意味である。占有は領域に対して人員ないし家畜を通じて行われる。したがって土地建物と人員（家族・奴隷 familia）家畜が res mancipi であり、その占有からの果実を構成する穀物やワイン等流れる種類物[26]が res nec mancipi の典型であ

---

25）ファンドを形成し、このファンドの運用つまり「占有」の結果として土地の売買を行い利益を得たならば果実を言うことができるから、物の物理的性質からくる区分ではない。

る。家畜でも子は果実でありうる。他方機械や什器も建物と一体で移転される限り res mancipi の一部を構成する。要するに占有という一元的な観点が貫通している。

　費用は通常穀物等の種類物であるから res nec mancipi である。res nec mancipi だなどとはいわれないが、金銭がこれと同様の機能を有する。そして既に述べたとおり、果実は費用を投下しない限り生まれない。占有者はしたがって予め費用投下に資する物を持っていなければならず、そのような物は第一次的には果実としてしか存在しない。しかし、今占有し始めたばかりの者にとってその果実はまだ生まれていない。すると費用投下ができない。すると果実収取ができない。占有していても費用投下＝果実収取ができなくて何になろう。継続的な費用投下、とりわけ初期費用の投下、その原資をどうするかという問題が存在する。これが信用の問題である。

　余剰の果実を既に有する者が有しない者に融通すればよいではないか、貸し借りをすればよいではないか。しかしこれは、政治と占有がまさにそれを克服するために生まれたテリトリー上の réciprocité そのものである。給付は返済を前提とし、受け取った側は返済しうる限りで自分のテリトリー上の関係を尊重されるが、返済できなければたちまちテリトリー上の地位を喪失し、給付者に従属せざるをえなくなる。否、給付の段階で既に給付者は潜在的な支配者であり、テリトリー上の関係は重畳する。返済は果実よりなされるが、貸し手は借り手がしっかり果実を収取すべく経営するかどうかに多大の関心を寄せ、介入したくなる。種類物の流れだけ見れば、彼のところに返っているのであるから、まるで彼が占有者のようではないか。いずれにせよ、借り手は貸し手に対して大きな負い目を感ずる。対価として借りた分より多く返済し、この負い目を支払う。利息である。かくして、成立したばかりの政治システムは、その領域においてこのようなタイプの信用が展開すること

---

26）ローマにこの概念は存在しないが、例えば契約の履行に際して特定の物を給付するのでなく互換性があるとか、寄託に際して混同するとか（「種類物」）、のことは法学的に捉えられていた。事典的に分類された物の種類によって決まるのでなく、法的関係によって決まることが意識されていたものと思われる。

を許さなかった。ローマの場合には垂直組織の強固な連帯の中で、「皆は一人のために、一人は皆のために」の精神に基づき、融通しあった。また、政治的階層の個人個人の政治的活動の中から無償の給付がなされた。多くは軍事勤務の代償であった。しかし占有原則が確立されると、信用の獲得は一人一人の問題となる。費用を個人の責任で借りる。ただし〈二重分節〉に相応しく分節的に受け取り定量的に返済する。曖昧な恩恵と無際限の干渉を許さない。そうでなければ新しい自由の観念に合致しないであろう。一旦姿を消したはずの危険な信用の形態を戻したのは、ほかならぬ占有という制度自体が債権者の介入をブロックするだろうと信じられたからでもある。貸し手の口出しは許されず、門の外で返済を待たねばならない。返済額や返済の関係も予め厳密に定められる。利息は許されない。要するに占有原則によって規律される。これが mutuum 消費貸借である[27]。

　しかしこれは桎梏にもなる。なぜならば、債権者の占有を排除するということはリスクを自分の方が取るということである。運悪く占有躯体からの果実が不調で弁済額を下回るときでも弁済義務は変わらない。債務者は危機に陥る。さらに、何らかの事情で定められた厳密な条件における返済が結局できなかったとき、占有原則は裏目に出る。債務者は債権者から受け取ったが返しえていない。それでいてそのテリトリー上にあるのならば、これは依存であり、「あてがい扶持」である。つまり債務者は定義上自由でなくなる。占有主体の下に立ち占有の内に含まれる分子、res mancipi または奴隷 familia と同じである。債権者は判決を得て占有を突破し債務者の人身を摑み

---

27) とはいえ mutuum が法的平面に正式に登場したわけではない。ついに固有の actio を獲得しえなかった。そもそも返済を求める法的手段は存在せず、後述の stipulatio により無因的に金銭給付（返済）義務を負うだけのことであった。あるいはこれも後述の condictio にかからしめる以外になかった。利息もここに含めるか、別途 stipulatio の対象とする以外になかったから、利息という形では取ることができなかった。とはいえ、これらの形を採ったのか、法の外で行われたのか、は別として、高利 faenus と高利貸し faeneratores は執拗に存在し続けた。ローマは後述するように別系統の信用を発達させえたが、特に領域において消費貸借を制圧しえたわけではなく、別系統の信用の方が構造的基礎を失って先に枯れていくのに対処しえたわけでもない。nexum 廃止以降の目覚ましい制度的発展も、萌芽としての示唆をわれわれは受け取るべきとしても、それ以上ではない。

にくる。債務者は債務奴隷になる[28]。かくして占有は遅滞後突如債務者の事態を暗転させる。なぜならば、占有概念が機能してはじめて自由か自由でないかは厳密に一義的となる。曖昧にぶら下がっているけれども何となく好きにもしていられるということはなくなる。頂点かゼロかである。そのような自由を知ったからではあるが、人々は消費貸借の帰結を、今初めて登場した「債務問題」「信用問題」「債務奴隷の社会問題」として意識する。新しい体制は実は格差を生むのではないか。A-a 一体となって連帯していたときの方こそ自由だったのではないか[29]。4 世紀に入るとローマ社会のナンバーワンの課題となって激しい闘争と立法の的となる。債務奴隷を生み出す消費貸借の形態は nexum と呼ばれた[30]。

　　もっとも、裁判を通じてであれ、このような占有解体はそれ自身危険であるから、少なくとも債権者が人と土地を丸ごと呑み込む形は許されない。把握された人身は債権者の手元には置かれない。遠くに（「ティベリス川の向こうに（trans Tiberim）」）売りさばかれなければならない。債権者は金銭だけを受け取る。占有していた領域も a fortiori に他へ売却されたはずである。さらに、causa liberalis におけるように、追い詰められた債務者のために誰か対抗する者が立たないものか。資力のある者が債務を肩代わりし、当座人身把握を免れさせるということはないものか。もっとも、財力にものを言わせ多くの債務者を次々に従える巨大な権力の樹立が怖れられる。vindex libertatis の場合は金銭がからむわけではないから許容できたとしても、金銭が媒介すれば警戒すべき私的権力でありうる。もっとも、もし救済者に権力

---

28) 債務奴隷制、ひいては奴隷制の理解を決定的に前進させたのが、M. I. Finley, La servitude pour dettes, *RHD*, 43, 1965 である。

29) この意識が M. Manlius Capitolinus 伝承に刻まれている。共和革命直後の領域の精神、「一人は皆のために、皆は一人のために」の英雄が新しい体制の原理により弾劾される悲劇が描かれる。

30) テクストを遺した人々にとっては既に大昔のもので古事学的好奇心の対象であるから、諸ヴァージョンが伝えられており、詳細については論争の的である。しかし今日、金銭を受け取ると同時に年期奉公のような形で返済まで隷属するという形であったという説は、完璧に論駁されている。判決＝執行までは自由という形式であった。事実占有概念が機能していたとすればこれ以外にありえない。

を発生させないことが保障されれば、遅滞に対して執行する段階でなお占有原則を維持しうる。そのためには救済者が政治システムを形成するのであればよい。かくして債権者団が政治システムを作り処理を合議することが制度化される。必然的なコロラリーとして、個別の遅滞のみでは執行にかかれなくなり、債務超過が要求されるようになり、同時に、そもそも人身には手をつけえなくなる（人身の把握 mancipium は概念上単独個人にしか可能でない）。債務者に帰属した全占有が売却され、平等に債務弁済に充当される。これがいわゆる「人身執行の廃止」「nexum の廃止」であり、4 世紀後半の lex
Poetelia がその完成形態である。

　以後、ローマでは包括執行が圧倒的な原則となる。そしてこれにより初めて、占有と債権の原理的な分離が完成することになる。「債権者は占有者でなく、占有者は債権者でない」というディコトミーが占有原則誕生後すぐに概念上確立されていたとしても、遅滞後にはこれが破られていたのである。この包括執行手続が整備されて初めて、占有を最後まで守る障壁が現れたのである。その障壁の鍵を握ったのが政治システムの活用であった。しかも本来の政治システムとは異なった次元、言わば領域の側に、非公式でアド・ホックで中仕切りのような政治システムを緩やかに構想するのである。債権者団の合議体もそうであるが、実は債務者の占有を金銭に換えるための装置もそれである。そこでは mancipatio をしなければならない。事実 4 世紀中にローマは近隣の政治システムを併呑し、領域には公式非公式の横断的結合体が出現するに至っている。mancipatio の儀礼はこうした結合体の存在を前提とする。弁済効力を持つ宣誓支払約束（stipulatio）も同じ構造の中で生まれたと考えられる。また、これらの要式行為を（原因について錯誤があった等々の理由で）巻き戻す condictio という訴権も同じ層に属する。原因を一切考慮せずただただ厳かに反対方向の儀礼がなされる。

## 2-7　地役権、相隣関係、不法行為

　占有概念は社会の中でゆっくり定着して行ったと思われる。政治システム

の樹立とは異なって、100 年近くを要したであろう。それでも社会の質は着実に変化したと思われる。およそ市民社会の最初のヴァージョンである。というのも、初期近代のヨーロッパにおいて、ここから発展したローマの市民社会がどれだけインスパイアしたか、はかりしれない。

ローマの都市中心から出発して新しい時代の領域に降り立ってみたときに、変化は如実に感じ取られたはずである。かつては政治的階層の有力頂点がそれぞれ優越的である領域が特定され、そうした集団が領域を割拠していた。A-a, B-b, C-c,……のごとく。そうした区域がそれぞれ中心から放射状、扇状に延びていたはずである（tribus gentilicia）。しかし今、例えばA区域の内部に b, c, d, e,……が入り込む。政治的な観点からして混成状態になる。b, c, d, e,……は外から入ってきてなお政治的支持関係を変えないかもしれない。あるいはまた、かつてのaが政治的支持関係を変えた（b, c, d, e になった）のであるかもしれない。いずれにせよ、彼らは一層自由になり、それと同時にAの区域内にはAから自由な独立の占有が多数樹立されたのである（後述の新しいトゥリブス民会の選挙区たる tribus の確立）。

そうであれば、a, b, c, d, e,……は独自に公共空間に接しているのでなければならない。公共空間内の政治的空間、裁判の行われる forum にアクセスできなければ占有は壊死し、占有主体の自由は奪われるが、A区内においてAおよびこれと固く結びついた分子をチャンネルとしてだけ公共空間を享受するのでは新しい自由の名に値しない。このために、A区内を（b, c,……のために）公共空間が枝状に貫く。公道（via publica）である。まずはその大動脈が都市中心から放射状に延びるであろう。公水（aqua publica）概念も同様にして誕生する。

公道公水に接しえない占有の単位は、通路を確保するために隣接する占有単位を一部利用するしかない、という事態に陥る。このことを保障する制度は占有を殺さないために不可欠である。地役権（servitus）である。servitus は当然に（物的に）成立し、隣接地の占有者は通行等を無条件で甘受しなければならない。そのほかにも、隣接するaとbは全く政治的でない善隣友好関係に立つことを要求される。そもそも初めて境界が具体的に観念され、こ

れをめぐる紛争には善隣友好関係内の仲裁が最適とされる。AやBを離れた関係が初めて広範に展開される。こうして相隣関係は占有概念の最も古いコロラリーの一つをなす。

　同様の関係の中から生まれてくるのが不法行為を理由とする損害賠償制度である。しかしながら、賠償ということが政治システムの基本原理と全く矛盾するために、この分野はおそるおそるの発展となる。賠償はéchangeを擬制する解決法である。政治はéchangeを嫌う。既に述べたように、ローマでは犯罪は一義的に概念規定され、殺人は犯罪となったが、この場合損害賠償は否定された。一旦否定された損害賠償が復活するのは、形式上は（plebsの組織や占有の反政治性を裏打ちする）領域の古い意識の覚醒に釣られてのことであった。自由人の身体侵害・傷害（iniuria）に対する賠償を十二表法が定める。これのみについて、領域の非公式の連帯組織の仲裁を前提に、賠償が認められた。自分の配下の者をやられた、家族をやられた、それを報復するということになると、échangeを嫌う理由であるところの入り組んだ集団の関係が増幅されていく。しかし、主体とその身体の関係をめぐって、その本人に賠償することに伴う危険は極小であり、かつこれは関係の修復をもたらす限りで領域の人的ネットワークからして望ましいことでもある。それでも、あくまで法本体とは別個の系統の制度としてスタートする。

## 2-8　財産の金銭評価

　先に述べたように、混成状態になった領域上の区域はtribusと呼ばれたが、これは新しい民会の基礎単位となった。区域内に占有を有する者がその区域に登録され、被登録者の団体が一票を成す。つまり第三の民会、トゥリブス民会（comitia tributa）の誕生である[31]。若干の新しい政務官の選挙と立法に関わる。tribuni plebisの母体となるplebsの会合との異同が難しい問題を研究者に突きつけるほど、両者は微妙な関係に立つ。領域のa, b, c, d, e,……

---

31）基本文献は、L. Ross Taylor, *The Voting Districts of the Roman Republic:the thirty-five urban and rural tribes*, 1960である。

を横断的に結合する点で似た原理を有するということである。plebs の集会はやがて concilia plebis として独自の政治的権能を発揮するようになり（3世紀初め）、この段階で相対的な区別は完成するが、それでも、一方が非常事態に対応する広範な運動体の連帯、他方が領域の単位を前提とする具体的な善隣友好連帯、という形の違いを有するのみで、基盤は同一である。もちろん多くの tribus でそれぞれ土地を占有する者が現れる。それでもそのどれかで tribus に登録されるということは、人々が占有を通じて市民となる、ということを意味する。

　新しい民会の登場は旧来の民会を決して廃棄させない。それどころか、imperium（イムペリウム）の実質を付与する民会、つまり優れて政治的な民会、は comitia centuriata（コミティア ケントゥリアータ）であり続ける。しかしそれでも、この民会の編成原理も修正される。「武装自弁」能力によって階級編成されるのでなく、総資産の具体的な金銭価額評価（単位評価の合算）によるのである。かつて、社会組織の中で各人が有する地位、信用力、動員力等々によってどこまでの軍事力を供しうるかが左右された。それでも、例えば貴族的交易のための海上組織を持つ者と旧部族組織に影響力を持つ者を武装という一元的な基準で評価する趣旨であった。しかしいまや、評価は個々の占有を売却した場合の金銭価額の総計と債権債務等を合わせたものである。つまり分節的に評価される。大規模な信用ゆえに重武装しえたとしても、かつてはそのままプラスの評価に繋がったのに、いまや定量のマイナスが計算に入れられる。

　同種の変化が公共空間の物的充足の方式に現れる。つまり「公共事業」のあり方、ないし財政の原理、である。既に述べたように、共和初期以来、担当の政務官はすべて自力で、主として戦利品を通じて、物的装置を実現した。そのための労働力を支えるべき穀物、つまり果実＝種類物の供給力が鍵であった。個々の巨大な実現組織は一体として存在した。A-a 組織のかつての形態とパラレルである。政務官は種類物を彼の手元にとどめてはならなかったが、それでも種類物は彼の手を一応通過した。ところがいまや、彼は人と人との間で仲立ちをするだけとなり、種類物には一度も手を触れることができなくなる。まず財源はもはや彼自身の獲得物（戦利品）でなく、アド・ホ

ックに個々の市民に、つまり個々の占有単位から徴収される。これは tributum<sup>トゥリブートゥム</sup> と呼ばれた[32]。他方事業実現主体も分節する。個々の占有単位が自らの費用＝果実メカニズムを通じて実現する。これの複合体が「事業」である。その費用が tributum から償還された（attributio<sup>アットゥリブーティオー</sup>）。かつ、費用負担と実現主体という両方の側を種類物が「短絡」し、「国庫」のごときものも政務官も経ないのである。政務官は、依然自力で公共事業を実現するとされるが、しかしいまや実質、アレンジするだけである[33]。財政の最重要原理は、依然として、このとき政務官のところに財政資源がとどまらないことであったが、かつて最後に分配し切ってしまえばよかったのに対し、占有概念を得ていまやこの原則は厳密なものになる。とどまるということは占有の発生を意味する。するとそこに果実が生まれる。私的に運用したことになる。これは違法な権力を意味する。透明性に反する。政務官の手元には一瞬たりとも占有を発生させてはならなくなった。させればたとえ増やして返したとしても国事犯である。この財政原理は以後も強く意識され、刑事法ばかりか民事法においても基幹原理となる。例えば委任はこのモデルに忠実である。

　さて、財政メカニズムの中に登場した tributum は結局果実産出力に対応して課される。同じ領域の面積を占有していたとしても、その質によって全く異なるから、この点を評価しなければ衡平ではない。この衡平という原理は共和初期には見られないものである。負担を分節的に区分することによって初めて登場する。海の上の組織があったとしても同様である。多くの異質の果実産出力の間の衡平もまた図られる。果実産出の躯体は、この観点からすると、果実総体と互換的であり、現に交換しうる。そこにどのような交換レートが成り立つかは微妙な問題であるが、種類物総体と躯体との間の交換、つまり売買は、評価にあたって重要な観念操作の対象となる。売買するとすればいくらになるか。さらに、市民はいくつかの占有を束ねているから、そ

---

[32] Cf. Cl. Nicolet, *Tributum. Recherches sur la fiscalité directe sous la république romaine,* 1976

[33] "locare"「請け負わせる」というテクニカル・タームで表現された。一種のアウトソーシングである。後述の locatio conductio 参照。

の束ねられたもの全体について果実産出が概念され、これが評価されるということにもなる。この作用もまた極めて重要であり、法の隅々にまで効いてくる因子である。

　かくしてローマでは5世紀末に全市民に関する資産評価（census<sup>ケーンスス</sup>）が始まる。このための政務官（censor<sup>ケーンソル</sup>）が置かれる。consul が有した軍指揮権は元来募兵と軍事編成の権限をも包含した。つまりは comitia centuriata の組織に関わる。その権限が軋轢の中で分解し、そして censor 職が生まれたのである。軍事編成基盤を tribus に移し、2個ではなく6個にまで軍団を多元化する、という動きが一旦功を奏し、まさにこうして平民が consul 相当のこの新しい軍指揮官に選出され imperium を担うという事態が一時生まれる（tribuni militum consulari potestate<sup>トゥリブーニー ミーリトゥム コンスラーリー ポテスターテ</sup>）が、しかし軍事に特化した2名の consul 制度が360年代に復活し、そのうちの1名を平民とするということが法律により定められる。この一連の動きの端緒において、元来の（財産評価に基づく）軍事編成を留保するようにして censor 職が生まれる。ちなみにこの終点の360年代に民事裁判のための imperium を担う praetor が分化する。5世紀の末には comitia tributa が quaestor<sup>クアエストル</sup> を選出するに至っている。元来はアド・ホックな訴追委員を意味したが、先述の財政原理に基づいて不正を追及することから転じて、財務一般を監督するに至る。先述の債務処理や mancipatio のための非公式の政治システムを含め、公共的機能は多元化する。都市中心の公共空間も多元化する。領域の側にも主として「経済的な」機能を果たす forum が現れる。これらの多元化に対応し、中枢というより枝葉の公共空間を監督する任務を帯びて、元来は plebs のアド・ホックな結合の中から生まれた aedilis<sup>アェディーリス</sup> もまた、少なくとも4世紀には公式のものとなる。

　財産評価は以上のように政治システムに固有の権能であるが、相続に際してもそれは決定的な重要性を帯びる。政治システム構成員が生存を失ったとしよう。政治システムにおいては王制の原理によって頂点は維持されなければならない（市民権の継承＝相続）が、しかしいまや単一である必要はなく、それぞれが頂点でありさえすれば複数でもよい。ただし、帰属した各占有については単一性の原理によって頂点が交代しなければならない。しかしこち

らは誰に交代するのでもよい。誰が何を取るかということに政治システムは
関心を有しない。その交代が一義的に明確であることにしか関心を有しない。
もっとも、死は周囲に空白を生み、空白において社会編成が全面的に改変さ
れるとき、大きな力が働く。債権者が実力で介入し、相続人であると自称す
る者が勝手に被相続人に属した財物を取っていく。暴力と騙し合い。小さな
政治システムの形成のみがこのすべてを遮蔽しうる。占有の再編成に関する
限り政治システムそのものは出動しないが、折しも領域には別の脈絡でも別
種の小さな forum ができつつある。かくして、一旦すべてを凍結して関係
者が小さな合議体を作ることが行われ始める。実力遮蔽は金銭による処理と
親和的である。相続財産（hereditas）全体の金銭価額評価とその構成把握は
この合議体の任務の中心になり、そして相続財産を金銭価額レヴェルで分割
し、それに見合うように個々の占有を割りつけていかなければならない。

　合議体は白紙からすべてを決定しうるわけではない。ローマは徹底した
「遺言の自由」の社会である。自分に属した物を死後どのようにするか、全
く自由である。ここでも政治システムはもはや具体的な頂点の再生産には関
心を有しない。patrici の再生産とは事柄が異なる。親族が全く予期しない
人物にであれ、それぞれの占有が一義的に承継されるので十分である。ロー
マでは必ず遺言が行われ、遺留分という考え方は存在しないし、法定相続に
至るのはよほどの場合である。法が登場するとき（十二表法）、一見不思議
なことに、遺贈の自由が高らかに宣言される。誰を相続人にしようと自由な
のであるが、その相続からさえ占有の承継を解放しようというのである。相
続人には債務や墓所の維持等々の負担が付随した。かくして合議体は遺言を
解釈して執行するための機関でもあった。

　ちなみに被相続人に属した財は総体として金銭価額に換算される
（aestimatio）、かつ遺言は必ず分数で書かれ、「何々を誰々に」とはならない。
ただしこの段階では、すべてを実際に金銭に換え個物は決して誰にも取らせ
ないという考え方は、まだ採られなかったと考えられる。そのための手続が
まだ発展したとは思われないからである。少なくともその痕跡は遺らない。
個物の割付と金銭給付による調整がプランとして策定されたに違いない。い

ずれにせよ、相続財産分割請求の訴権（actio familiae erciscundae）が知られ
アークティオーファミリアエ エルキスクンダエ
る。

## 2-9　身分法

　遺言の自由は、「占有頂点の再生産を理念的には完全に王制モデルの単一
性に従わせながらも、しかし現実の系譜への依存を極小化しよう」という考
えに基づいている。流石に法定相続の規範は現実の系譜、つまり出生に関す
る筋書、ジェネアロジーをタームとして観念されざるをえないが、これの働
く場面がまさに極小化されているのである。

　とはいえ、占有保障は政治システムを介してなされ、占有主体たる資格の
中には政治システムへの帰属つまり市民権が含まれ、このことは儀礼の中に
織り込まれている。しかるに市民権は軍事化のメカニズムによって創出され
た（どのようにして民会という概念が得られたかを第1章で説明した）。つまり
部族社会のメカニズムを再利用したものであったから、当然ジェネアロジー
に基づく。事実市民団は単系（agnatique）な集団となる。婚姻を媒介とする
血縁関係（cognatique）な部分を含めば複合的となり等質を旨とする軍事化
に適さない。政治的頂点の再生産は王制を模してなされたが、〈二重分節〉
の社会構造が成立するとともに現われた政治システムから相対的に自由な頂
点は遺言を通じて agnatique にでなく継承されてもよい。にもかかわらず市
民団の（王制を模した）再生産は agnatique なジェネアロジーによってなされ、
かくして男子のみが市民権を持った（女子のみでも同じことであったが、男子
のみとなったのは恣意性による）。

　とはいえ、ローマの場合、現実のジェネアロジーへの依存は極小化された。
「現実の出生」に依存する度合いが相対的に少ない。先に見た解放メカニズ
ム等々があって、大量かつ自由に市民権付与がなされた[34]。アテーナイに

---

34）ローマの市民権に関する基本文献は、A. N. Sherwin-White, *The Roman Citizenship*,
　　2ed., 1973 である。以下に示唆していくように、さまざまな性質の半「外国」の政治シス
　　テムの構成員に局面を限って個々の制度へのアクセスを認め、しばしば（種類株主のよう

典型的に見られるように、文字どおりのジェネアロジーで市民権を縛る仕方は領域の側の連帯組織の強固さに対応している。デモクラシーのコロラリーである。ボスが勝手に被解放者を市民団に突っ込んで勢力拡大することのないようにというメカニズムである。存外、出生は最も平等な要因である。patrici 貴族の再生産における系譜観念の作動さえ、身分内における平準化をもたらした。どんなに零落しようと貴族は貴族である。同様に、どんなに零落しようと市民は市民であり投票できるという原理を、ローマも持っていた。市民の子は誰でも市民である。しかし、アテーナイにおけるように母方まで閉鎖することはなく、つまり婚姻自体をコントロールすることが乏しく、婚外子であろうとも父の息子は息子であり、市民である。それに加えて簡単な市民権付与方法が存在した。

　そのうえ、自由は市民権外で広範に保障された。女子や子供もまた積極的に自由身分を享受した。確かに父の地位のコロラリーであるという側面を初めは有したが、自由身分訴訟（causa liberalis）において vindex libertatis として誰でも立ちうることとなって以降は、市民権と相対的に独立の自由身分概念が機能し始めたと言ってよい。自由の核である占有についての資格も、自由身分のコロラリーとして（市民権と切り離されて）女子や子供にも認められた。後見（tutela）はかくして民事法成立の時代の重要なコロラリーである。今日民事上の権利能力と市民権は無関係であるという原則となって名残をとどめる。占有儀礼における A-a 隊形において、被後見人（pupillus/pupilla）たる未成年者ないし女子が A のポジションに、後見人（tutor）が a のポジションにつく。ローマの後見は委任のごとくである、間接代理である、と古くから説かれてきた。むしろ信託のようであるといった方が正確かもしれない。

　市民権と連動した儀礼遂行能力が後見人には求められ、これはもちろん今日の行為能力の祖型であるが、こちらについても繊細な識別がなされた。ローマにはエイジ・グループのモデルに従った複雑な通過儀礼が存在し、これ

---

に）限定的市民権タイトルを与えるため、ローマは極めて複雑な市民権体系を有した。

第2章　民事法の原点　83

に基づきほぼ14歳になった男子は成年に達し、puberes になり、pubertas を獲得する。さらに7歳から14歳までは impuberes と呼ばれ、同じ未成年でも7歳までの infans と区別された。impuberes に関しては、tutor の裁可（auctoritas）に基づいて自分で占有する、とされる。例の〈二重分節〉システムの A-a が伸縮自在であるのを見出す。tutor は pupillus に代わって a になったかと思いきや、pupillus を a としておいて A になった。現代風に言えば「行為能力」の概念が分節的であるということになる。心身論を絡めて言えば、ほとんどデカルト風に、精神に二段階があるということになる。アプリオリなそれと、それに服する具体的な統御能力。後者は厳密には身体の方に属しよう。こちらのみの不足は補えばよい。全く同様に、精神障害者 furiosus と（言わば）知的ないし認知障害者（prodigus）のために保佐（cura）の制度が設定された。cura は実質 impuberes のための tutela と同一の原理に基づく。ちなみに、助言の制度化は、少々の後の時代、紀元前2世紀の特別の立法による。puberes の中の25歳までの者を騙す行為を規制するためであった。政治システムのより高度な複合が発生した時代（後述）においてもう一つ別の審級の統御作用が必要とされたことを反映する。

　もっとも、成人後の息子にも父は存在しうるから、その父が父たるを突如息子に対して主張し、息子は父になったはずであったのに息子に引き戻される、というエピソードはありえた。父が息子に対して「生殺与奪の権」を有すると言ったり、「息子の解放」のためには多大の方式を必要とすると考えられたりした。しかしこれは頂点の1か0かという性質をシンボリックに表しているにすぎない。「生殺与奪の権」を持つからと言って父が息子を常に虐待していたということでは全くない。息子はおろか奴隷に対してさえその虐待は censor からの懲罰を免れなかった。pubertas に達しなくとも息子はゼロではなく自由を保障された。

　女子の地位についてはさらに別の考察が不可欠である。系譜の観念は想像力の圧倒的な資源を成す。文学を見れば一目瞭然である。社会構造を深く規定する。実は占有を支える社会構造を深いところで決定づけるのは、女性の側に決定的な役割を認める系譜関係の観念である。それは意識であるばかり

か、現実の儀礼によっても育まれる。市民権をめぐる制度の構成と論理的には鋭く矛盾するが、二つは別の平面に属する。つまり、占有原理が定着する頃、ローマでは少なくとも家婦（matrona 小家族単位の女性頂点、家長 paterfamilias の妻）の地位が圧倒的となる。彼女たちの領域横断的な結合体が先に見た隣人の関係の実体である。そもそも A–a における a の独立を達成するときに現実にも想像上も重要であったのは A の娘である。A–a という男性集団は〈分節〉しにくいのに対し、A の娘に、（a ではなく）入ってきた b 青年が結合したらどうであろうか。A–b 間関係はより〈分節〉的であろう。アルデアの母が望んだように B の息子が a の娘と結ばれれば完璧である。A の領分の中に B の島ができる。事実、占有原理が定着する頃、貴族＝平民間の通婚（conubium）が初めて認められた（アルデアの話を実質的なエティオロジーとする lex Canuleia）。むしろ先進的な貴族（B の息子のようなタイプ）がこれを欲した。しかしこれらにおいて、いずれにせよ娘、将来の妻＝母が結節点を成し、鍵を握る。実際ローマ社会を特徴づけるのは matrona の圧倒的な力であり、貪欲に相手も選び、選び換える姿である。ちなみにローマは占有体制構築のためにわざといくつかの諸都市との間に連合体を作るが、通商権（commercium）と並んで通婚権（conubium）は体制の柱であった。相互に「外国」間で通婚しあうのである。クロスさせるという観念は占有にとって重要であった。そしてその延長線上に、第一に本当の「外国」との間でクロスさせる conubium が重要になる。A と B が異なる政治システムに属していれば、〈分節〉は完璧である。相互条約によって互いに受け容れるのでなければならないが。A レヴェルと a レヴェルの間の通婚という意味合いも生まれていく。同盟都市体制が創られ、同盟都市民ラティーニー（かつての部族観念の復活）は plebs に相当するということになる。第二に、先に消費貸借のところ（74 頁）で示唆したように、占有の脈絡においてだけ内側に居るが政治システムとしては「外国」であるという「投票権無き市民権」（civitas sine suffragio）が発達する。

　女子はまた、婚姻関係において行為能力のなさを逆手に取るような個性的な財産能力を有して信用の創出に貢献した。直接占有できない分、夫を手足に使って占有し、この連接関係が経済的に大きな役割を果たすのである。事

実占有のコアの部分 manus を夫が担い、果実を妻が取れば、妻に占有が帰属したも同然であるばかりか、より高級な（実力に遠い）占有を構築したことになる。夫は果実を妻に貢ぐために占有する。妻は占有を夫に委ねるにあたって信用を与えたと同義である。離婚にあたって利息とともに取り戻す。嫁資（dos）の制度は、婚姻と同時に妻が一定の財物を夫に委ね、夫が運用するが、離婚に際しては夫は妻に利息を付して返却しなければならない、というものである。嫁資の内容は金銭でもありうるが、しかし農場のように占有躯体でもありうる。ちなみに離婚は日常茶飯事である。そう言えば、未成年者が成人したならば、後見人は占有を被後見人に返還しなければならない。もちろん大いに立派な形で。

　これらの制度はいずれも占有の上に何か二重の主体を観念する。これらは誰かが責任を持って占有を預かるという形式であるから、実質占有者の方も勝手ができない。占有が良質になる。端的に領域的な性質、実力の性質は希薄になる。占有の敵は遠ざかる。今日のタームを使って言えば権利能力と行為能力の区別、二元的構成であるが、これにはそうした意味がある。第一に単純に政治的市民権と民事上のそれを一致させない。第二に、後者を普遍的に概念するが、だからと言って「お前は自由なはずだ」と放り出さない。第三に、だからと言って行為能力を有する者の勝手も許さない。第四に、しかも行為能力のごとき単一の概念を以てせず、繊細な区分を設ける。

　占有の質が良くなるというのであるならば、未成年者や女子にのみこのようなことを限定する必要はない。まず領域上の固く結ばれた隣人友人どうし、譲渡すると見せて預け合うのはどうか。これは fiducia と呼ばれた。信託類似の制度である。嫁資が信用供与の関係であることを理解すれば、fiducia は容易に理解できる。ただし（後述の）一層発達した信用制度に比して領域上の固い人的結合に依存するものであった。

# 第3章　契約法の基本原則

## 3-0

　決定的な社会構造の変化を画すべく紀元前5世紀半ばにスタートした法というシステムは、紀元前3世紀半ば以降新しい段階に入り、次の燦然と輝く層を形成する。この層が生み出した代表的な制度が契約法であるから、ここに焦点を絞って以下この章でこの新しい層について記す。

　今日、少なくとも「大陸法」諸国の契約法が表向き採用している基本のパラダイムはローマ法に由来し、そしてそこではローマ法が比較的そのままの姿を保っているとされる。この章は、ならばそもそもその「契約法」なるものはなぜ生まれ、元来いかなるものであったかという問題を扱う。「契約」という語は言うまでもなく多義的であり注意を要するが、ここでは以下（少なくともドマ以来）伝統的な慣例に従って、法学的にテクニカルな意味での諸成契約につき端的に契約の語を用いる。そのアナロジーで他の要式的要物的関係が要式契約、要物契約と呼ばれるが、むろんこのアナロジーの有用性には限界があるから、この点にも以下常に注意が払われる。

## 3-1　助走

　紀元前3世紀の後半、ローマ社会は既に全く新しい相貌を獲得するに至っている。表面的には、この相貌は第一次ポエニ戦争に勝利して獲得した広い

空間とともに存する。実際この戦争の意義と新しい社会の質は決して無関係ではないが、単純な空間的拡大がポイントであったのではない。

ローマの地中海世界支配と新しい法領域との関係は異口同音に指摘され、「ローマの平和」（pax Romana）がもたらした広範な通商ネットワーク、「グローバルな経済」、が新しい波長を有する民事法、なかんずく契約法の母胎であったとされてきた。間違いではないとはいえ、しかしまだ何も説明しない。地中海大の交易は常に存在してきたし、ローマのそれが取って代わったカルタゴのそれは強力であった。ローマ自身、しばしばもっともらしく説かれるように「それまではもっぱら閉鎖的な農業社会であった」のでは全くない。4世紀の最大の問題は信用問題であった。そもそも「閉鎖的農業社会」や「商業社会」といったカテゴリーは、それぞれの社会がいかなる問題に直面しているのかを、法律家の関心をひく特定性の高いレヴェルでは全く説明しない。新しい事態を捉えるときに本格的な歴史学的探究を要する所以である。商業と言ってもさまざまである。学問的に言って、新しく現れてきた商取引はいかなる特定の資質を有したか。

それにしても、ローマはこのような環境に偶然遭遇したのではない。自身の内部に萌芽を持ち、そしてその萌芽を育成する政治ブロックが反対派を打ち破って外部環境をもそのように構築することを選び取ったのである。幸いわれわれは既にその萌芽を見た。nexum を解決するときに、包括執行をするときに、非公式で小さな横断的結合が現れた。mancipatio をするときにも、領域のただなかに浮かぶ島のような、小さな非公式のフォーラム（forum）があるとよかった。儀礼は publicité を必要とする。もちろん、ローマは領域にそのような組織が隠れていることを極端に嫌った。政治的単一性を阻害するではないか。それでもしぶとく生息条件が探られた。他方、取得時効において usus は秘かに（誰だかは知らないが）隣人の証言を必要とした。緩やかな横断的結合が、固い政治的結合体の代替物であった。相隣関係ではもっとこの横断的関係は明示的であった。

この最後の関係は、少なくとも3世紀に入る頃、新しい次元を獲得する。占有概念を補強するための領域の横断的組織は、実はそれ以前から、ローマ

第3章　契約法の基本原則　89

の領域が既存の独立政治システムを吸収することによって得られていた。5世紀半ば以降ローマは領域を拡張し、アルデアのようなラテン同盟諸都市と連動しこれらを組み込む。この動きと新しい社会の構造は連帯の関係にあった。4世紀に入ると、全面的には解体せずに何らかの自治組織を明示的に残す途が意図的に探られる。ただしこれらの組織は（ギリシャにおけるのとは異なって）政治的にはローマの政治システムに全く連動せず、ただ民事法の観点からのみローマの政治システムと等価な作用をした。ローマから見ると政治的には無である、しかしこれがかえって功を奏しその組織の人々はかつてのように勝手に（外国として）固有の市民権と政治システムを保持したままとなる（civitas sine suffragio)[1]が、しかし民事法となると俄然ローマ市民扱いされる、という不思議な状態の現出である。この方式でラティウムいっぱい、そして南エトルリアまで拡大したローマは、その先、4世紀後半、ギリシャ植民都市が最も早くに定着したカンパーニアに進出する。一方で、極めて発達した政治システムを伝統的に保持するギリシャ都市を前にして、従来の方式は通用しない。この結合体をいよいよ本格的に認知せざるをえない。すると横断的でかつ政治的な結合体を正規のものとして扱うということになり、ローマの伝統に反する。しかし他方、A-aの垂直線は次元の違う距離を有するようになり、Aはスケールの違う強大なa集団を抱えうることになる。特に、ギリシャ都市民pがエイジェントppを使って収益する農場xについて、Aがppにローマ市民権を与えて寝返らせaとしてその占有を主張させるとき、pp＝aはxにより近接しているため、pの占有は何だか集団の覆いかぶさりにしか見えない。ましてpはローマ市民であるとは限らない。応戦もできない。この仕方（特にppの解放＝市民権付与）によるいくつかのA集団の異常増殖が4世紀末にローマの政治世界を根底から覆す事態となる[2]。既存のギリシャ都市の富裕な市民を擁護する路線は危機に瀕する。軍事的に

---

1）Cf. M. Humbert, *Municipium et civitas sine suffragio. L'organisation de la conquête jusqu' à la guerre sociale*, 1978
2）Appius Claudius Caecus がローマの政治社会に全く新しい要素をもたらしたこと自体はよく知られ、その性質について Niebuhr/Mommsen の対立以来論議が絶えない。

も破壊路線が幅をきかすようになる。このときである。必ずしもローマ中央のauctoritasに繋がらなくとも、市民権がなくとも（あればなおさら）、領域の上の実績、とりわけ隣人との良好な関係、さらには最寄りの都市との間の安定した関係、そこでの名望家としての地位、等々を抗弁として主張し、pを破るpp＝aの攻撃をブロックすることが行われ始めたのである。この人的資質を「良き人士たち」(boni viri)と表現した。例えばこのboni viriの仲裁に委ねる、等々。3世紀初頭のことである。

　この隠れた横断的結合体は民事法上の意義をも獲得した。そのときに考案された抗弁は現在まで（例えば取得時効の付加的要件の中に）痕跡をとどめている。占有に一定以上の質を要求する思考である。占有に付加的な条件が付される。「但し、平穏公然確定的たる場合に限り」(nec vi, nec clam, nec precario)という抗弁である。占有までは認める、しかしその占有はこの要件を満たさない、と抗弁する。そしてpraetorによりこの抗弁が採用される。すると占有は転換される[3]。もちろんこの点を当事者は主張しなければならない。その占有が暴力的に奪取されて間もないとか、占有でないふりをしてこっそり入り込みいきなり表へ出て占有を主張し始めたとか、たまたまの保持を許されたにすぎない、というように。これらのクレームが要求するところはいずれも、皆の目の前で黙示の承認を得て堂々と、という意を含む。例のauctoritasの思考に接近する危険を伴うが、しかしあくまで次元が異なり、de factoの連関が言われている。かつ、例のususに比しても、遠くにながらもう少し本来の政治システム、ローマのそれではない領域の（ローマから見て）非公式の政治システム、が意識されている。その分、言わば堅固な防壁をなしている。

　そもそも民事法のさまざまな手続ないし儀礼は少なくとも政治的階層によ

---

3）占有訴訟が分離する、つまり「占有のみを争いそこで決着する」ということがいつ始まるかについては確かなことはわからず、定説もないが、私はこのモーメントに着目し、3世紀初めのことではなかったかと考えている。4世紀半ばからaedilisが枝葉を延ばし始めた公共空間を規律する行政命令interdictumを発し始めたと考えられるが、これが引っ繰り返し合いの占有問題に転移しpraetorの手に渡り、かつ手続を画し争点を提供したのも同じ時期か少し後のことであろうと考えている。

第 3 章　契約法の基本原則　　91

って共有されてきた。政治的階層は plebs にも開かれつつあった。praetor
は選挙で選ばれるのであり、相当にテクニカルな占有というジャンルの判断
の専門家ではない。しかるに、上記の抗弁等がかなり専門的に占有のメカニ
ズムを知り抜いた者の創作に懸かったことは疑いない。まず、占有の解放メ
カニズムを使って増殖を遂げたあの政治的ブロックが、政治的階層が共有し
ていた知識の新しいヴァージョンを、全く新しい次元に拡大した受け手に向
かって大規模に伝授した、と思われる[4]。ローマ市民でないか、なったばか
りの者たちは知識を共有するのでなく、言われたとおりにするだけである。
これに対して、防御する側は、やはり一定の知識を急いで伝授しなければな
らない。これも一方的に「上流から下流へ」である。防御する側のブロック
の内部には、政治的階層の中から、このサーヴィスの提供を政治資源とする
者が現れてくる。もともと政治資源の取り合いの中の光景である。この非対
称的な情報の供給が法学発生の瞬間である。次々と新しい抗弁を予防ワクチ
ンのように開発し流す（予防法学 cauta）。増殖ブロックも負けてはいなかっ
たであろう。ローマの政治がポリアーキーに移行する中で、情報供給は競争
的開放的になされた。より多くの政治資源をこれにより獲得しようというの
であるから。その限りで多元的対抗的な知の産物であり、かろうじて学問の
名に値する[5]。とはいえ、基本の枠組の中で但書ないし抗弁を付しているの
であるから、物事を根本から問い直すことはない。ともあれ、この法学によ
って占有というパラダイムは以後飛躍的に発展する。

---

4 ）Appius Claudius Caecus 伝承群の一角に例の（秘密知識たる訴権フォーミュラを公開
　　したという）Gn. Flavius 伝承が属する。
5 ）19 世紀以後のローマ法学史像は、Digesta の Pomponius 文ないし Flavius 伝承に想像を
　　託し、法の魔術的性質に対応する神官団の秘密知識から出発するが、これはいかなる伝承
　　批判をも経ない。法的パラデイクマの枝葉の発展を支えるのは政治システムに固有の政治
　　的階層内の対立であり、法学者は同時にこの階層の者であり、（ギリシャ・デモクラシー
　　下の精緻な議論が歴史学・哲学を生んだようなわけにはいかないが）政治に固有の議論に
　　よる争いがやはり法の発展を支えた。

## 3-2 契約法を生み出した社会

280-270年代に法学が形を成したとすれば、一世代後、240年代には早くも占有原則は全く新しい、そして将来を約束された、ジャンルを切り開き始めたと考えられる。

外側に政治システムを認知する、しかもデモクラシーのように中央の政治システムと連動させるのでなく外交的な関係を維持するという路線はローマ中央で勝利を収める。同盟条約の締結が外交の基本形式となる。各都市はあくまで自由である。ただし軍事的には片務的であり、まさにローマ的自由の形式、あのA-aが再現するかのようである。ローマは、その都市が軍事的に自分に向かわない限りでその自由を積極的に守りさえする。しかしローマと敵対する軍事的ブロックに参加する自由はなく、かつまた他の都市の自由を守るためのローマの戦争のために物的人的資源を供給しなければならない。この不思議な「国際的な関係」の中で、さらに不思議であるのは、ローマの民事裁判所が、ローマ市民権のないことをむしろ条件として、「国際的に」生じた問題を、しかしあたかもローマ社会内部で発生したかのごとくに、取り扱うのである。praetorは増員され、それをもっぱら管轄するpraetor peregrinus（外国人係法務官）が新設される。

これが第一次ポエニ戦争の成果であることは一致して認められている。カルタゴは広大な独占的通商圏を築いていた。カルタゴの有力者（首長たち）を必ず通してéchangeが展開されることを条件としていた。この傘を取り払うことを掲げてローマは多くのギリシャ系都市の支持を取りつけた。こうして西地中海世界を支配下に収める。各都市は相互にローマを通さず取引する。ギリシャと同様ローマが嫌うéchangeを発生させる結び目とそこへ寄生する権力の解体である。こうして全く新しい通商圏がいまや構築されようとする。もっとも、旧ギリシャ系都市が何の抵抗もなくローマの新しい体制に同化したわけではない。自由が保障されたからといって、それは必ずしも彼らの伝統的な観念における自由ではない[6]。政治システムの直接の頂点た

る限りにおいて彼らは自由であると感ずる。デモクラシーは領域にあってさえそれを保障する。ところがローマにとっては、A-a の a に甘んじうることが自由である。大概はボスに任せ、自分の気ままを脅かすならばそのボスを取り替える、その自由さえあればよい。この構造のギャップに付け込んだのがハンニバルであり、ギリシャ系都市の多い、南イタリアで猛威を振るう。この地域では特にデモクラシーが変性し、強力な分解力を秘めた蘇生部族組織が領域や後背地に跋扈していた。2世紀に入っても軋轢は沈静化しない。ギリシャ本土、そして小アジアのギリシャ都市本隊がネットワークに加わるが、彼らはマケドニア等の諸王権からの解放を歓迎するものの、自分たち自身が同盟関係や軍事ブロックを自発的に展開することは許されない、ということに反発する。しばしば諸王権の側と結び、ローマとの戦争に至る。ローマ側でも、例のローマ中央増殖ブロックが絶えず蘇っては同盟都市（socii）解体と大規模直接入植を目指す。A-a の a を大規模な塊として直接配下に持とうとする野心的な A の蠢きである。そもそも領域には政治的な観点からして何もあってはならないというローマの古い伝統を盾にとる。

　それでも、今、安定的自発的にローマの新しい体制に適合している同盟都市があったとしよう。そこには政治システムがあり政治的階層がある。彼らは直接には軍事から解放されている。しかし都市の物的装置を支える財政の担い手として不可欠である。その財力を基礎として、彼らは名望家である。領域に土地を保有しているであろう。とはいえ、土地保有は彼にとってそれ自身重要であるのではない。そこからの果実を都市に還流させる限りにおいて重要であるにすぎない。土地保有そのものは他人にさせる方がよいかもしれない。土地は、領域上の確かなパートナーが保有するので十分である。都市の階層としての自分のところに領域から果実が来ればよい。その果実を取引し、そしてとりわけその取引により、そしてその取引に対して、信用を供給する。そしてこれを介して土地保有に対しても金融つまり信用を担う。例えば、穀物を広く売りさばきながら、代金を立て替える。必要な資源を立て

---

6）以下は主として Polybios のテクスト（および Livius のソースとしての Polybios）を分析して得られる認識である。

替えながら供給する、等々。

この都市階層[7]の力は、まず彼ら自身が担う政治システムに由来する。そこにおける彼らの地位（自由・独立・透明）に対する信頼が彼らをして財のさまざまな流れの結節点とした。しかし彼らは、軍事的負担を免れ外交的自由を欠く限りで経済的階層に見える。各都市の参事会を担い[8]名望家たる公共負担を続けるとしても、果実を集積し他都市の同等の階層の者と国際的な取引をすることに特化しているように見える。もっとも、そうした取引、さらにそのための物的基盤（都市中心の邸宅やブティック）を保有する関係などは、端的に領域の上に立つのでないことで可能となっている。そもそも占有の関係は、領域に頑固に貼りつくことによって、第一義的な自由を保障する政治システムからさえ、さらに自由になるということであった。しかるに新しい都市階層はその領域からも自由である。だからと言って政治システムに送り返されるのではない。ローマの政治システムからの独立を自分たちの都市の独立が支え、これが領域のような働きをしている。地が空中に浮かんでいる［図2］。

端的に領域に貼りついて自由を確保するのとは異なって、新しい経済的自由は各都市の政治システムを中核とする分厚い制度的基盤の上に成り立っている。倉庫に寄託された穀物を帳簿上で名義を付け替えるだけで高速で売買しうる。しかしこれは極めて多くの当事者がすべて信頼に値する動きをするからにほかならない。倉庫業者、倉庫を成り立たしめる公的港湾施設の機能、

---

7）この新しい階層が極めて高度に織りなすメンタリティを解明することが（契約法のメカニズムを含めて）さまざまな事象の理解にとって鍵になるのであるが、それは主としてPlautus と Terentius のテクストを分析してなされる。彼らの喜劇はギリシャ新喜劇の翻案なのであるが、まさにそのことを通じてローマに出入りするギリシャ系同盟諸都市階層などをターゲットとするものであった。次節以下で述べる法的制度や原則は直接舞台の上にも登場するが、それを実例のように分析するのでなく、そこに認められる文学的加工を正規のナッラティヴ分析の坩堝の中に一旦放り込み、そこから戻って規範意識を再構成しなければならない。ギリシャ・ローマ間に交錯する文芸諸ジャンルの発展も視野に収めておかなければならない。

8）後に decuriones などと呼称されるが、ローマで言えば元老院にあたる合議体のメンバーである。

第3章 契約法の基本原則 95

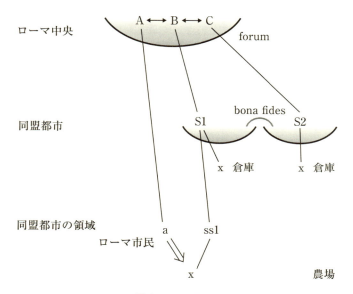

図2 bona fides

　A-a と B-S がローマ中央の forum から見て占有の形態をなしている（それぞれ a と S の占有が保障される）。S のための民事法的保障は根底において資産的価値に対するものとなる。
　これに対し、S-ss は S の間接的な領域経営でもある。こちらは各同盟都市の固有のシステムで保障される。
　a と ss は x をめぐって対立しうる。S-ss は先に述べた P-pp と同じ問題に直面する。

帳簿の公式な性質を保障する透明性構成体（チェックする人々）、等々。帳簿上の記載を動かすだけであるが、実はなかなかに複雑な関係の移転である。多くのお膳立てが一斉に引っ越さなければならない。積み木を積み上がったままの形でそのまま動かすように。下のピースを動かしても他のピースがついてくるという保証はない。上のピースが宙を飛ぶのは難しい。領域の占有でさえ慎重に動かすべきものであった。皆が関与して。そしてその関与つまり占有保障があればこそ安心して移転しえた。ところがその占有より確かに動かせるというのである。高度な協同とそれへのブラインドの信頼が不可欠である。都市において実力の契機が極小化されているからこそ一層の自由が

得られる。倉庫の中の小麦を帳簿上保有するという関係を移転する場合、小麦の1粒1粒を把握し直す必要はない。いかなる物的移転も生じない。混同によりどの1粒かの特定さえない。帳簿上の量目を動かす。また、都市中心の邸宅が次々に転売されていくとしよう。引渡を必要とせずに転売しうるのは、買ったからといって踏み込んできたり、売ったのにごねて居座ってみたり、などということを誰もしないからである。そのような行動様式は都市中心の名望家たる資格を疑わせる。追放を招く。その分、占有類似の帰属の関係はヴァーチャルな平面にある。mancipatio などはじめから問題とならず、もっぱら政治的階層相互間の相互承認に依存する。この水面下の条件が水面上に何にも遮られない「自由な売買」を実感させる。反対側には確かに支払われるという予測が存在している。ならば支払は今すぐでなくともよい。それでなおかつ金銭の到来を織り込みうる。ここには「将来の金銭」があり、現にこれで支払いうる。

　もう一つ、彼らは性質上、ローマの支配圏に属する複数の都市に散開している。それらの都市がローマから自由であるばかりか互いにも自由に存立している。ローマも、自分の政治システムとの関係でこれらを「外国」と設定したばかりではない。それらが互いに外国であることに意を用いた。もちろん、各都市の名望家はそれぞれの都市の政治的階層に属することで既に透明性の養分を吸う。しかしそれでも政治はときに活性化し、党派が形成される。党派自体は政治に不可欠の要因であり、むしろ奨励されるべきである。しかしそれが透明性を損なうこともある。ところが今複数の小さな政治システムに跨がる取引は、自都市の政治的党派関係が取引相手に及ばないというメリットをもたらす。つまり一層高い信用、透明性をもたらす。さらに、市民権の障壁が力、特に領域上の力、同じ都市にいれば避けられない領域上の絡み合い、の問題を遮蔽する。つまり、政治システムの相違は障害ではなく、決定的に有利な条件である。もちろん前提の構造さえ存すればの話であるが。

## 3-3 契約法の骨格

　新しい取引圏にローマの民事訴訟がその管轄を延ばす限り、そこに密かに新たな占有が観念されなければならない。否、民事訴訟をする以上自動的に占有は観念されるが、しかし同時に、占有とは全く異質の構造がその取引圏を支えていることにも細心の注意が払われる。

　倉庫に寄託された小麦をＢがＡから買い付けてＣへと転売する事例を考えてみよう。Ｂは100で買って110で売る予定である。Ｂはしかし、金100を持ってＡから小麦を買い付け引渡を受ける、などということはしない。言語のやりとりのみにより、小麦一定量と金100が相互に給付されることがＡＢ間で共同のイマジネーションの中に描かれ、かつ議論によりそのイマジネーションは精度を上げる。同様のことがＢＣ間で金110についてなされる。将来、小麦は帳簿上でＡからＣへと移転するであろう。これと無関係であるかのごとくに、金銭もまた銀行の帳簿の上でＣからＢへ110が、ＢからＡへ100が移転するであろう。Ｂは原資100を持って小麦を買い付けこれを売ったのと等価の事業を成し遂げ、10の収益を得たのであるが、注目すべきことに、Ｂは100などという金銭を予め持っていたのではなかった。信用を得たのである。消費貸借などせずに。その信用のポイントは、Ａが金銭を見ずに小麦を売ったこと、Ｃが小麦を見ずに買ったこと、に存する。金銭と引き替えでなければ小麦を渡さない、小麦と引き替えでなければ金銭を支払わない、という態度が排除された。この信用はＡＢＣが前節で見た特殊な社会構造の中に生息することから生まれている。むしろしばしばそれぞれ別の都市に帰属するであろう。だからこそＢの仲介は貴重である。しかし小麦の寄託や銀行での決済等々、多くの制度的要因に支えられ、かつその制度の中で各当事者が信認を得ている。実力の排除、徒党や不透明な利殖の不存在、闊達に自己の利益を追求するもののフェアにのみ行動するメンタリティを持っていること、それらの結果としてＡＢＣは他を信頼して行動を開始していった。彼らは独特の人格的資質と行動原理を共有している。そうした原理は bona fides と表記された。今日、「善意」と訳される。「信義誠実の原則」と訳されるものも同じものである[9]。

ABおよびBC間でなされた「言語を媒介とするイマジネーションの厳密な共同」は合意（conventio）と呼ばれる。合意は小さな政治的決定である。任意に結合した両当事者が行うにすぎないが、自由独立の両者が言語を尽くして或るプログラムを共有するという点で政治的決定と同種の事柄である。新しい階層の基盤が「国際的に」連結した諸々の小さな政治システムの併存であると述べたことと関係する。したがって、合意に至る過程では批判的な議論が交わされ内容を厳格に詰めるということが行われる。そのときに双方はさまざまな事柄を開示すべく義務づけられる。透明性を互いに保ち合うという信義に服する。契約は決して「意思」ないし意図が偶発的に合致して生まれるのではない。しっかりコミュニケーションを交わし内容を確認コンファームしたうえでなされる。そうでない場合、そこには合意はないと判定される。政治システムにおけるのと同様に、合意の実行は完璧に自発的である。制裁によって渋々強制されるのでない。

占有原理は以上のような新しい信用の形態を基準にとって貫かれる。新しい信用に基づく高速大量の取引は、堅固な制度に支えられて失敗がないはずである。給付の少々の遅れも倉庫や銀行がカヴァーする。しかし万が一、トラブルが発生したとしよう。Cに予定の小麦が到達しないか、Aに予定の金銭が到達しない、としよう。それがなぜかは今のところわからない。政治システムが裏で事柄を支えているということに忠実であるならば、ABCはもとより倉庫や銀行の関係者等々、皆の合議によって原因を確かめ復旧を図ることが考えられる。しかし占有原理を適用するということ、民事訴訟をするということは、さしあたりこれを排除する、ないし排除しうるということを意味する。まして、もう少し非公式に話し合いやったりとったりしながら紛

---

9) もちろん bona fides に関する研究は非常に多いが、歴史学的に満足しうるものは少ないほか、人的ないし「共同体的」紐帯に傾く理解がしばしばなされ、Treue の不吉な精神史のバイアスにさえ染まる（Wieacker）。むしろ契約法の素朴な原理を思い出した方がよい。もっともそれも Domat や Pothier が当然ごとく言うところまで遡る必要がある。なおかつ彼らのテクストも隔靴掻痒であろう。

争を解決していくことを排除する、ということを意味する。その端的な表れとして、実質的にはAからCないしCからAの給付の有無が問題となっているのに、問題は AB 間ないし BC 間でしか発生していないとみなす。占有は常に bax か abx かという当事者間の問題であった。他方言語を媒介とするイマジネーションの厳密な共同は AB 間 BC 間にしかない。AC 間にもほとんど 100 パーセントの相互予期が存在するかもしれない。しかしこれを無視する。Aから見るとBのCに対するチェックにつきBが責任を持つことが重要である。Bを信頼して任せたのである。Cから金銭ないし小麦が到達しなかったとき、AにとってそれはCの問題ではなく、BがCの吟味に失敗した、Bが期待に反した、という問題である。Aが先回りしてCを取引相手に選び自分でCの責任を追求するのであれば、Bは子供の使いのようになり、モラル・ハザードが発生する。Aの期待という風を帆に受けて緊迫したチェックをBがCについて行う、これによって初めてこの取引圏の人々は bona fides のメンタリティを培養しうる。かくして、このAの信頼を占有に見立てる。占有は、一義的に明快に1人の個人が1個のリソースの上に費用果実関係を築いているということであるから、そこには陰の実力の介入などありえない、妙な制約がない、紐つきでない（譲渡担保などくっついていない）、と期待しうるということである。これは信用の大きな源である。AB 間の合意は同じ信用に値する。Aの予期が裏切られたとき、あるべきAの占有が欠けたと擬制する。しかしまさに占有原則に従って、Aが欠けた物を実力で掴む、実力で契約内容を実現する、ということを許さない。言わばBの占有をかえって想定するのである。まして bona fides。Aは本案で取り戻すしかない。かつBの責任を必ずしも追及しない。機械的に処理していく。政治システムに固有の、議論による問題の討究ということを回避する。政治システムに裏打ちされている基盤の上に立っているのではあるが、その基盤自体宙に浮いてはいても新しい自律的な「領域」なのである。自律的な経済社会を築こうという強い意思の現れである。

　にもかかわらず、Aに金ないし小麦 100 回復のための取戻訴訟をさせることはなかった。たとえ裁判によってであろうとも合意された内容の実現を強

いるということが bona fides の精神に著しく反するからである。確かに新しい民事訴訟で審判人に訊かれるその内容は、合意内容実現義務（dare facere oportere）の存否であった。しかし義務の存在が認められても履行命令は出ない。そもそも合意の起源であるところの政治システムの決定は完璧に自発的な履行を待ったのではなかったか。まして占有を介在させ2人だけの合意をもっと自由な空間に置いてみたのではなかったか。つまり何重にも、現物に固執する領域の思考が拒否されているはずである。契約の基本精神は、互いに紳士的に自発的な履行を待ち、うまく行かなければ仕方がないし、問題が発生すれば進んで善処する、というものである。かくして、もし両当事者が bona fides に欠けるところがなく、しかし合意内容が実現しなかった、という場合、「その小麦が届いていたならば転売して今頃大儲けしていたであろうに、どうしてくれるんだ、悔しい、弁償しろ」などと言わず、払った金銭を単純に払い戻して終わりである。「ドンマイ、ドンマイ」でどんどん先に行く。小麦の方が行ってしまっていたならば、小麦さえ戻せと言わずにこれに見合う金銭を払い戻してさっさと問題を片づける。このあたりはお互い様だから、お金さえ実際には動かないかもしれず、適度に帳簿上で決済するのだろう。このような取引社会では、信用を補強することにもなるし、明快で便利でもあるので、弁済効果の支払誓約（stipulatio）等の要式行為が多用される。これらについても、単純に反対儀礼を行って済ますこと、訴訟になったとしても condictio で解決すること、が行われた。細かく責任を計算するのでなく、機械的に元に戻すのである。これも占有の精神である。失敗した取引のためにさまざまに周辺の物事を動かしたのであれば、簡単にできる範囲でそれを元に戻しておくのも bona fides の精神である。非常に柔軟な原状回復（restitutio in integrum）の義務がそこから出てくる。「オレのものを返せ」や「弁償しろ」の精神とは全然違うから注意を要する。

　反面、契約内容を（別の利益のために）Bが意図的に実現しなかったり、信頼に見合ったパフォーマンスを怠った場合、要するに不透明な部分があったならば、懲罰的な損害賠償をAは請求しうる。その前提として、不履行によって資産があるべき額からどれだけ減じたか、つまり損害が厳密に計算

される。次に B は bona fides に反したと判定され、取引世界から追放される。これを infamia という。賠償を命ずる判決に infamia の宣言が付されるのである。これは占有原則を越える部分であり、基盤の政治システムが露出する場合である。契約責任の基本はこの故意（dolus malus）責任の原則であり、dolus malus は bona fides の形式的な反対語である。

　同じ原理が合意形成過程についても適用される。錯誤（error）は合意概念の直接の帰結たる制度である。何らかのイメージを両当事者は共有するのであるが、それはヴァーチャルなものであり、他人の頭の中をのぞくわけにはいかない。もともと、厳密さのためにはイメージを分節する機能を果たす記号を要し、かつ画像は曖昧であり差異に敏感でないから言語的記号を要する。もちろん他人とイメージを共有するためには記号が不可欠である。（特に言語的）記号は signifiant と signifié から成り立つが、前者を一致させるだけでは合意は成り立たない。後者が一致しなければならない。これが典型的な錯誤である。裏から言えば、実在との対応関係の意味の真実性は要求されない。荒唐無稽な対象物の売買であっても、両当事者が合意していれば有効である。無意味で効果を発生させないというにとどまる。他方、signifié が一致していれば、signifiant の不一致は問題ない。他方 signifié に連鎖するイメージ、動機や結果予期は共有されなくともよい。これらを切断することこそ政治システムの大いなる作用である（信頼は穿鑿を排除する：『鶴の恩返し』）。言語の厳密な使用のみが切断する。さて、錯誤があった場合、合意は無効であるが、bona fides に欠けるわけではないから、合意未実現の場合と同じように単純に関係を巻き戻して終わる。これに対して、合意形成過程において威力を用いたり不透明にものを言わせたりすれば、これは bona fides 違反であるから、重い賠償と infamia によって制裁される。

　以上のようにして新しい取引関係に占有原則が適用されるのであるが、民事訴訟はジャンルの特殊性に対応して変形をも被る。領域のローマ市民に関して旧来の民事訴訟はもちろん継続的に存在したから、新たな分野が横付けされたのであるが、まず審理はギリシャ風ないし政治システム本体にヨリ近く、判決の効力も政治的決定に少し戻る。作為義務を確定したり、多様な事

柄を命じたりする。そもそも、praetor peregrinus がいきなり管轄するというより、委任や組合の場合など、当初仲裁、それも国際仲裁の形態が採られ、かつ、次章以下で述べる発展の中で praetor の単一民事訴訟管轄に統合されていく場合にも、特殊性は個別訴権に付随する特別の要件効果として生き残る。手続的には bonae fidei iudicia、訴権としては actio bonae fidei（誠意訴権）という、講学上の分類概念を遺す。

　bona fides は大商人相互間において要請されるばかりではない。大商人たるもの、市場で不特定多数を相手とするときにはとびきりの bona fides が、しかも一方的に、要請される。とりわけ何か商品に隠れた瑕疵（vitium）が潜んでいたり何か表示が誤っていたりしたならば、重大である。この場合市場警察を担当する aedilis が半懲罰的な民事訴訟を設営して待ち受ける。懲罰的な賠償のほか、特徴的であるのは原状回復責任が課されることである。商人どうしであれば金銭で片をつければよい。しかしこの場合、一方は具体的な生活を賭けているのである。帳簿上の資産価値が回復すればよいというのではない。この制度は、今日瑕疵担保責任をわれわれが概念するその母胎となったものであり、契約責任の中でもやや特殊と思わせる所以である。ローマでも後には管轄の相違が消えるが、それでも actio aedilicia であったという起源は意識される。しかし、ならば大商人間の取引においては問題とならなかったかというとそうではなく、瑕疵（vitium）はとりわけ隠れていて後に他へ因果連鎖して損害を発生せしめる点で悪質と考えられ、それだけで悪意が推定されるくらいのものであった。一般の（例えば売買の）訴権に吸収された場合にも、かくして相対的な識別が遺ったのである。

## 3-4　売買

　ここまで或る売買を基本事例にとって述べてきた。しかしこれは決して恣意的なことではない。契約法の基本準則は売買について形成されてきたのであり、例えば「契約総則」のようなものがあったとして、これを売買以外にどこまで適用すべきかは慎重に判断されなければならない。

ここでいう契約、つまり諾成契約としての売買は emptio venditio と呼ばれ、テクニカルな意味が指示された。何か大事な物と種類物のような流れる物との間の échange は極めて広く見られる現象であり、消費貸借と不可分に結びついている。売買のようであるが、種類物の方を利息とともに返すことにより売買対象物は還ってくる[10]。この原始的なメカニズムは、譲渡担保や所有権留保等々、法の働きが弱いと雑草のようにまたしても繁茂してくる。高度な信用が未発達である場合特にそうである。このような échange を原売買と呼べば、原売買の克服は社会にとって大きな課題となる。

ギリシャ都市領域における売買は、領域の第二次的政治システムが直接関与して公式化し（皆が証人となって政治的決定のようにして行い）危険を除去した。ローマでも既に占有原理は mancipatio（要式性と publicité）を通じて échange 連鎖を断ち切った。bona fides に基づく売買、emptio venditio（以下単に売買と言うときはこれを指すこととする）はそのような切断を合意つまり政治システムの後戻りできない性質を使って完遂する。

のではあるが、直ちに厄介な問題に直面する。emptio venditio は信用を旨とするのであった。支払のための果実蓄積なしに費用を投下しうる。この費用投下が生んだ果実により後日支払えばよい。売るべき果実がまだなくとも先に代金を受け取ることにより、費用投下可能となり、後にその果実を届けうる。合意のみが存在し、しかもその履行が確かなのであるから、反対給付抜きに率先して一方的な給付がなされる。かくして消費貸借のあの忌まわしい占有侵害リスクを払拭しつつ信用が得られる。諾成契約としての売買が有する高度な歴史的価値はここに存する。とはいえ、合意後、当事者は責任を負う。信用の分、鎖に繋がれる。誰もが錯覚かと目をこするが、完璧に克服したはずの échange の要素が目の前にある。同時履行の抗弁など bona fides の精神に反する。相手がどうであれ進んで履行するはずではないか。

---

10) 執拗に「戻る」土地売買とこれをめぐる興味深い駆け引きを最新の問題関心で分析した研究として、cf. K. Matsubara, Traditional land rights in Hong Kong's New Territories, in :B. K. L. So et al., edd., *The Treaty Port Economy in Modern China:Empirical Studies of Institutional Change and Economic Performance*, 2011, p.147ff.. 事象の普遍性と克服の困難を印象づけられる。

しかし負い目は消えない。儀礼的一義性に帰りたくなる。移転をあたかも無因であるかのように非当事者化するため、倉庫、銀行、取引所が発達する。

　それから、emptio venditio の骨子は占有移転・引渡であり、「所有権の如き物」（権原、タイトル、auctoritas）を得させるところにはない、という原則が確立される。そもそも自分が得ていない物を売るのである。得られるかどうかはわからない。しかし相手はそれでも信頼する。難しいことがわかっているからこそ信頼して支払う。それを感じて必死に仕入れようとする。その限りで失敗は許される。「他人物売買」が可能どころか典型という素人には理解不能な事態が現れる。

　「所有権の如き物」を得させることは売買契約の内容を成さないという観念は、いわゆる「追奪担保責任」の観念を払拭する[11]。既に mancipatio は追奪（evictio）に対する不安を相当に払拭する。mancipatio によって得られた占有は言わば装甲を施されたようなもので、取り戻しは容易でない。時効制度もある。窃盗を証明できる場合のみ取り戻されてしまうが、そのような場合には買主も進んで協力するであろう。いずれにせよ「どうしてくれる、落とし前をつけろ」と売主に向かってすごむヤクザなメンタリティは出てこない。そもそも追奪担保の発想は「前主が帰属を正統化する、そしてそれが遡る、つまり帰属は遡りであり、正しい源から発していることである」という原始的な観念からくるが、既に占有原理はこれを断ち切ってしまった。emptio venditio に至ると、そもそも買主は自分の物にしようなどという考えを持っていないから、その点に関して売主の責任を追及するはずもない。期待どおりに物が流れてこなかったとしても、どんどん金銭で決済し先に進んでいくだけである。自分のところで止まる必要も無いし、通る必要すらない。

---

11）包括的な échange、いわゆる全体的給付の内部での「売買」は、物が元の帰属に戻るという力に常に曝される。追奪の問題、所有権を得させる債務などという観念は、この磁場の中に位置している。なお、この磁場を遮断するはずの占有原理ないし mancipatio に付随して買主に売主追求の可能性を与えるいわゆる actio auctoritatis（襲ってくるのは auctoritas であるし、欲しいのも auctoritas である！）は、私見では、後述の dominium がさらに崩れて前主の連鎖しか保障しないという状況において、せめて mancipatio をし（この古い形態を蘇らせ）、しかしそれも不十分でやはり追奪担保を要求する、という光景が生み出した擬古的な鬼子である。

emptio venditio は危険負担の問題に特徴的な刻印を遺す。つまり「危険
負担は買主に」(periculum emptoris) の原則である。通常危険負担は占有と
ともに移転する。占有している者がそこへ天から降りかかるすべて（vis
maior 不可抗力）を引き受けなければならない。ところが、いまや合意と同
時に人々は移転を織り込み、しかも小麦は同じ倉庫の同じ場所に眠ったまま
である。雷は一体誰に落ちたのか。現実の占有を精査して決めるのは衡平で
はない。合意と同時に買主に危険は移転しているとするのが便利である[12]。

いかなる場合に emptio venditio が成り立つかは極めて慎重に考えなけれ
ばならない問題である。種類物と都市中心の邸宅について成り立つというこ
とは疑いない。領域の実力の問題が遮蔽されている対象について、そして現
実の占有移転、引渡が問題とならない類型の場合に emptio venditio が成立す
る、と言うことができる。他方領域の占有を売買するのは困難で mancipatio に
依拠するしかないだろうとも思える。かつ、emptio venditio が成り立ったと
しても、引渡の要素は（極小化されても）ゼロにはならない。倉庫の穀物やワ
イン、オリーヴ油等の場合には帳簿の書き換え、都市中心の邸宅の場合には
まさに明け渡しが問題となる。後者の場合も、periculum emptoris が妥当す
る。合意とともに占有は移転したとみなされる。もちろん bona fides に基づ
いて紳士的に家は明け渡されるであろう。領域であれば、占有を盾に粘るこ
とが考えられる。所詮合意しかないではないか、と。しかし都市中心でその
ようなことをすれば信用を失う。都市中心に居られなくなる。信用が生命で
ある。かくしてむしろ、合意と引渡の間のタイムラグの方が問題となる。買
主の占有に属する物を売主がまだ預かっているのである。ミスの許されない
厳重な管理が要請される。これを「善良な管理者としての注意義務」(custodia)
という。総じて売主の責任は重い。そしてこれが先に述べた periculum emp-
toris を相当に緩和してくる。この custodia を超えた危険が迫ったときにの

---

12) しかしこのことは、現実の占有移転を見慣れた目には異常に映る。小さな家を買った、
まだ引き渡されていない、ローンで代金は払った、そこで洪水が家を流してしまった、と
きにローンしか手元に残らない買主はあまりにも哀れであるから、periculum emptoris は
あまりにも正義に反するように思われる。しかしこれは明らかに、原則が悪いのではなく、
この原則を適用すべきでない類型の取引に原則を適用してしまった無知が悪いのである。

みこの原則が適用される。

## 3-5　委任

　emptio venditio に見られる信用の形態を拡張するのが委任（mandatum<sup>マンダートゥム</sup>）
である[13]。Aは先に代金を得て売るべき小麦の生産をなしうるし、Bは先
に小麦を得てパンを焼き販売しうる。いずれの場合も消費貸借抜きに信用を
得たことになる。しかし、Aにもまた供給すべき小麦がなく、Bにもまた資
金がなければどうだろうか。Pが立って金銭や小麦を貸し付けるか。諾成売
買契約の生命である時間差に着目しここに第三者Mをさりげなく置くことで、
AもBも資力なしの状況でなお消費貸借を回避できるのではないか。MがA
にかわり、Aのために、しかし自分の名において、Bに小麦を売る。否、こ
れを M1 としBのために小麦を買う M2 に小麦を売る。M1 と M2 の間にし
か売買はない。その売買は emptio venditio である。しかし M1 は小麦のス
トックを有し、M2 は金銭のストックを有する。小麦はBへ、金銭はAへ渡
るが、Bは M2 へ金銭を、Aは M1 へ小麦をそれぞれ後から給付する。この
ようにカヴァーされるということを信頼して M1 は売却を引き受け、M2 は
支払を引き受けたのである。これが委任であり、M1M2 は受任者として大
きな責任を担う。

　M1M2 が AB に消費貸借するという形態と一体どこが違うか。端的に言え
ば、融資された金銭をついつい他の目的に使ったり投機したりといったこと
がありえないようになっている。高度に専門的な売却と購入が（M1 と M2 の
一身において）先取りされているのである。受任者間、M1M2 間の取引自体
高度な信用に基づくが、彼らの見通しにすべてが懸かる。AM1M2B 間にお
いて確かに思い描いたことが実現するだろうという見通しである。見越して
先に事を実現する。そのとおりではなかったとしてもその結果をすべて負う、
そうした覚悟が不可欠である。もちろん、AM1 間と BM2 間でしっかりと言

---

13) mandatum の古典的な姿は、V. Arangio-Ruiz, *Il mandato in diritto romano*, 1949 によ
　って得られる。

語が交わされる。合意される。その間に bona fides が存在する。

　しかし M1 がAに金銭を渡して見通しどおりの生産をさせるのであるから、支配従属関係が発生するではないか。だからこそ受任者には忠実義務と自己利益禁止を課す。ただ、だからといって M1 を代理人にはしない。どうせすべてを吸い取られるからと債務者がいい加減に振る舞ったり食い潰したりして債権者を詐害するように、高く売ってもAが儲けるだけだし、少々出鱈目でもAの負担になるだけ、と M1 が考え、モラル・ハザードが生じてしまう。委任が受任者の独自の行為を求め代理の効果を許さないのはこのモラル・ハザードを防止するためである。契約は M1M2 間にしかない。M2 は小麦を寄越せとAに請求することができないし、M1 は支払えと言ってBに請求することができない。代理であれば第三者に不本意な履行をした後に代理人を訴えなければならない。反対に委任者は、自分が委託した趣旨に適った結果でない場合、委任契約に基づく償還を受任者に対して拒否しうる。受任者が委任者を訴えなければならない。これが委任を諾成契約にしておく大きなメリットである。まだ何も起こっておらず双方が高度な信頼のみによって拘束される。プロとしての結果をもたらさなければ M1 は自分で責任を取らねばならない。Aはそれをチェックする。他方Aは良い結果ならば必ず引き受け反対給付をするであろうという M1 の信頼に応えなければならない。この縛り合いは諾成契約としての委任からしか出てこない。消費貸借であれば、現物を渡してなお疑心暗鬼で占有内に介入したくなる。

　かくして、mandatum こそは bona fides という原理の核心である。AとBが領域の中にあり、したがって bona fides の取引に直接的には関与できない場合に、M1M2 を介してAとBの領域上の活動をそうした取引へとインテグレイトする、という重要な役割をも委任は担う。つまり領域と都市の取引圏の間の結節環となる。さらに、委任関係の中を走る金銭や種類物に関しては、まさに bona fides の縛りに由来する興味深い現象を指摘することができる。M1 が今密かにAのために M2 に引き渡そうとしている小麦や、M2 が今密かにBのために M1 へと移転しようとしている金銭、は不思議な性質を帯びる。M1 や M2 が破産したとき、債権者がこれを差し押さえたくとも、それはA

やBに帰属するという抗弁を受ける。ならばというのでAやBの債権者が襲えば、そこにはもともとM1とM2が自分たちの名で取引をしている平凡な情景しかない。AやBが前払いしているとき、このことは強烈な意味を有する。つまりどちらからも攻めることができない資産というものが観念されているのである。これは、bona fides という高速道路に沿う信用を優先する考えである。そちらの信頼どおりに金銭や種類物が動くこと、これをとりわけ領域の事情の介入から隔てること、を第一義的に考える価値判断である。結果、「誰のものでもない」を原理とする公共物と極めてよく似た事象が生ずる。

　受任者は委任者のためにするのであるが、汗水を流したというので報酬を受け取ればそれは委任でなくなる。手足となって占有内の費用果実関係の中にどっぷり浸かったことになるからである。それは bona fides の関係ではない。高々後述の locatio conductio の関係になる。これは、受任者のところに占有を発生させてはならないという原理とも対応する。受任者は預かったものを運用して利益を得てはならない。bona fides の縛りのポイントであるが、法学的には、委任者に占有が属するから受任者は果実を取ってはならず、ゆえに、果実を引き渡すかわりに取る報酬ないし対価を得てはならない。意図せずに果実が発生してしまったならば黙って委任者に引き渡さなければならない。

　ならば受任者はただ働きか。そのとおりである。ただし、通常は第三者の側からマージンがやってくる。取引機会を与えた分、実際には安く買えたり高く売れたりするのである。

　結局のところ、受任者の責任は極めて重い。高度な行為準則に反すれば直ちに故意責任を問われる。infamia を付される。受任者になるような人々は実際には専門性が高く、新しい高度な取引社会を一身に担う階層を形成する。

　事務管理（negotiorum gestio）は全く委任のエクステンションであり、bona fides の粋である。「契約」ではないからといって契約法と別に括ることは愚かである。つまり、BはAB間合意無しにAに結果を引き渡すつもりでCと取引をする。合意があれば合意の範囲内でAは結果を引き受ける

bona fides 上の責任を負うが、合意がないので、Aはこの責任を負わない。しかし今あらためて引き受けてもよいというオプションが与えられる。このとき委任が類推される。合意が有ったとしても、Aは、引き受けるかどうか、批准するかどうか、の自由を有し、結果の帰属はオートマティックではなかった。だから、もともとBが自分の責任で行動し、そして、Aは自分にとって利益ならばこれを追認すればよい、という negotiorum gestio という制度は、mandatum と大差ないのである。無償性や果実費用の帰属等々も全く委任と同じである。ただ、委任者が受任者の信頼を悪用した場合に infamia に処されるというメカニズムは作動の余地を持たない。

## 3-6　組合

　委任を組み合わせて成り立つのが、組合（societas）である[14]。理論的には、相互に委任し合うことを合意するのが組合契約である。買い付けを得意とする S1 と販売網を持つ S2 が組合契約を締結するとしよう。S2 のために、しかし自己の名で S1 は第三者 T1 と売買をする。S1 のために、しかし自己の名で S2 も T2 と同様である。委任限りであれば、買い付けられた小麦と受け取った代金はそれぞれ最終的には S2 と S1 の占有に入り、これをどう処分するか、S2 と S1 の自由である。しかし S1 へと償還された金銭、S2 へと引き渡された小麦、は直ちにそれぞれもう一度 S2 および S1 のために使われるのである。委任においては経過的にしか現れなかった「誰のものでもない」という状態が、継続的に現れる。宙ぶらりんの状態のまま次の回転に投入されるのである。かくして「誰のものでもない」は「組合のものである」がごとくに見え始める。第三者からみればそこには S1 と S2 が個人としているだけである。しかし S1 と S2 は互いに契約ないし bona fides により縛り合い、縛り合いの射程を合意し、それを明確にすべく、回転の中に継続的に投入されるものを帳簿で管理している。委任においてならば委任者が批准

---

14）societas の古典的な姿は、V. Arangio-Ruiz, *La società in diritto romano*, 1950 によって得られる。

するというステップが介在するが、組合の事業内たるの認知は組合員が作る合議体が行う。組合契約締結の目的に合致するかどうかを合議によって決定する合議体が組合には備わることとなる。つまりここで小さいながら政治システムが登場する。

　結果として現れる組合財産[15]を、特定の取引の結果としてではなく予め一方的に組合構成員が拠出しておくことがいわゆる出資である。委任における費用の前払いに相当する。先の例ではS1はT1から最初自己資金で買い付けるであろう。この分は以後組合の内部で回転し、なかなか外に出ない。既に出資のごとくに見える。そうではなく、S3がこの資金を費用前払いとしてS1に渡し、S1は自己の名の取引をするが、S3はしない（「執行組合員でない」）、という場合、つまり回転が一つ前からスタートする場合、正真正銘の出資を言いうる。出資が有れば、取引の相手方は一層信頼して取引に応ずる。およそ信用というものは常に双方向の側面を有するが、組合においては実際、組合が信用を与える作用の方が、受任者（「執行組合員」）が信用を媒介する作用よりも、大きい。このような出資は組合契約締結の要件ではないが、しかし典型となっていく。そのときには当然、出資比率に応じた処理が剰余の分配や清算に際して行われる。さらには、組合構成員はこの出資者のことを指すようになる。つまり、組合員外に受任者が業務執行者として立つ。ただしこれは必ず委任契約の形式を採らなければならない。組合員個人の使者や代理人はありうるが、組合の使者や代理人は論理的に存在しえない。組合という人格ないし実体占有が存在しないからである。

　組合は相続をモデルとして概念され形成された。被相続人が死亡すれば相続財産に属する物を各相続人に帰属させるのであるが、それまでの間に凍結された財が現れる。自称相続人や自称債権者が勝手に手を出すことが禁じられた。障壁を作るのは合議体であった。合議体の透明性であった。それはまだ「誰のものでもない」。にもかかわらず、その間にもその財をめぐって取

---

15) 紀元前1世紀から組合は所有権をヴィークルとしてなされるようになり、単一の占有（例えば農場など）に出資する形態が現れる。ここからして、共有の問題等、物的な関係に組合が深く染まっていき、混乱していく。

引や果実取得がなされる。「皆のために」これを遂行する主体が必要となる。その関係は委任以外に無い。報酬は一切受け取ってはならない。自分のリスクで行動し、良い結果だけもたらす。いずれにせよ、合議体がコントロールしている。以上の状態は、少し先で述べる（破産財団に相当する）bonorum possessio と同じ性質である。そして組合はこの状態を（相続や破産という一時的な経過を越えて）永続させたものであると概念された。かくして組合の財産は性質上（bonorum possessio に関してすぐに述べる）資産の性質を有した。つまり、複合的であるがゆえに経済的価値が高くなっているその複合体に対応している。一体として金銭評価の対象となる。複合性はもちろん組合が組織した協同に由来している。組合においては個別取引は複合体の評価を上げるのに寄与するよう目的づけられている。批准の基準である。

　資産と bona fides のレヴェルに組合財産が築かれることに対応して、組合は領域の上の占有を直接動かす、「土地を取引する」、ことはできなかった。まして、組合が領域上の占有を保持したり、組合員が共同で領域上の占有を獲得したり、などということは元来は決して許されなかった。これは集団が実力を形成する事態そのものである。このことを密かに支えるのはやはり協同における相互の信頼と縛り合いであった。というのも、出資のみして執行組合員でない組合員が出現すると以下のような可能性が開かれる。つまり、一方が出資のみし、他方が土地を占有し農場を経営することのみをする。おそらく農場は時間をかけて形成され、精緻に組み立てられた複合性を有し、そこから価値が生まれているだろう。その限りで「組合に出資する」というに相応しいかもしれない。しかし土地の占有者に対して消費貸借する（長期の信用を与える）というのとどこが違うだろうか[16]。

---

16）この問題が後述の所有権概念登場とともに顕在化する。Digesta の組合はむしろこれを典型として概念する。つまり出資者は組合財産に対して物的な関心を抱く。事実上共有制度と習合してしまう所以である。まさにそのフェイズへと変化する過程の論理の襞が Cicero の法廷弁論 Pro Roscio comoedo によって手に取るように見て取れる。

## 3-7 寄託、銀行

委任と組合において現れた不思議な状態、売買された小麦が移転していく途中に経過した面白い帰属関係、は実は理論的に寄託と同じである。と同時に寄託は別途並行して用いられ、連帯して委任や組合を支える。寄託は合意だけで成り立つ契約ではない[17]が、しかし bona fides の典型的な発現形であり、諾成契約と指導原理を共有する。

委任や組合において移転する財や金銭は、占有を極めてヴァーチャルな次元で構想して扱わなければならない性質のものである。われわれは既に売買の基本事例において倉庫を介在させた。そもそも委任者に移転される直前の（受任者が委任者のために買い付けた）小麦は受任者が委任者から預かっている関係に置かれている。合意後の売主は買主から預かっているからこそ厳重な管理体制を要求されるのであった。したがって暗黙裡に寄託が発生しているとされた（custodia）。これらの場合に、預かった時点で対象物は領域の単純な占有の関係から離脱し、もう少し理想に近い、容易には邪魔されない、環境において占有を概念しうる物へと変身を遂げている。都市はこれをサポートした。しかし逆に、そもそも既に誰かが預かってこの理念化をくぐっている物についてであれば、委任や組合はおろか売買も一層確かなものになるであろう。予め下ごしらえされた料理の素材のようなものである。すぐに鍋に放り込むことができる。この小さな分化に対応して寄託が独自に概念される。

本来危険なことである物的なやりとりでありながら寄託（depositum）が認められるのは、領域上の交換ではなく領域のロジックを離れた特殊な空間への移転だからである。公共の空間に置くに等しい。受寄者個人の高度な信

---

17) 寄託が bona fides に基づくのに要物性を持つという点は、古くから議論を呼んできた。合意が échange の牽連性を呼び覚ますという、先に述べた（103 頁）逆説に対処するために、あえて物的関係の一義性を借りるのである。とりわけ種類物のやりとりをする（預金の）場合に喫緊である。

用が都市の透明性に根ざしていることを要する。庭にこっそり埋めるより、皆が見ている空間に置かれる方がはるかに安全である。こうして寄託ははじめから都市という構造体を前提にしている。

　同種の関係は使用貸借（commodatum）でも見られる。これもまた bona fides に基づく。無償が絶対的な条件である。「貸した」側はいつでも取り戻せるという使用貸借のメルクマールに対応している。「貸した」側の好意に全面的に依拠し、したがって典型は、さまざまな目的のために都市の住居を一時的に利用させる関係である。そして、いつでも取り戻せるということは、「借りた」側に全く占有が生じないということを意味する。占有を有しない以上果実を取りえない。果実を取りえない以上果実引渡と交換する対価を取りえない。このことは寄託においても同様である。受寄者は無償で寄託を受ける。受任者と同じである。いずれも bona fides の構造を支えるという指導原理の要請である。

　寄託の中でも、種類物に関しては、袋に入れて、あるいは貸金庫方式で、預けるのではなく、同種の物をてんでに出し入れし同種の物が戻ってくればよいだけである、という（混同を許す）場合がある。今日消費寄託と呼ばれる類型である。ローマではこの区別をせずこれも単に寄託として扱った、否、それどころかこれが寄託の典型であった。この類型においては公的な色彩が一層増す。なぜならば帳簿上に量目で占有する以外に無いからである。すると名義を書き換えることが占有の移転である。

　この類型においては、事柄の性質上、帳簿上の量目の占有はマイナスになることもできる。自分が占有している以上を払い戻され、そして帳簿にそのマイナス分がつけられてもよい。これはいつしか補填しなければならないであろう。しかしその時間差の分、信用の供与が行われたことになる。この原理が、委任や組合が信用を媒介するのと同じであることは容易に理解できる。否、売買でさえ同一の信用に依存している。

　ローマではこの原理をもちろん金銭へと大規模に適用した。銀行 argentaria である。銀行が消費寄託一本で与信作用も遂行しうることは自明である。

　しかしローマの銀行は徹底しており、このタイプ、つまりここまで見てき

た bona fides の信用に固執し、決して消費貸借をしなかった[18]。消費寄託は受寄者のもとに常に余剰をもたらす。この余剰をどうするか。貸し付けるか。消費貸借をするか。消費貸借を前提に借り手にいきなりプラスの勘定をつけるか。あるいはまた現金を渡しておいてマイナスをつけるか。銀行が預かった金銭を貸しているのであるから、際どいことをしているのであるが、寄託者を害することはない。確かに寄託者は占有を保持する。皆いつでも取り返せる。金銭を銀行に預ける行為は、われわれが銀行に「お金を貸す」というものではない。われわれは債権者ではない。占有者である。全員が一斉に払い出しを求めない限り、つまり信用危機が発生しない限り、問題ない。にもかかわらずローマの銀行は消費貸借をしなかった。否、その前にそもそも現金の預託をさせなかった。具体的な bona fides 上の取引に対応して一方にプラスを他方にマイナスをつけるのみであった。つまり原因がなければ勘定をつけず、かつ誰かのプラスは必ず別の誰かのマイナスに対応した。決して立法が禁止したわけではない。しかしまず財政に関する基本的な意識からして銀行が消費寄託余剰を消費貸借に回せば横領とみなされたであろう。財政の基本原理については既に触れたが、横領に関連してもう一度ここへ戻ることになるから、この側面は後述に譲るとして、ローマでは bona fides のネットワーク内において多少の元手と帳簿一つで argentarii と呼ばれる民間の銀行業者が活躍しえたのである。いかなる原因もない勘定の発生を受け付けない点において、売買＝委任＝組合という土台の上だけに成り立ったとみなすことができる。その決済に専門特化していた。とはいえ、その形式で与信行為がなされ、支払手段ないし金銭が創出されている。領域への消費貸借、領域の関係に巻き込まれること、を極端に警戒するのがローマの銀行であり[19]、ギリシャのそれに比しても大きな差であった。

---

18) Cf. J. Andreau, *La vie financière dans le monde romain*, 1987

19) Andreau の功績であるが、取り立て業務を司る金融業者 coactor と argentarius が相互乗り入れし、このファイアウォールは崩れていくということが知られる。遅くなると、両替商等他のさまざまな金融業者を含めて、何でもする金貸しが現れる。これらの動向の背後に所有権概念の定着があるように思われるが、検証はこれからの課題である。

## 3-8 bonorum possessio
ボノールム　ポッセッスィオー

　bonorum possessio は翻訳不能である。「資産占有」と訳す以外にないが、これで理解が進むとも思えない。極めて重要な概念であるが、およそ近代の側に対応する語が存在しないのである。十分な理解もされてこなかった[20]。ならば idiosyncratic なものであるかというと正反対で、これを前提とする多くの制度を受け取ったのであるから、これを理解しなかったのは近代の側の大きな欠落を意味する。知的な、そして社会構造の、未熟である。もっとも、例によって紀元後のローマ自体、この概念を働かせるための社会構造上の前提を日増しに失っていった。

　まず中核となるテクニカルな用法を紹介しよう。既に述べたように元来ローマでは包括執行が原則である。諸々の債権者は債務者の総資産を確定し、そして合議体を作って処理していく。特定債権者が恣意的な弁済を受けたり自力執行することを防ぐことが人々のヴァイタルな関心である。総資産は金銭価値で評価される。あまり分解せずに売る方が高く売れるかもしれない。場合によってすべてを保ったまま包括的に売却した方がよいかもしれない。going concern value と scrap value の問題である。しかしこうした判断は合議体つまり政治システムを通じてでないと可能ではない。互いを信頼して議論し協力するのでなければならない。不信に駆られれば我先に自力で持ち出して少しでも満足を得ようとする。暴力と奸計が物を言う。こうした光景を遮断し信頼を構築し得られる経済的価値を極大化する、つまり包括執行をさらに高度に発展させる、ために bona fides の構造が理想の環境を提供することは自明であろう。そこでは人々はもともと資産の金銭評価額に関心を有し、個々の要素を現実に摑むことに関心を有しない。密かに政治システムが裏打ちしている。この裏打ちを基礎としてアド・ホックながら債権者たちが合議

---

20）良い文献も存在しない。ただし（この制度が黄昏を迎える時期のものながら、否、ひょっとするとそれゆえにこそ）Cicero の法廷弁論 Pro Quinctio が歴史的背景を含め鮮烈な画像を提供する。

体を結成し物を実力で摑もうとする者の動きを相互にチェックし体系的に排除する。しばし債務者の総資産を管理し、その間の果実を確実に総資産へと組み入れる。かつ、praetor は誰か 1 人、通常債権者の中の 1 人、に実力排除と管理を委ねる。彼が合議体のチェックを受け責任を取るという制度構成となる。把握と防御の作用は実は占有を意味する。つまり 1 人の者に資産に対する占有を取らせる。この占有は皆のため（さしあたり債権者たちの合議体）のものであり、その意味で公的なものである。この公的な性質は bona fides の構造を、各同盟都市の政治的空間を、背景としている。これを praetor が裏書する。債務者の総資産に対するこの占有が bonorum possessio である。この占有を付与された者 bonorum possessor（ボノールム　ポッセッソル）は、債権者の 1 人が勝手な動きをすれば直ちに占有訴訟を起こして彼を失格させる。この者は債権を有していても焦ったばかりにそれを無効としてしまうことになる。それどころか infamia さえつけられて永久に葬られるかもしれない。もちろん bona fides の破壊に該当するからである。合議体は最後に各債権者への配当を決定する。bonorum possessor は合議体の監視下利益を極大化する仕方で競売を遂行し、決定に沿って売却益を分配しなければならない。配当が実現されていないと考えた債権者や競売において落札した買主は bonorum possessor を被告として訴訟を起こす。彼からの引渡によって配当や売買が履行されるからである。

　以上の限りでは、破産手続の過程において現れる全くテクニカルな概念であるにすぎないように見えるが、多くの教科書におけるようにそれで済ませてしまうと大きく誤る。既に相続と組合の間に深い関係が存することについて述べた。今われわれは bonorum possessio においてほとんど同じ性質の事柄を目の前にしている。実際 bonorum possessio と相続財産の占有（hereditatis possessio）（ヘーレーディターティス　ポッセッスィオー）の二語はほとんど互換的に用いられた（従前から相続に際しては被相続人に属する全資産が凍結されかつ金銭評価されたところ、金銭で調整しながら相続人が相続財産構成物を手に入れることまでも排除されなかったが、bona fides の構造下、相続人は破産手続における債権者と同じように売却益から配当を受けることしかできず、自己競落さえ禁じられた）。この新次元の占有の傘の下、

領域の上の占有をめぐる動きは一時的に凍結され、実力の要因は完全に遮蔽される。反射的に領域の上の占有は一層強く保護される、ないし敵を失う、と言うこともできる。賃借人は少なくともその間は安全である。競売後も、bonorum possessio が一旦形成されたことを受けて複合利益を保ったまま売買がなされる可能性が大きいから、その限度で競落人に対して賃借人等占有者は危険を回避しうる。そして、これらの効果を生み出すのは結局のところ合議体における相互チェックである。透明性である。誰かが手を出す、抱え込んで秘かに処分する、そのなかで賃借人は闇に消える、ということはありえない。相続や包括執行は性質上事柄を領域から引き剝がし政治システムの存する平面に置き換える。bona fides 概念全開の空間はその平面として最適である。政治システム風の手続を組み立てるのは朝飯前であるし、政治権力の恣意からも解放されて一層透明である。相乗効果により、bonorum possessio 概念の働きは bona fides を支える構造を強化するであろう。そして現に、bona fides の関係の中で活動を展開している階層にとって、執行と責任の問題は bonorum possessio に尽きてしまう。彼らにはもともとすべての財は資産（bona）としてのみ帰属しているからである。この bona は、秘かに包括執行手続外でも機能しているのである。

　この bona という概念の含意をわれわれは果たしてどこまで把握しうるか。一方で going concern value への関心がある。財が複合体を形成している場合の果実産出力を高く評価する立場である。これは占有を尊重する立場と共通である。それに信用が加わっている。複合体は信用によって構成されている。狭い意味でも広い意味でも。金融が絡まり、そして人々が高度に協働している。それとも、個々の要素に分解し、領域に引き摺り下ろし、摑み直し、（占有まで機能しなければ）摑まれて分解してしまうか。委任や組合や寄託、あるいは売買の過程で、どちらからも動かしえないという状態が出現した。強い信頼関係で結ばれた者たち相互が牽制するからである。bonorum possessio は一層複雑で高度で固い縛り合いを実現する。ついに本物の占有の対象かと見まごう物を現出せしめる。差し押さえさせる命令を missio in bona（「bona へと差し向ける」という意味）というが、この表現においては bona（資

産）が一個の摑める物のように概念されている。しかしこれと同時に、「資産として保持する」(in bonis habere)、「（それは誰それの）資産に属する」(in bonis esse) といった表現も存在し、これらはしばしば執行とは別個の脈絡において現れる[21]。包括執行以外では資産についての「占有」の語を用いないが、しかし占有を実質的に論じなければならない場合がある。in bonis habere、in bonis esse といった表現は、実質的に、「単純な占有はAのところにあるが、資産のレヴェルでは占有はBのところにある、だからどうだ」などと、例えば課税の場面で論じている姿であり、特に次章で見る複雑な事態においてこの識別が要請されてくる。

いずれにせよ、包括執行のテクニカルな要請を越えて bona に対する占有を観念しなければならない理論的なフィールドは、実はローマで意識された以上に大きい。経済が高度に信用に基づくようになればなるほど重要性を増すからである。ただし、これを本当の占有のように扱えるのはどこまでかという問題が存する。複合体の上に本物の権力を発生させかねない。今日法人をめぐってこの問題が若干顕在化している。今日流に言えばよほどのガヴァナンスが機能して初めて資産を普通の占有のようにして扱えるのである。ローマでの発展が抑制されたものであったことの主たる理由は早い段階で芽を摘まれたことであったと思われるが、ひょっとすると、彼らは危険性をも意識していたかもしれない。

---

21) 何かが誰かの bona に属するという観念に関して、これを所有権に準ずるものとして遇する、したがって取り戻しを認める、そのために praetor が出動し actio Publiciana が生まれた、と説かれることがある。この訴権の出現は紀元前 1 世紀、つまり次章の射程に属するが、この「準所有権」たる「bona 的所有権」(bonitarisches Eigentum) については、bona に関わることであるから、予め触れておかなければならない。"bonitarisches Eigentum" はビザンツ期の注釈にヒントを得た 19 世紀ドイツの学術用語であり、どうしても所有権で思考してしまう意識の現れである。こうした整理ないし理解は完全にミスリーディングである。売買によって取得した、引渡を受けた、が mancipatio 等「市民法上の」所有権移転をまだ行っていない、段階で奪われたときにこの訴権が取り戻しのために働くというのであるが、反対に、引渡前の買主こそ、その bona に対象物を収めていると言って意味のある存在であるから、この状態に関する占有保護が基礎にあると見なければならない。なおかつ、この立場の者に占有保護を越えて追求を認めたとすると、それは新しい展開である。これについては後述する。

## 3-9 嫁資（dos）、ususfructus、fiducia、そして usucapio の付加的要件

bona つまり資産のレヴェルにおける事態の展開は（政治からも領域からも）独立であることが望ましく、また独立の達成に多大の努力を要するのであるが、他方、これまでも見てきたように、領域上の事態と bona との間の関係をどのように構築するかもまた大問題である。それは優れて政治の問題であり、とりわけ第二次的レヴェルの政治システムをどのように維持するかという問題である。しかし個別的にも、資産と領域占有の間を繋ぐ、そしてその分節関係を安定化させる制度が若干ではあるが発達した。

夫婦財産制度の一つである嫁資（dos）は、諸都市の政治的階層が資産を展開するときに欠かせないツールであった。政治的階層を形成するための横断的結合に寄与しながら、同時に領域に確たる基盤を持ちたい、という個々の自治都市名望家層の需要を満たした。既に触れたように、夫が妻に属する財を管理し、離婚に際しては果実をつけて返却する、という単純な制度であるが、夫に大きな信用が供給され、妻が大きな投資をする、という重要な経済的機能を果たす。bona のレヴェルや銀行帳簿上の金銭について行うのも理想であったが、しかしこの形式は、領域上の占有についても用いることができ、その際には領域上の占有を資産化することに資する。妻の領域上の占有を dos にするとき、夫は領域の上の汗水によって収益するが、妻は都市中心にいて涼しい顔をしていればよい。それでいて確実に果実は彼女のものである。何よりもその間、この領域上の占有は dos の関係に縛られており、夫妻とも勝手をするわけにはいかない。夫が破産しても妻が破産しても債権者は容易には手を出せない。もちろん、逆のパターンも存在する。夫の農場を妻が買ったうえで dos として持ち来たるのである。これを dos numerata という。実質妻が夫の農場に融資したことになる。妻は担保を取ったようなものであるが、それにとどまらず、この農場は再資産化されたと言える。

全く同様の作用をするのが、ususfructus である[22]。父が例えば娘のために農場の ususfructus を設定する。占有から果実収取権のみを分離し、これ

を娘に帰属させるのである。父の死後も占有承継人（典型的には相続人）は拘束された。ususfructus が設定されると、領域上の占有は容易には動かせない。少なくとも果実収取権を満足させる形を維持しなければならない。つまり農場は資産化し、資産という形態に資するよう領域の占有が掣肘される。都市の階層の領域統御のためのツールである。

既に少し触れた fiducia もまた、bona fides が確立されれば良好な環境を得たと思われる。この制度は元来領域の名望家層（boni viri）のものであったが、都市の階層が新たな信頼関係を背景に領域の占有を組み込むときに有用な道具となった。自分は都市に移り住み、信頼できる者に fiducia の形式で領域占有の経営（農場）を委ねればよい。dos <sup>ドース</sup>と同じように領域占有を資産化するであろう。

以上の諸形態はいずれも一種の二重構造を作るが、それでも領域上の占有は一義的に明確である。素朴な帰属概念に換えて占有という概念を機能させうるからこそ構築しうる関係である。なおかつ、都市と領域の二元的構造が混乱を回避するために不可欠である。反面、これらの形態はいずれも古いものであると推測されるが、ここで強調した機能は2世紀も半ば以降に顕著に見られるようになっていった。bona を保有する階層が、bona と同じ感覚で領域の上の占有を扱いたい、それに耐える安定度を領域の占有に与えたい、という関心[23]を抱き始めたということである。その延長線上には、次の時期を画する決定的な新概念が待っている。

bona fides の階層が抱き始めた領域直接把握への関心にこそ、usucapio <sup>ウースーカピオー</sup>制度の新段階が対応していると考えられる。史料上の根拠は薄弱ながら、学説は紀元前2世紀に取得時効資格を有する占有（の質）が限定（高度化）されたと考える。その新しい占有を、bonae fidei possessio <sup>ボナエ フィデイー ポッセッスィオー</sup>善意に基づく占有、ないし iusta causa <sup>ユースタ カウサ</sup>（正原因）を有する占有、というように遅い時期のテクストが表現してくる。ここから紀元前2世紀のものと思われる或る立法[24]が

---

22) 明治期にボアソナード案が理解されず、フランスの usufruit が入らなかったので訳語がない。

23) この関心は既に Terentius のテクストから明瞭に読み取りうる。

一体何を要求したのかについて果てしない論争が始まるが、それは高々 bonae fidei possessio であり、かつこの語自体は使われなかった（ましてこの段階では iusta causa は問題外であった）、とする学説に説得力がある。つまり exceptio rei furtivae（贓物の抗弁）が bona fides の理念に乗って装甲化された時効取得制度をなお破るものとして立法化されたと考えられる。そもそも 3 世紀に入り boni viri が領域を固め始め法学が確立される頃、平穏公然要件（nec vi nec clam nec precario）が占有訴訟を画し、反射的に取得時効を限定づけたと思われる。その延長線上に、bona fides 連帯網を経て取得された占有に限定するという思考が現れたと思われる。もっとも、これは翻って、bona fides 連帯に則った占有であるならば贓物の抗弁すら遮断する、というロジックに転化しやすい。2 世紀末、bona fides によって得られた信用が領域に投下されるとき、その（dos などを通じた）広い意味の土地保有が初めて、領域のロジックに基づく auctoritas の主張を遮断しようとする。贓物の抗弁の立法による再手当はおそらくこれに対する反動であったろう（そうでなく贓物の抗弁を bona fides に相当する要件の充足が破る方だったとしても、同じ時期に同じ対抗関係が働いたと解しうる）。

## 3-10　自由人の労働

　費用投下果実収取関係についてもまた bona fides に基づく高度な協同を実現できないものか。この関心がリソースとして見出した形態が locatio conductio であった。

　ローマでは元来財政において、財政資源＝果実を投入し政治システムのための物的装置を産み出す連関の中で、財政資源供給源と物的装置実現事業双方の内部をそれぞれ分節することが日程に上る。単一の者が負担し自ら費用投下し何か果実を実現するというのでなく、他のしかも複数の者たちへ再分割されるということである。このとき、（請負業者が国家から支払われる）現

---

24) lex Atinia, Gell. XVII. 7.

在の財政と非常に異なることには、再分割されるとき個々の事業体は事業を「買う」（言わば請負業者が支払う）のである。競争入札の対価が逆向きである。あなたはこの事業にいくら投じてくれますか、と訊かれる（元請と同じで実際には仕事をしない）ようなものである。替わりに財源を割りつけられる。差額をとる。要するに立て替えたにすぎない。この関係は動詞 locare/conducere、そして名詞 locatio/conductio によって指示された。しかし同時に emptio（買い）や venditio（売り）という語も同義で用いられた。「請け負う」conducere と「買う」emere が同義であるようなものである。「請け負わせる」locare は「売る」vendere である。いずれにせよ元来政治システムが嫌う二重構造が現れるが、一方で公的な財政の関係の内部であるために危険性は少ないと判断され、他方で占有原理の登場によってさらなる分節ということ自体は促進された。それでも、後の徴税請負は悪名高いものであるし、今日公共事業の請負はスキャンダルの温床である。

　似た構造が、大いに安定してきた領域に現れる。少なくとも2世紀の前述の boni viri を敷き詰めた領域においては、農場で果実を収穫するときに、その作業・労務を売りに出した。隣人たる boni viri は信頼できるから、彼らが農場内に保有する人員を農繁期に融通してもらうのであるが、対価を払うのでなく、対価を払わせて人員を占有内に入れる。そのかわり果実を取らせる。つまり請負人が果実を取って自分で売るのである。農場主は利益を早期に回収し、リスクを回避したのである。この関係は、果実自体を収穫前に「売る」のとよく似ているし、現に emptio の語を受け付けたが、しかしより明確にはやはり locatio conductio の語が用いられた。対価（merces）[25] を受け取るのが locator であり、払うのが conductor である。今日の「請負」

---

25）fructus と同様、merces はテクニカルに用いられる。根底には res mancipi の観念を通じて占有が意識されている。つまり、単純な échange ではなく、占有サイドのものと反対サイドの種類物ないし金銭が交換されるのである。種類物の売買でも売買対象物は（倉庫内の穀物のように）相対的に占有が成り立つ物として意識されている。反対側に立つのが merces である。労働の場合、提供者側が占有の側であり、したがって merces を受け取る。近代の労働者は他人の占有内に入り込み、費用投下の通り道となる。占有サイドに立たないのである。奴隷と同じである。

におけるのとこれらの向きが逆であるから注意を要する。かつ、この農場の locatio conductio は諾成契約ではなかった。領域の上のこととて、いくら信頼し合う隣人間の協同であっても、合意に従って両当事者が整然と動くというよりは一歩一歩相手の行為を見ながら進んでいくという性質の事柄であった。互いの領分に入り込むから、一方は荒らされたくないし、他方は取り込まれたくない。持ち込まれた物には荒らした分を担保するように留置権が設定されたりする。問題は boni viri 間の仲裁によって解決された。

　都市中心においては、領域の上とは異なって費用投下果実収取関係のやりとりの余地はあるようにも見える。邸宅はどうか。対価を払わせて果実を取らせるということであるから、われわれの賃貸借に近い。しかしこの形が発達した形跡が無い。否、しばしば行われ locatio と呼ばれたかもしれないが、諾成契約ないし bona fides の関係とは認められなかった。bona fides の精神でそれをするならば commodatum であった。こちらは確かな実例を有する。

　前節で紹介した若干の都市＝領域間リエゾン形成手段と並んで locatio conductio が用いられることはあった[26]。領域の占有を locare してしまえば、都市中心にいて果実を受け取りさえすればよくなる。ほとんど資産化である。にもかかわらず、この関係も bona fides の関係とされた形跡はなく、諾成契約でなかった。領域の占有が懸かるからである。

　唯一 locatio conductio を早期に bona fides の平面に上げた可能性が指摘されるのが、自由人の労働である。都市中心において、医者、教師、音楽家、料理人等々の、高度な技芸に基づく活動を享受したい者が、対価を払ってそれに浴する場合である。元来、政治的階層の無償の給付（munus, officium）がイメージとして存在する。典型は裁判における弁護と法的知識の供給である。ａはＡにこれらを負うし、Ａにとってはこれらの提供は政治的資源の涵養に繋がる。同じようにして都市において自由に活動する分子がそのサーヴィスを享受させる。ただしはっきりした対価をとって。二重構造の危険性は原理的に回避されている。自由人自身はそもそも買うことができない。乗っ

---

26)　上述の Terentius のテクストにも登場する。

取ることができない。ただし、自由人という形式的な資格だけでは不十分である。誰かのために誰かが働くという関係はやはり従属的な関係を生む。働く側がlocatorつまり貸し手としてよほど強い立場にあるのでなければならず、また都市中心の本当に自由な空間が必要とされる。そこでまた果実の蓄積が高度な技芸を生んでいるのでなければならない。紀元後のローマで既に見られる堕落形態を見れば一目瞭然である。対価をもらって労働の果実を取らせるというのであるが、農場内部での日雇い労働は、既にあてがいぶちであり、また労働のイニシャティヴ、つまり言わば占有の躯体を完全に「雇い主」に握られている。働き手は主人であったのに、主人に仕えるにすぎなくなっている。奴隷と同じである。奴隷は定義上不定量の果実＝費用をあてがわれて不定量の成果を丸取りされる存在である。占有内部の関係である。

　なおかつ、自由人の労働が民事訴訟において契約として扱われたか、はっきりしない。紀元前1世紀、後述の locatio rei が登場するまで locatio conductio は契約でなかったかもしれない。しかし、早い段階でもし locatio conductio が法の平面に登場したとするならばそれは自由人の労働以外になかった、ということは大変に示唆的である。今なお、この問題を現代社会が解決しえないからである[27]。そして、遺された数少ないテクストは、自由人の労働が少なくとも法的な問題であると意識されたことを強く示唆する。

---

27) 賃貸借・請負・雇用という locatio conductio の三分法は、初期近代の学説の産物であるが、フランス民法典でさえ完全には受け容れなかった。しかしそれでも近代の諸法は対価の方向等で著しく混乱し、多くの社会問題（労働問題・住宅問題・公共事業問題）を招いた。早い時期の問題提起として Félix Olivier-Martin, Des divisions du louage en droit romain, *RHD*, 15, 1936 は是非参照されるべきである。locatio conductio の全面的な現代的再構築は最も急がれる作業であるが、いまだに誰も手をつけていない。

# 第4章　　所有権概念の登場とその帰結

## 4-0

　そもそもコモン・ローにおいて、所有権概念は本来存在しない。19世紀以降大陸法の影響下に立つ制定法等によって導入されたとしても、依然基幹にとっては異質なままである。「契約」の概念もまたコモン・ローには存在しないに等しいが、これは要式ないし要物性が維持されているためで、「契約」以外の名において bona fides の実質はいたるところに見られる。これに反して、所有権は完全に大陸法独自のものであり、そこでまさに、それはローマ法から来る、と言われる。その延長線上に「近代的所有権」なるものが位置づけられることがあり、何故ローマが近代なのか判然としないが、混然としたまま所有権というモンスターは概念というよりイデオロギー（「絶対的」「観念的」「使用・収益・処分の自由」等々）として19世紀以降荒れ狂った。

　いずれにせよローマ法から何が渡って行ったのかということの正確な認識が不可欠である。実はローマ法から渡って行ったもの自体、既に深い問題を伏在させるものであった。占有概念は明確な実体を有した。しかし受け取った人々は理解できずに混乱した。所有権の方は、人々が与しやすいと思った分、秘められた毒素によって混乱の原因となった。しかるに、占有について理解できずにどうして所有権について明晰でありうるであろうか。しばしば所有権理論が占有を一顧だにしないのは何故か。

　法が存在する以上、占有概念が陰に陽に基礎を形成し、帰属の素朴な概念

は解体されている。このことが生じていない社会とそうである社会は同列には扱えなくなる。しかるに、占有概念が高度に発達した或るヴァージョンに到達すると、所有権概念が現れて一瞬素朴な帰属概念が復活したかのように見える。所有権概念の中に無意識に素朴な帰属概念が持ち込まれ、混乱が生まれる。

　（通常 dominium という語で指示される）所有権概念は紀元前1世紀、おそらく80年代ないし遅くとも70年代に生まれた。69年のキケローの法廷弁論 Pro Caecina は誕生を告げる記念碑である。ローマ社会もそれまでは所有権を知らない。占有をめぐる本案訴訟で auctoritas にものを言わせて覆す、あの思考は所有権ではないのか。そうではなかった。かつての重大な占有侵害を言うのであった[1]。これに対して今全く新種の帰属の観念が登場したことを紀元前1世紀の人々は意識した。今日の学説さえ、内実の理解は大いに混乱しているものの、dominium がこの時期に初めて現れたとする点で一致している。

　この章の主題はかくしてこの dominium であるが、この概念の登場を説明するためには本来、共和政期末の巨大な社会変動・政治変動について述べなければならない。或る切実な問題に対処するためにこの概念も生まれたのであるから当然である。それにしても、この社会変動・政治変動の射程は例外的な規模を誇る。なぜならばおよそ政治が崩壊するという変動だったからである。前章まで、いかに政治システムが法の根底を支えるかを見てきたから、このことのショッキングな意義を読者は理解するであろう。そのなかで dominium が生まれるのであるから、尋常ではない。

　とはいえ、現代の法律家にとって長大な歴史叙述は迂遠であるに違いない

---

1）語の不存在は概念の不存在を意味しないが、無条件で誰かに返らなければならない物という観念は存在せず、返るとしてもそれは移転の過程にあまりに重大な問題が存在したからであるとしか考えないということは、強く推測される。これは大変に特異なことであるが、他方、一義的な帰属の観念が文字どおり妥当した空間というものも比較史的に稀である。ちなみに帝政期後半には proprietas という語が支配的となるが、これは dominium の普及とその希釈化の結果である。つまり漠然としてテクニカルでない帰属の概念が蔓延したことを示す。

第4章　所有権概念の登場とその帰結　**127**

から、社会変動・政治変動については要約的にしか触れることができない。かわりに、そのような根底的な転換が法にもたらした帰結について述べることとする。事実、法の内部で見ていると、これらの転換はすべて dominium の登場がもたらしたと見える。それほどに基本枠組を転換させる。そして dominium こそは、実は発達した「ローマ法」像の基礎に存するものである。

　ただし、以後法が dominium 一色になったのではない。bona fides の層は残存する。大いに変質するのではあるが。単純で厳格な占有のメカニズムさえ残存する。こちらは新たな相貌のもとで。相互に矛盾を抱えながらいくつかの層が折り重なるように発展していく。否、所有権の層自体、これを CT スキャナーで眺める限り、矛盾する諸層の積み重なりである。これを使いこなすだけでも強靱な頭脳を要する。ましてすべての層を運転するとなると、驚異的なバランス感覚を要求される。

## 4-1　新しい現実

　共和政期末の社会変動[2]をわずかな行で記述することは不可能であるから、可視的な画像によって例解することでこれに換えよう。可視的というのは、物的な徴表のことである。新しい物的施設が現に現れる。考古学ならば掘り出せる。われわれはそもそもテリトリーに関心を有した。かつてそのテリトリーの真っただなかに都市という特殊な形態をした物的施設が現れた。それが決定的であった。周囲のテリトリーは領域になった。さて、今都市は決してなくならない。領域の側に、新しい構造物が現れるのである。これまで領域も構造物を全く欠くのではなかった。少なくとも公道があり公水があり、

---

2）一般にローマ史の研究水準は現在なお A. Momigliano et al., edd., *Storia di Roma*（1988 年から 1993 年にかけて数巻にわたって刊行）によって表現されているが、共和末の歴史に関する E. Gabba と E. Lepore の諸論文（2, I:*La repubblica imperiale*, 1990）が頂点である。以下でしばしば言及される Cicero の政治構想についても Lepore の論文が圧倒的な基礎を構築している。もちろん、E. Lepore, *Il princeps ciceroniano e gli ideali politici della tarda repubblica*, 1954 は社会構造の大規模な変化と Cicero の思想の継時的変化を緻密かつ複合的に関連づけた画期的な歴史学であったが、死の直前に、同じテーマに関する 35 年後の見通しが辛うじて遺されたのは幸いであった。

小さな forum、しばしば空洞の forum、があった。占有が安定してくれば、境界も安定し、そして農場は多少とも堅固な構造物（villa）をもセンターとして備えたであろう。かくして今現れた新しい構造物はそれほど大きな劇的な変化を感じさせるわけではない。にもかかわらず、以下に見るように社会の構成原理を根本から覆すものであった。

　おそらく 2 世紀末からその胎動は始まったと見られるが、少なくともイタリア（現在のイタリアとは異なる）[3]やシキリア（ほぼ現在のシチリア）やガッリア（北イタリアと南フランス）において、同盟諸都市それぞれの領域は新たな様相を獲得し始め、80 年代にはそれが確たる現実となる。個々の占有単位、農場（fundus）が、それ自体複合的になる。例えば、ワインやオリーヴ油のための栽培の単位と、小さな小作地が敷き詰められた部分と、粗放な牧畜のための部分と、全体を束ねるセンター villa と。しばしばこうした複合体は、中核の占有単位が周辺を併呑することによって形成されていく。そのための資金、そして新たな複合体に諸施設（instrumenta）を装備するための資金が決定的な役割を果たすから、信用力無しには形成されない代物である。そしてまた、こうした投資に対応して、商品生産と利潤が追求され、会計と帳簿が重要となり[4]、投資目的で売買された。

　伝統的なローマ史学、あるいはそれ以前の人文主義的ローマ理解の中で大きな役割を果たしてきた「大土地所有」[5]の実態のうちの一つであるが、2 世紀前半のそれなりの規模の、そしてやはり商品生産に特化した、農場とは異なり、また紀元後の進んだ時期に登場する粗放で巨大な単位とも異なる。前章最後に示唆したように、2 世紀後半には蓄積された信用は盛んに領域に

---

3）Italia は、元来一定時期以降の南イタリアのギリシャ都市民を指す Italiotai（何度かの社会構造変化により領域からさらに後背地の人々が横断的に概念され、Italos という神話的始祖が語られ始めたときから現れた呼称）から（同盟市戦争後にローマ化された後に）派生した Italici が北イタリアを除くイタリア半島の地方都市名望家全体を指すようになり、ここからこの地域自体が初めて Italia と呼ばれた。

4）Varro の De agri cultura がこの新しい小宇宙を見せてくれる。紀元前 2 世紀半ばの boni viri のものである Cato の農場経営マニュアルと比較することが有用である。

5）G. Tibiletti, Lo sviluppo del latifondo in Italia dall'epoca graccana al principio dell'impero, in:*Relazioni del X congresso internazionale di scienze storiche, II,* 1955

降りたがっていたが、こうした傾向は諸都市の信用を支えるメカニズムをますます領域のロジックに曝すようになり、このためローマ中心から直接入る（主として司法的）保障関係が不可避となり、これが決定的に諸都市の機能を低減させていく。同盟都市名望家はますます単純なローマ市民となり、世界をまたにかける（自都市の政治システムを顧みない）ビジネスマン negotiatores であると同時に土地投機家となる。これを、領域の側に一切の政治的結合体を認めない保守的なローマ中央の派閥が支える。しかしこれは同盟諸都市の領域をますます不安定にし、しばしば大規模な軍事化を惹起する。奴隷反乱等、領域は大いに荒れてくる。この事態に対処したのがグラックス兄弟の改革立法であり、lex agraria という伝統的な武器[6]により領域を再編することが企図された。粗放な土地保有を占有原則に違背するとみなして大規模に没収し、小さな占有単位を敷き詰め直そうというのである。グラックス兄弟は没収のための新基準を適用した。一定面積以上の単位を機械的に不法とする点は変わらないが、その面積の算出にあたって複合的な単位を包括的に捉える、つまり合算することとした。これは怨嗟の的となり、クーデタを頻発させ、領域をますます軍事化させ、ローマ都市中央さえ致命的に軍事化させる。こうして、大きな脈絡で言えば、同盟都市に依拠する制度的に不安定な体制がそれでも保ってきた機能を空洞化させ、結局ローマの政治システム自体が崩壊していく。かわって登場するのは、今までとは全く異なる規模と精度の個人的な軍事組織であり、その包括的な吸引力であった。

これらは、最終的にカエサルの独裁と共和政の崩壊に至るよく知られた「ローマ革命」劇[7]であるが、根底に領域の問題が存することは今日疑いな

---

6）5世紀末から領域の非占有状況を民会の議決によって解体し植民を送り込むこと（lex agraria）が始まり、その一亜種として一定以上の面積の占有を（中が粗放でかつ多くの人員を抱え込み軍事化しやすいから）同様に解体する立法も登場する。元来は Sparta 等が得意としたギリシャ的制度であるが、Gracchus 兄弟の名とともに近代に継承され、Machiavelli、Harrington、フランス革命、プロイセンの農業改革、アメリカのニューディールを経て戦後日本の農地改革や財閥解体にまで及ぶ。Cf. A. Heuss, *Barthold Georg Niebuhrs wissenschaftliche Anfänge. Untersuchungen und Mitteilungen über die Kopenhagener Manuskripte und zur europäischen Tradition der lex agraria*, 1981

いこととされる。そしてその過程を通じて着々と築かれていったのが上に述べた「領域上に生まれた新しい基体」であり、スッラ以降、アウグストゥスに至るまで、「新体制」はことごとくこの基体を基盤とする。それが領域を安定させる唯一の処方箋と考えられ、現に相対的に安定させた。ただし、複合的であること1点をとっても、少なくとも占有の観点からは危険であり、政治システム不適合でもあり、それだけでは砂上の楼閣である。外にこれを支える権力をどうしても必要とし、しかもそこにはそれが政治システムでない方がよい側面が存した。

元首政期の体制全般についてはとても詳述できないが、この新しい基体を基盤としたことは疑いない。実際、元首政が何とか実質的に維持されている間、つまり紀元後2世紀前半の五賢帝時代まで、実際にはクーデタの応酬と恐怖独裁があったにすぎないとしても、そうした外皮の下で唯一生命ある実体が所有権であった。内部に精緻な構造を誇るこの所有権は、残る占有のロジックを支える旧来の司法とそれを可能にする限りの政治システムを必要とする。しかも外側から非政治的で軍事的で一元的な権力がそれを保護するという関係を必要とする。さらには（以下に見るように）bona fides の機能さえ不可欠である。かつ、これらは全部矛盾する。政治システムと軍事的パトロンが両立するわけがない。前者は本気であってはならない。所有権者たちがかろうじて区々に公共空間のための負担を維持するときの束を意味するにすぎない（bona fides のための）地方都市と、全くのテーマパークと化して虚ろな仮装行列を演ずるだけのローマ中央共和政治劇、がファッサードを作り、実質は、その背後に隠れた元首が束ねる所有権者たちの巨大ピラミッドとそれの運営する軍団が握っていた。後者が所有権を支えるのであるが、政治システムの実質がないから、軍団の軍事力は統制されず、陰謀とクーデタ、あからさまなトーナメント、の主役となって結局は所有権の基盤を覆す。いずれにせよ、紀元前8世紀ギリシャ以来の大伝統の崩壊が始まったことだけは疑いない。

---

7）註1で述べた諸研究によって学問的には塗り替えられてしまったとはいえ、R. Syme, *The Roman Revolution*, 1939 は古典として読む価値を有する。

第4章　所有権概念の登場とその帰結　131

　皮肉なことに、しかしそのなかで、まさにこの領域上の頑な要塞に依拠して、法は一層精緻な、しかし少々不透明で健全でない、ものへと発展する。そればかりか、かつての体制の形ばかりの残存に貢献する。アウグストゥスの時代までで法学的創造も枯渇するが、以後も死んだ体制のなかで唯一輝くのが法学である[8]。古典学の全分野のなかで唯一「古典期」を紀元後の3世紀初めくらいまでは平気で引き伸ばすのが法学である。

## 4-2　占有概念の転換

　既にグラックス兄弟の立法においてそうであったが、占有概念は重大な改変を被ることとなる。それまでも占有にはさまざまな付加的要件が考案され、より質の高い占有を区別して優先することが行われていた。しかし今占有が経験する変化はこれとは質的に異なるものである。
　例の複合体について占有を考えてみよう。複合体を認知する以上、上下二つのレヴェルで占有が概念されなければならないことは自明である。なぜならば、下部の単位が上部の単位に従うのでなければ一個の複合体が存するとは言えないが、だからといって下部の単位が単位として概念されないのであるならば、上部の単位は単一・一体であって一個の大きな占有を成すにすぎず複合体は存在しない［図3］。
　しかし二つのレヴェルを概念することは、固い一義的な単位を横一列に並べるという占有原則の生命線に真っ向から挑戦することをも意味する。まず何よりも実力（vis）の概念が一義的でなくなり矛盾する。定義上、vis は占有の単位を蹂躙する、横切る、集団を構えること（暴力的な侵入）であった。怪しい複合体を作ることも vis の形成であった。しかし今、下部の小さな単位を蹂躙する実力の形成は、上部の大きな単位をはみ出さない限り、上部の

---

8）共和的な意味における政治的階層が没落するのであるから、法学が担う法の発展を望むべくもなくなることが予想される。しかし元首政は少なくとも所有権概念が発展する程度においては法学を必要とした。ここから、法学が必要とする多元性とこれを嫌う元首権力との間の複雑な関係が発生する。

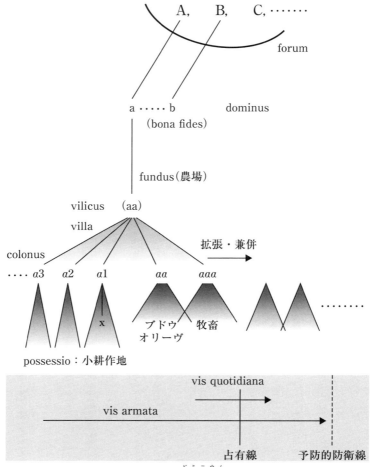

図3　所有権（dominium ドミニウム）の躯体

　占有を基準とすると、実力の形成ではない。占有侵害ではない。実際にも、上部の単位、複合体全体、が外から、つまり同規模の単位やそのレヴェルの軍事化によって脅威に曝されたとき、内部を軍事化して対抗することは正当であるばかりか必要なことでもあると考えられ始める。しかし同じ形態の内部軍事化が上部単位頂点の指令下に小さな単位の構成に向けられたとき、例

えば更地にするから出て行けという方向に向けられたとき、これは下部単位を基準とする限り違法である。そればかりか上部単位の観点からもその複合体の存立基盤を自ら突き崩すという行為にほかならない。なぜならば、そもそもこれをするということは下部の占有単位を認めずに自分のレヴェルの占有（大きく粗放で空洞な単純占有）のみを概念するということであるが、しかるに複合構造の妙こそが利潤つまり彼らの関心を支えたのではなかったか。そのうえ、このロジックは逆手にとられる。下部単位を糾合する実力形成が上部単位を束ねている者の追放に向かった場合はどうか。いくら違法だと叫んだところで「お前の観点からは私の実力形成は違法ではない、私は決して境界を越えていない」と反論される。下部単位基準の恩恵に与っているのは頂点なのである。彼らの内部軍事化を直ちに違法としうるのはそのおかげである。かくしてやはり自分の方からも下部単位を破壊することは勝手とはいかない。それでもなお、繰り返せば、上部を束ねる者が外からの侵害者に対して皆を糾合してブロックすることは全く適法であるとされ始める。要するに、同じ形態であっても、向けられた先、そして誰が組織しているか、によって適法か違法かが分かれてしまった。

　大きなレヴェルの占有侵害について考えてみよう。大きな単位の内部を軍事化して防御することは違法ではないと述べた。防御的であれば軍事化は許されるというロジックの登場である。しかし大きなレヴェルの実力形成は、前提として各単位レヴェルの軍事化（下部単位間仕切りの突破）を必要とする。すると、まだ占有侵害に至らないとしても既に内部軍事化を完了した単位は危険である。中が火の玉になった単位を近傍に持つことは大きな危険を意味するであろう。この区別に対応して、隣の農場の一部単位がこちらを浸食してきたのと、頂点の指令下一丸となって襲ってきてこちらを根底から破壊し呑み込もうとするのと、では事態が根本的に異なるとされる。かくして第一に、実力（vis）はいまや二つの次元に区別される。「日常的な実力」（vis quotidiana）と「武装実力」（vis armata）。第二に、危険の概念が重要な意味を持ってくる。つまり、「武装実力」は他への侵害以前に、違法と言えるのではないか。

占有訴訟はその相貌を変える。占有訴訟は独立して既に久しく、praetor^(プラエトル)
のinterdictum^(インテルディクトゥム)をめぐって展開されていた。interdictumは実力禁止命令と
占有付与の二つの部分から構成されるようになっているが、前段の命令が二
種となる。単純な実力に向けたものか、それとも武装ないし糾合型の実力に
向けたものか（de vi hominibus armatis^(デーウィー ホ ミ ニ ブ ス アルマーティス)ないしde vi hominibus coactis^(デーウィー ホ ミ ニ ブ ス コアークティス)）。

　後段は三種となる。占有被侵害者とおぼしき者に対して仮の占有が付与さ
れ、この付与の違法を双方が大きな金銭を賭けて争い、破れた方はすべてを
失うに等しい、という点は変わらないが、しかし今占有判断のレヴェルが上
記のように二重になるので、占有付与の態様は以下の三段階となる。まず、
「危険」[9]のみが発生しまだ占有侵害がない場合も既に問題となる。「危険」に
対応して保証金を積ませる占有訴訟の型が分離する。つまり火の玉がそこに
現れただけで訴えうる。形式的には占有付与命令は出ないが、「危険」認定
は相手に占有を付与したも同然である。占有保全の訴の原型である。次に侵
奪開始から侵奪完結の前までの段階を意識しうるようになる。占有保持の訴
の原型である。争いの対象たるinterdictumは告示の文言から（従来の未分
化一般型を受け継ぎ）uti possidetis^(ウティー ポッスィデーティス)と呼ばれる。個々の下部単位が侵奪され
たが、頂点の旗はまだ立っている段階である。下部単位レヴェルの小競り合
いで、vis armataは顕在化せず、旧来の実力禁止命令で十分な場合が多かろ
う。さらに非常に新しいと感じられた第三類型が現れる。占有回収の訴の原
型であり、そのinterdictumは告示文言からunde vi^(ウンデ ウィー)と称される。旗が奪わ
れてしまった後に、実力行使にストップをかけ、奪われた方が占有訴訟する。
つまり奪われた方の占有がなお認定される。奪われた物がとりあえず取り戻
されるという錯覚が生まれる。しかしこの感覚は、uti possidetisがまだ旗を
残した段階に適用されることとのコントラストに起因し、占有訴訟が取り戻
しを認めるのでは全くない。従来の未分化型（旧uti possidetis）もまた、一

---

9）慣例（「危険責任」「危険犯」）に従って「危険」の語を用いるが、これはmetus（脅
　威・強迫）であり、危険負担の「危険」periculumと全く異なる。後者は「リスク分配」
　などというときのリスクに近い。ただしmetusはテクニカルには心理的なレヴェルの実力、
　中世の用語を使えばvis contemplativaを指した。

旦奪われたがまだ奪われたばかりで熱い段階に適用され、最小限元に戻す動機を有していたのであるが、そうは言わずに奪われていないと擬制した。unde vi は上部の大きな占有について単にこれをするだけだが、コントラストゆえに回収の動機がクローズアップされて見える[10]。

　しかるに、unde vi および de vi hominibus armatis が明るみに出すこの微かな回収の動機は、やはり重大な帰結をもたらす。複合体の占有は、全体についてであればあるほど、観念的な存在となる。全体を管理する営為、費用果実連関だけに関わる営為、否、全体を管理する者を選定し彼に委ねるだけの者の営為。そうすると、新しい現実は、ただ単に占有を二つのレヴェルで概念させるだけでなく、複合体レヴェルの占有概念を言わばろくろっ首のように縦に長く引き伸ばす。都市に居て誰かに複合体を経営させる者は、かつてと違って領域の誰かに占有させるのでなく、自分で領域を占有している。複合体を実力で押さえている。マネージャーは占有しない。同時に都市に居て計算をし指令を出しているのであり、これもまた同一の占有作用である。ろくろっ首の上下両端である。両端の一方は伝統的な占有概念に近く、他方は bona の占有に近い。こちらは経済的な価値の把握を中核とする。すると、「占有の可視的実体を失ってもなお占有中枢を残している」というロジックが生まれうる。そしてこの中枢の方を獲得する限り、「実体の方を一度も手にすることなく占有を保持していたのである、それを奪われた」と構成することが可能になる。占有は、「そもそもそれは自分の物だ」というロジックを遮断した。失ったものは仕方が無い。「いやオレのものだ」の取った取り返したを切断するところに趣旨が存した。ところがいまや、「一度も入ったことはないが観念的に引き渡されている」と主張する主体がその占有を論拠に実質取り戻しうるかのようになってしまう。

　既に伝統的な占有にあっても、いくつもの占有を兼併する者はそれぞれの

---

10) 以上および以下のすべてにつき、Cic. Pro Caecina を丹念に読むことが最も有用である。新たな領域の状況やその来歴が手に取るようにわかる。その向こうに都市と領域というコードをしっかりと認識していなければいけないこともわかる。領域の奥深くで mancipatio をする空間の考古学的痕跡も摑める。さらにはまた、vis armata 状況が先々まで予防的に軍事化して防御したくなる、少なくとも心理的なドライヴを生むこともわかる。

単位に「管理人」(vilicus) を置いた。この vilicus が各農場を実質的に差配している。しかし彼は決して占有の平面には現れない。今事態は決定的に異なる。というのもこの vilicus の役割が格段に重要になる。それは、複合的な対象については、機能を束ねる作用の独立度が増すからである。vilicusの占有を独自に論じたくなるほどである。それでも彼は決して占有を認められない。主人から長く縦に伸びた占有が及んでくる（ろくろっ首効果）。もっとも、vilicus のレヴェルがついにヴェールを脱ぐ場面もなくはない。既に見た dos 等の形態において、夫は上部の占有を正式に引き渡される。通常の意味で占有しているであろう。しかし妻もまた潜在的には占有を留保している。夫が何らかの理由で占有訴訟できない場合、妻がこれを代行できないものか。妻はむしろ vilicus と繋がり、元来直接果実を彼から得ていたであろう。妻の占有訴訟はこの vilicus 分、つまり単位農場ごとになる。言わばろくろっ首をつたって降りていったところでするのである。この占有を possessio naturalis という。正規の上部の占有 possessio civilis と対比するのである。かくして possessio naturalis は隠れていた vilicus レヴェルの占有を認知することになる。さらに、遅い時期になると procurator にも認められた。複数の農場を束ねる者は、一つ一つの農場に vilicus を置いておくであろうが、しかし束ねて経営するジェネラル・マネージャーをも置くかもしれない。これが procurator であり、相対的に vilicus と区別される。possessio naturalisが同じく緊急にろくろっ首をつたって降りるこの procurator にも認められた。ただし possessio naturalis が現れるのはこのように例外的であり、通常は潜在的なままである[11]。possessio civilis の通常の相手方は、単に possessioと呼ばれる。（下部単位の占有でもありえたが、一般にはむしろその一つ一つについて上から）実体レヴェルで主人の有する占有である。実力で対峙すると

---

11) 以上のような possessio naturalis の理解は基本的に Savigny の理解であり、ポイントを突くものであると考える。実際には法文は混乱しており、テクストの状況を記述するならば、possessio naturalis という語はさまざまな場面でさまざまな意味に使われ、かつまたしばしば意味をなさない場合があると指摘する方が正しい（cf. W. Kunkel, Civilis und naturalis possessio. Eine Untersuchung über Terminologie und Struktur der römischen Besitzlehre, in:*Festschr. Lenel*, 1935）。

きのそれである。他の占有を対置するのでなく例えば権原などと対置すると
きには、実質的には長く伸びた possessio civilis が観念されているが、この
ときもただ単に possessio と言うだけで十分である。

　占有概念はかくして構造転換を遂げたのであるが、最も端的な影響は地役
権（servitus）において現れる。この概念は、既に述べたとおり、公共空間
に接続されなければ占有が壊死してしまうという事情に基づいていた。原型
は囲繞地通行権である。ところが、占有が複合的となると、互いに入り組み、
そして迂回すれば連続であってもまっすぐ他の占有地を通るほうが効率的で
ある、という場合が出てくる。もちろん、通行ばかりか給水排水に関しても
同様である。これは公共スペースと必ずしも関係ない。また死活を制すると
いうよりも、こうしたものがあれば一層効率的であるということである。か
くして約定で設定しうる。そしてこの iura praediorum はすぐに述べる所有
権に付随し、売買によって移転する。約定との先後や引渡の成否（負担を負
う側の諾否）といった複雑な問題が発生する。

## 4-3　領域上の占有を売買する

　売買（emptio venditio）は bona fides を基礎とし、したがって bona fides
が働かない環境においては機能しなかった。端的に言えば、領域上の土地を
売買することはできなかった。領域上の占有移転のためには厳重な要式行為
が不可欠であった。対価はこの儀礼のなかで交付された。信用の介在を極小
化し、信用が怪しい絆を作ることを警戒した。信用を身上とする売買の対象
は、倉庫内の種類物や都市中心の邸宅を典型とし極めて限定された。要する
に領域のロジックが十分に遮断されていることが必要であった。領域上にお
いて占有概念が不断に実力と戦っているそのただなかでは emptio venditio は
概念しにくかった。それでも、2 世紀後半には領域の占有に売買以外の手段
により信用を投下する形式が例外的に発達し始めていた。諸都市を横断する
取引やこれにより蓄積された信用が、領域に目を向け、領域からの危険に対
処し、領域に安定した基盤を築きたい、と考えるのは当然である。dos や

locatio を通じておそるおそる領域に信用を投下する方法が探られたことは既に述べた。しかし売買を領域上に展開するということは、全く新しいレヴェルの事象を意味する。

2世紀末から、端的に領域に資金を投下する仕方として「売買」を通じて隣接する農場を併合する動きが加速する。この「売買」がどのような形式であったのかはわからない。一方で銀行や競売が大きく関わったことは疑いない。他方占有の移転をどのように行ったのかは判然としない。全く事実上のものか、各都市に固有のギリシャ風のものか、丁寧に mancipatio をしたのか。いずれにせよ、上述の複合体形成において新しい形態で信用が領域に入って行ったことは十分に跡づけることができる。中枢センターを意味する villa の建設など諸施設の実現のためには「売買」と並んで locatio が用いられたであろう。こうした資金を用意するために、銀行はもちろん、組合が大きな役割を果たした。まして委任は日常的に使われた。その他に、新しいエイジェントの関係がどうしても発達する。その彼の占有をやがてあえて否定しなければならないところの、例の新しいタイプの vilicus である。農場の管理者というより、経営面のマネージャーである。

領域上の複合体はかくして信用ないし資金の塊である。まるで都市中心の邸宅である。これを購入して果実を安定的に得ることは投資の最高の機会であり、この機会自体の売買も発展して当然である。売り抜ければ早期に投資は回収される。さらに価格変動をスペキュレーションの対象とするようになる。長期にわたって費用投下する考えが全くない売買が行われるのである。紀元前1世紀の半ば、新式の農場、そこから派生する郊外の邸宅用 villa、さらには都市中心の邸宅まで、派手な投機の対象となった。

領域の占有移転を売買契約の対象とする、という関心はまさにここから生まれた。そして、新しい占有概念がまさにこれを可能としたのである。

複合的構造全体について占有を有する者は、複合体の複合的構造を維持するという点において争いがなければ、領域の上の実力の問題から暫定的に解放された存在でありうる。彼のために働く vilicus でさえ、帳簿上の計算に余念がなく、さまざまな対外的交渉に忙殺される。内部の人員との関係もま

るで互いに相手の役割を尊重しあうような間柄である。まして、vilicus のさらにその上で頂点に立つ者は主として信頼と言語を生きる存在である。頂点相互間の取引の空間が彼にとっては生命線である。元来これは諸々の同盟都市を横断するように存在していたものである。同盟都市の政治的階層ないし名望家層のネットワークが今そのまま領域に降りる。彼は理念と言語、したがって合意を生きるに足る。それでいてなお、領域を直接に占有している！

　問題は都市がなくともこれが成り立つのかどうかである。彼は個々の都市を離れて端的なローマ市民になってよいのか。複合的な構造は都市が果たしてきた領域安定化機能を完全に代替しうるのか。ローマ中央からの新占有保障システムだけで十分か。否、これ自体十分に構築されたのか。占有はよいとしても、そのうえに bona fides の関係を築きたければ、重ねて、そういうローマ市民に別途自治都市（municipium）を形成させなければならないのではないか（ローマ市民の地域名望家クラブ conventus civium Romanorum が作られることがあるとしても）。現にキケローはそのように考えた。新しい体制を生かしつつも、都市を出て領域上の占有を取引したければ、かえってあえてまた都市を担う労をとった方が一層堅固である。もっとも、これは逆説である。そして老婆心の賢慮であるように見える。都市なしに取引することこそが新体制の眼目ではなかったか。二つの考えはすれ違ったままに置かれ、事実としてゆっくりゆっくり都市は衰亡していった。それが体制の崩壊そのものとなった。そこにしか政治が残っていなかったのであるから当然であるが、さしあたりは、眼目たる取引の世界が成り立たなくなっていくのである。

　以上のような留保を付さなければならないが、頂点の占有者は、たとえ束の間のイリュージョンであったとしても、領域の中に浮き出ていながら自らを bona fides の階層であると信ずることができた。つまり bona fides に基づいてなお奇跡的に領域の占有を直接に契約の対象としうると考えることができた。すべては信頼に基づいている。彼の農場の占有は、倉庫のワインのように、彼の指示、言語だけで、簡単に移転するかのようである。そのように変換されていると彼が信ずることにつき、非難することはできないであろう。彼らは安んじて合意をする。その農場を売買するという点について。資産

（bona）の次元では直ちに占有が移る。したがって重い責任が売主に発生する。しかしまさにこの責任発生ということからわかるとおり、それでもなお実体的な占有の観点を人々は忘れるわけではない。そもそも倉庫のオリーヴ油の名義を書き換え、都市の邸宅のフォーマルな引継をするなど、最高度のbona fidesの取引でも引渡は別途概念された。ただしそれはbona fidesの中に含まれるコーティシーへと発展している。既に占有原理の命ずるところであるが、いまbona fidesに基づくからなおのこと、買ったからといっていきなり土足で上がってくることはしない。売主が退くのを紳士的に待つ。引渡が絶対的に実現するという信頼がむしろそうさせる。bona fidesに基づく以上、対象が農場であっても同じでなければならない。しかしここでまさに二重構造が立ち塞がる。二重構造が存するからこそ、彼は以上のすべてをプリテンドしうるのであった。下部構造があればこそ2階の操縦席でスマートに振る舞える。事実、買主売主間の関係は完璧である。しかし同時にまさにその二重構造ゆえに、全体を動かすのは容易ではない。領域のメンタリティを備えた別の関係者が多数絡んでくる。売主はこれを完全に掌握しえていたのであろうか。買主はそれをうまく引き継ぎうるか。vilicusは裏切らないだろうか。個々の切片を占有する者たち全員が買主に忠実であるという保障はあるのか。初めて、引渡（traditio）、占有移転は、契約の履行の重大問題となる。

　合意が完璧であったとしよう。しかし結果として占有は移転しなかったとしよう。bona fidesは伊達ではないから、合意と同時に占有は移転しているとみなされる。しかし他方で領域には固有の占有原理が厳として存在するから、買主の方もまた、「自分が買った、自分が占有している」と言って勝手に入って行くことはできない。そしてそれが初めて買主のbona fidesの問題ではなく、売主の領域占有の問題、実質としてはその領域の人員の問題となる。買主がいきなり入ろうとしても、何もまだ言われていない領域の人員はこれを実力で撃退するだろう。引渡つまり現実の占有の移転はまだであるから。その行為は正当である。そもそも倉庫の小麦が対象である場合には、裁判を通じてなお買主は現物に固執しないし、それはbona fidesに反するから、

契約不履行も当事者たちの資産の金銭評価額を調整して終わる。なお一層占有を尊重する所以である。しかし今初めて領域の占有自体を売買している。現物への強い関心が生まれている。投資のために転売するとしても、領域の上で現物を支配するそのような権能が投資対象である。「bona fides によれば合意と同時に占有が移転するとみなされる」という要請は、「とはいえ実際には金銭で調整して終わる」という同じ bona fides からの要請とバランスされていた。しかし今現物への固執に向かってドライヴを提供することになる。

　以上の二面性の決して論理的な帰結ではないが、しかしまさにその二面性を誘因として、以下の原則が支配的となる。引渡がなされたとしても錯誤等合意に瑕疵があり契約が無効である場合、売主は売買対象を取り戻しうる。合意が優先するのであるから、bona fides の素直な帰結のようであるが、そうではない。bona fides によるならば、占有の移転が生じてしまった以上金銭の給付で帳尻を合わせて終わるであろう。またまた占有を動かすのか？ところが今、売主の現物への固執を尊重するのである。ただし流石に買主の占有は尊重されなければならないから、むろん売主は裁判を通じて請求しなければならない。さて他方、合意が完璧でも引渡がなされない間は、売主は、契約上の責任さえ負えば（賠償さえすれば）引き渡さない、あるいは第三者に引き渡す、ことができる。つまりここではさらに bona fides からは或る意味遠ざかる。しかし買主の現物への固執を退ける点において bona fides に親和的な原則でもある。そして何よりも、領域の占有がまだ動いていない以上仕方がないという、領域側からの要請が顧慮された形である。

　要するに、合意があり、その結果引渡がなされ占有が移転する、というモデルで思考する。このとき合意が引渡の原因をなすと言う。また彼は市民的占有（possessio civilis）とその原因という２枚のカードを保持していると理解する。そして、一度２枚のカードを揃えた者は特権的な地位に立つと言うことができる。なぜならば、原因なく占有を失っても占有は返ってくる（有因主義）が、保持する原因が既になくとも占有を失わなければ、その地位は奪われない。買主にしてみれば、相手に原因があり自分に占有があるか、自分に原因があり相手に占有があるか、のどちらにせよ１対１であり、上のよ

うなレギュレーションは何ら論理的な帰結ではない。にもかかわらずそのような不思議な解決を選ぶということは、合意ないし bona fides の要請と占有の要請の間で妥協を図り、しかもまさにその狭間で二重構造物を一度安定的に手にしたその者の地位を新たな占有原理によって優先させるのである。彼が作った構造に決定的な価値を見出しているからである。この地位に一度ついた者を所有権者（dominus）と呼ぶ。彼が保持しているものを所有権（dominium）と呼ぶ。所有権の実体は複雑な一個のからくりである。性質の違う占有が絡まりあっていて、しかも何か二枚舌のように主張する主体が居る。しかもこうした概念構成の意味は相当に複雑な経緯から生まれている。占有の意味、bona fides の意味、そしてこれらを前提とする新たな挑戦とその弱点、等々の微妙な点をすべて熟知していなければ何のことかわからない、という代物である。それでも、現在「所有権移転に関する有因主義」ないし「物権変動の有因主義」と呼ばれるものが、所有権概念を例解するのに最も適することは容易に理解されるであろう。

　所有権者にとって命綱は明らかに possessio civilis である。これは特別な次元で動く占有である。actio Publiciana は、具体的な史料がなく謎に包まれているが、possessio civilis の新次元のために何らか貢献するものであったろう。（しばしばそのように誤解されてきたが）引渡を受けて占有を確保したものの「市民法上の権原を欠く」者に第三者に対する防御を可能ならしめるのではない（彼はそもそも正規の possessio civilis を有する）。正しい合意を経た買主が（善管注意義務を負う売主になりかわって）第三者に対し市民的占有を防御することを認め、そしていつの間にか取り戻しをも認めるものである。possessio civilis の次元に（まだそれを得ていないが）立つ者に特権を与えるのである。複合的構造が十分に安定せず高架不全の場合を指してしばしば「空洞の占有」（vacua possessio）という語がテクストに現れるが、合意があっても売主に引渡の見込みがない、ひょっとすると vilicus が軍事化させて複合体を解消し簒奪しているかもしれない、そして第三者と結託しているかもしれない、そのような状況である。このときである、あるべき possessio civilis のために actio Publiciana という飛び道具が与えられる。

第4章　所有権概念の登場とその帰結　　143

usucapio はこの新次元でのみ使いうるように制限される。そもそも pos-
sessio civilis は vilicus あるいはそれと通じた第三者の占有を全く寄せつけな
い。dos 管理者等の possessio naturalis も別次元のものにすぎない。まして
それらの占有はどこまで行っても usucapio には至らないとされる。取得時
効（usucapio）の要件は既にそれ以前の時期から bona fides を要件の中に吸
収し厳格化していた。いまや possessio civilis のみが usucapio 適格とされる
ようになる。しかしこれは、単純な占有のロジックを離れ一段正統化のステ
ップをくぐることも意味する。取得時効の要件を満たす典型例は、原因は欠
けるが完璧な引渡を受けた擬似買主の占有であるということになる。このと
きに買主は引渡手続において公正でなければならない。原因が欠けているこ
とにつき「善意でなければならない」。これらの資格の欠如はしばしば正し
い原因（iusta causa）がないというように理解される。「前主の所有権を信じ、
かつ信ずるにつき正しい理由がある」ことさえ要件とされていく。「正原因
に基づく占有」である。取得時効は、占有保護の最後の手段であったものが、
所有権をめぐる泥仕合の一手段となる。

## 4-4　契約責任の変貌

　占有の新しい構造は、契約責任の分野[12]を一新させる。とはいえ、注意
を要するのは、新しい原理が適用される層は本来限定されてしかるべきであ
るということである。領域の占有を契約によって動かすという特殊事情から
新しい契約責任概念が求められたのであり、裏を返せば、従来の倉庫内の小
麦の売買はこの変貌を被る理由を持たなかった。問題は、にもかかわらず領
域の占有をめぐって展開される新しい契約責任のモデルが、所有権概念が一
世を風靡するなかで、圧倒的なヘゲモニーを獲得したということである。層
の差異が徐々に曖昧になっていく。
　領域の占有を対象とする売買を考えよう。売買の本旨に従えば、占有は契

---

12) Cf. V. Arangio-Ruiz, *La responsabilità contrattuale in diritto romano*, 1927

約時点で移転したも同然であり、売主は以後、善管注意義務を負いつつ買主から預かったようなものである。この意味で引渡は売主の契約責任として絶対の義務である。もっとも、bona fides に反しなければ、万が一実際には引渡ができなかったとしても仕方がない。買主とて bona fides に溢れているはずである。しかし所有権の移転を売買契約が目指すとき、同時に、複合的な構造の現実の移転をあくまで目指すということと、しかし複合的な構造のコントロールは相当に困難であるということ、の両方が人々の考えを支配する。もちろん単純な占有についてさえ、人的組織の把握が簡単ではないからこそ、mancipatio という形式が用いられた。人的組織の具体的な把握から解放されているはずだからこそ所有権者は簡単に売買しうるのであるが、しかしその分そのつけを払う必要がある。高楊枝をくわえた後からそれに見合った現実を作るようなものである。現実に複合体下部の個々の単位まで隈無く動かすのは一苦労である。コントロールは何段階かに分節しており、紆余曲折に対して開かれている。売主の責任を緩和せざるをえない。所有権者としての領分において精一杯であればよく、下部の構造の離反については予測不能な面があるということは容認される。

　もっとも、裏から言えば取引主体としての bona fides を尽くしていればよいばかりではないということでもある。所有権者としてのもっと別の考慮、つまり例えば自分の農場のケア、を怠っていた場合には、いくら取引相手に対する bona fides に欠けなかったとしても、責任を問われる。このとき、「確かに bona fides に欠けはしない、つまり故意（dolus malus 悪意）はない、がしかし過失（culpa）はある」という（再）抗弁が原告に認められる。反面、culpa がなければ、売主の能力を超える事変が降りかかったのでは決してないとしても、売主は免責されるということでもある。つまり、占有の複合化に対応して（故意のない不履行の際の）判断は（不可抗力・過失なし・過失ありに）三分されるばかりか、bona fides とは方向の異なる基準が決定的な要因をなすようになる。さらには、infamia がつかない（bona fides に反しない）にもかかわらず賠償が求められるケースもあるということになる。

　もっとも、紆余曲折に対応して、買主の側も引渡には十二分に協力しなけ

ればならない。元来これは bona fides に属する。しかし倉庫内の小麦の場合、買主の側に受け取るための努力はほとんど要求されない。しかしいまや領域の占有を新たにコントロールするための準備活動が独自に求められる。買主が受け取りを愚図愚図しているうちに農場の人員が離反し複合体が解体しそうになったため、売主は責任を果たすべく多くの追加の費用を支出しなければならなかったとしよう。このときには売主から買主へ culpa を論拠として損害賠償を求めうる。買主が故意でこれをしたならば、もちろん、infamia つきかつ何倍額かの賠償である。かくして、引渡をめぐっては受領の側にも責任が存するということに強く意識が向かう。

　領域の具体的な占有に引渡が関わることになるから、引渡は「一点で一瞬にして」というより「いくつかの段階を経る筋書き」のなかで行われる。そうして、どこまでが売主の責任でどこまでが買主の責任かという問題もこの筋書きの線上を区切ってなされる。区切るときには当然時間および空間のカテゴリーが不可欠である。例えば一定の時点までに一定の場所までの出来事の線を実現させなければならない、つまり約定の場所にやって来たり家畜や穀物を（現物で）輸送してくるのは売主の責任で、その一点を過ぎれば以下は買主の事跡がそこを埋めなければならない。例えば買主が約定の時間に遅れれば売主は引渡の責任を果たした（「あとは知らない」）とみなされたり、売主のところに買主が引き取りに来なければならないということになる。契約においてこれらのことは厳密に合意されるようになる。かくして履行地（locus solutionis）の概念が浮上し、また遅滞（mora）の概念が契約法の基幹概念の一つになっていく。これらの概念は所有権という設定が存するときにのみ意義を有するという点に注意する必要がある[13]。

　危険（periculum）をめぐる責任分配も大きく変化する。危険は占有によって分配され、例えば売買において買主は直ちに占有を獲得するがゆえに、現

---

13) 以上の点が手に取るようにわかるのは、Cic. In Verrem においてである。所有権者から現物（穀物）で租税徴収するのであるが、徴税請負人と穀物生産＝土地所有権者との間の契約という構成が採られる。その契約の履行責任として納税責任が把握される。属州総督 Verres のこの点に関する規律が違法であるとして Cicero が詳細に分析するテクストは、かくして、契約法に関する生きた素材となる。

実の引渡以前に危険を背負った。しかし今領域の占有に観点が戻り、再び引渡によって買主に危険負担が移転することになる。例えば履行地までの行程で目的物が奪われた場合、売主の負担であり、過失があれば賠償しなければならないし、過失がなくとも、賠償はしないが、損失は彼のものである。引渡が済んでいれば、以後の行程で奪われたとしても買主の負担である。ただし、遅滞はこの境界をそれぞれ売主買主の側にずらす。そしてまた bona fides からして依然売主には重い責任、善管注意義務が課されるから、これが買主の危険負担という原則を中和していた趣旨が生き延び、売主の過失を主張しうる範囲が大きくなる分、実質境界を買主側有利の方向にずらす。いずれにせよ、結果として、領域上の出来事に関する限り、危険負担ではなく過失によって責任を分配しうるケースが圧倒的に多くなる。危険負担の概念は、領域の占有に密接に関わらない大きな力、動乱や災害等々が発生した場合に限って用いられるがごとき外観が生まれる。ここではさすがに、領域上の引渡が生む複雑な考慮は吹き飛んでしまう。単純に bona fides 上の関係を考え、前と変わりなく合意とともに危険負担が移転すると観念する。つまり、危険負担の問題は、契約責任を越える不可抗力（vis maior ＝ウィースマーヨル）が襲ったときに一体契約当事者のどちらが負担するかという問題に限定される。売買の場合、古い periculum emptoris ＝ペリークルム エンプトーリス がこの意味を纏って復活する。買主の資産に属した以上、高度なレヴェルの危険、特に政治的性質の事柄、は資産の帰属に応じて処理されるべきであるという考えである。

　不履行の場合に何を請求しうるかであるが、この点でも原則が変化するわけではないにかかわらず実際には少しずつ今までにはありえなかった関心が浮上していく。農場を売ったとしよう。引き渡したが代金が支払われない。代金支払いについて過失を論ずる余地は少ないから、故意責任、そして重い懲罰的損害賠償、という筋道になる。こういう場合売った農場を取り戻そうという関心は希薄であろう。売った以上金銭を欲したはずである。ところがやがてその農場自体を取り戻したいという関心が生まれる。まさにそれしかないそれを別に売りたい、そしてまた賠償を取りたくとも相手に他に資産はなく、それを他の債権者と分けるなどまっぴらごめんだ、等々。売っておき

ながら反対方向の金銭の流れとの関係で紐つきであるという、あの観念の再浮上でもある。同時履行の抗弁権という諾成契約に相応しからぬ観念が、しかも契約当事者間の信義の名のもとに、生まれてくる事情でもある。

　同じ一連の事情は、代金を支払ったものの引渡を受けえない買主についてさえ生じうる。ほとんど債権者が担保を独占的に処理したいという関心と同じである。第一に、要式行為を反対方向に行いすべてを巻き戻す condictio を流用する。condictio certae rei である。所有権に基づく返還請求（rei vindicatio）よりも、引渡により所有権が移っている場合（契約有効かつ引渡有効かつ代金未払いの場合）にさえ取り戻せるのでより強力である。もっとも、引渡があっても代金が支払われるまでは所有権は移らないなどという珍妙な法理の提案さえ行われる。第二に、契約を一方当事者の主張に基づいて解消するという関心が現れる。引渡をしてしまっていても契約さえ解消できれば所有権は移らない。ここからは rei vindicatio が使えるではないか、というのである。所有権者が半分纏っていた bona fides の衣装をかなぐり捨てる瞬間である。なぜならば、bona fides 上、契約はたとえ不履行があっても一方当事者から解消しうるものではないし、不履行に備えるためにこそ、契約は存在していなくてはならない。当事者の意思のみによる解除の制度はついにローマ法では登場しないが、元首の決定等による「解除」が現れるときの関心は以上のようなものであった。これは中世以降さまざまに用いられていく。

## 4-5　不法行為法の変化

　不法行為法の起源は既に述べたとおり十二表法にあり、本来否定されるべき賠償思考が新体制を裏で支える平民の（領域の）横断的組織の浮上とともに一定限度で甦ったのであった。護民官制度や取得時効や窃盗の訴権と同列である。しかし第一に法的観念体系全体との間で整合的でなく、第二に極めて限定された場合（自由人の身体への侵害）にのみ適用され、第三に完全に（きっちり損害分の賠償という実質）同害報復原理に服した（まるで利息をとる

ようなことになる懲罰的賠償が否定された）。なおかつ占有が絶対的な基準であ
り、占有侵害のない傷害は問題外であった。損害の概念に加えて「権利侵
害」や「違法性」ないし「法律上の利益の侵害」等々を要件とせざるをえな
い（占有を忘れるから青息吐息である）所以である。

　領域において占有原理が飛躍的な成熟を見せる3世紀前半において、おそ
らく領域の占有単位の安定化に伴って、自由人の身体損害の他に拡張される。
このときもしかし例外的な立法、つまり平民会議決（plebiscitum）によった。
背後に secessio を範に取る何らかの動きがあったと考えられている。おそ
らくは領域の裕福な階層 boni viri が中央有力者の強引な勢力拡大に悲鳴を
上げて対抗した運動のなかから生まれた。これが lex Aquilia であり、以後
近代まで不法行為訴権のまたの名は「アクイリアーナ（訴権）」であり続ける。
初めて物損一般が取り上げられたのである。おそらく同時に二倍額の損害賠
償が定められた。窃盗訴権類似の actio poenalis とされたのである。

　その後の時期に、誓約保証人（adstipulator）に対する詐害行為に対して損
害賠償が求められるようになったことが知られるが、具体的な経緯は定かで
ない。誓約関係であるから確かに bona fides の問題ではなく、端的な fides
の問題であるが、取引関係のなかで不法行為訴権を用いうるのであるから、
注目に値する。

　さて、不法行為法の第三の時期を画するのが、過失（culpa）概念の付着で
ある。契約責任におけるのと同様である。不法行為の基軸メルクマールが占
有であるから、この占有概念が複雑化ないし再構造化されたとき、不法行為
の概念が変容するのは当然である。占有の概念は二重に機能しうる。農場の
vilicus や切片占有者（「耕作者」colonus）が隣のそれを侵害したとしよう。
身体を傷つけたり家畜を奪ったり作物を荒らしたり。当事者同士の間では普
通の不法行為である。旧来の lex Aquilia 運用で事足りる。しかし所有権に
とってはどうであろうか。加害側所有権者Aのもとに単一の占有が存在する。
それを越えて侵害行為が進発し、被害側所有権者Bに損害を発生させている
場合がありうる。家屋にダメージが与えられたとき、当該 colonus たるbが
加害者たるaに賠償を求め、bが獲得した金銭をBが求償する、というので

もよいが、自分に責任のない損害に対してbが（aにかわって）Bに支払う
ようで不自然であるから、Bがaに賠償を求めるショートカットが便宜であ
る。これが新しい占有概念の効果である。さらに、aに賠償を求めても埒が
明かないに違いないから、いっそAに求めた方がよい。これも新しい占有概
念の効果である。

　しかしここで、まさに占有の新しい複合的構造に対応して、重大な分岐点
が現れる[14]。Aにとって、aらの動きは完全にコントロールしきれるもの
ではない。aらは独立の法的主体である。依然“servi”（「奴隷」）という語
をテクストはあててくる。しかし自由人や解放奴隷でありうるし、まさにこ
の占有の新しい構造のために奴隷制度は消滅に向かいつつある。自由と隷属
を区分する一義的なメルクマールは解消しつつある。aらが独立であれば、
どうしてAが責任を負わなければならないのか。これも占有の効果である。
こうやって押し返すとき、抗弁（exceptio）が認められる。確かにこちらの
占有の圏内から侵害行為が発進し、そして相手の占有圏内に損害を与えた、
にもかかわらず、もう一つの占有を基準に考えれば自分には落ち度がない
（sine culpa）、というように。この遮断のために、十分監督責任を果たして
いた、配慮を怠らなかった、等々の抗弁、やがては注意義務（diligentia）の
概念、が発達するであろうことは目に見えている[15]。これが「過失無し」
（sine culpa）の抗弁であり、突き放してみれば、不法行為責任を問う場合に
culpaが要件となるということになる。ただし、抗弁であるから、原告が
culpaを論証するのではない。被告がsine culpaを論証する。このように、
過失（culpa）の概念は責任を遡及させる。このような芋蔓は法が一番嫌った
ことである。にもかかわらず、まさに占有概念の複雑化とともにこのことが

---

14）以下については、Cic. Pro Tullio が、テクストの大きな lacuna にもかかわらずなお、
　　最も有用であり、教科書はもとより研究文献でさえ、不法行為法と culpa 概念の関係につ
　　いて仮説さえ提示しない。
15）時代が下ると culpa 概念はいわゆる「主観化」の弊を現わす。個人の内面を追求するよ
　　うになる。法文がテクスト自体を含めてこれに「汚染」されていることを（interpolatio
　　研究から）見事に突き止めたのは W. Kunkel の功績である（Diligentia, SZ, 45, 1925; Exe-
　　getische Studien zur aquilischen Haftung, SZ, 49, 1929）。

不可避となったのである。逆に言えば、無闇に過失概念を振り回すべきではない。せいぜい、所有権概念がしっかり働く脈絡に限られるべきである。

　分岐はこればかりではない。というのも、以上はすべて中間障壁の働きであり、これを越えて責任を遡らせるかどうかという分岐であるが、Aがaらを動員して積極的に加害に加担しているときには当然こうした抗弁を論ずる余地がない。二重構造を主張する資格をAが欠く。Aの占有は内部が軍事化されている。すべてはvilicusの責任で、自分は暴走する軍事化を止めえなかっただけなのかもしれない。しかしまさにそうした事態を抑止する責任を所有権者は負う。このように抗弁を認める余地が全くない場合、dolus ないし dolus malus（故意）という語が用いられ、別の責任原理が適用された。もちろんこれについては原告が論証する。この場合は元来の二倍額賠償であった。否、態様によって四倍額や八倍額がありえた。反射的に、故意でない場合、過失が認定されても、一倍額であった。

　以上に加え、占有複合構造内部を軍事化させること自体が違法となったことに対応して、軍事化して脅威を与えるには至らないもののそれに至る因子を胎んでいる場合に、予め損害賠償額を占有者に保証させる制度（cautio damni infecti）が生まれた。複合構造は、内部が見えにくいばかりかその構造自体によって近隣に恐怖を与える。煙を吐く夜の巨大コンビナートを想起すればよい。責任は possessio civilis に帰属し、したがって原則所有権者のものであり、そして過失概念の射程外であり、今日これは無過失責任に見える。今日いわゆる「工作物責任」として痕跡をとどめる。

## 4-6　意思 voluntas

　契約は合意を基礎として成り立つ。合意が存するように見えてその要件を満たしていない場合、その合意には瑕疵があるということになるが、合意の諸条件は元来政治システムがこれを用意している。政治システムが環境を整えているのである。結果両当事者の bona fides は欠けることがない。実力を用いて合意を取りつけるのはもちろん、心理的圧迫を加えることも重大な

第4章　所有権概念の登場とその帰結　　151

bona fides 違反であり、政治システム、つまり皆への挑戦である。かくして
重い賠償義務を課され追放される。

　所有権概念が登場しても以上の点に変化はなく、bona fides は契約法の基
本原理にとどまり続けるが、他方、領域のただなかを言わば浮遊する所有権
者は政治システムに直接裏打ちされてはいない。都市の名望家を兼ねていて
ほしい存在であるが、キケローの思惑に反して、彼らは消極的かもしれない。
それでも何らか取引のサークルは形成しているではあろう。この点に bona
fides が懸かっているのであるが、そうであるとすると、契約法の基礎環境
は弱体化したと言わざるをえない。暗に裏打ちしていた支持構造は少なくと
も合意の場面からは遠い。

　このような新しい事態は若干の補強手段を生み出す。合意はもちろん自由
になされなければならない。この自由は元来 bona fides 概念に含まれる。つ
まりこの自由は両当事者が政治システムに含まれるということを意味する。
したがって「合意が果たして自由になされたか、それとも強制されてなされ
たか」というようには問題が立てられなかった。「強制されて合意する」と
いう言語表現自体語義矛盾であった。ところが今、決して新しい合意の概念
を構築するわけではないが、合意に含まれる若干の要件を分離して独立に保
障しなければならなくなる。第二次的な政治システムによるイムプリシット
な保障に換えて、法的なデヴァイスを別途用意するということである。合意
に際して実力を用いたのであれば流石にそれは論外で直ちに違法である。し
かし合意は記号を使ったヴァーチャルな操作であるから、実力を使わなくと
も使うかもしれないと思わせるだけで心理的に偽りの合意を達成しうる。怖
いと思わせるだけで十分である。つまりむしろ記号操作による恐怖作出で足
りる。目の前の実力のプレゼンスよりも見えない暗闇の不安の方が大きいか
もしれない。不透明こそが恐怖を生む。これを実力（vis）のアナロジーで、
しかし相対的な別種として捉え、強迫（metus）という概念が構築される。

　この metus により合意をさせたときには、合意が無効であるのみならず、
四倍額等多額の懲罰的賠償を請求しうる。そのような訴権が登場する。紀元
前70年代のこと、つまり所有権概念確立期のことである（Formula Octaviana）。

実際、強迫訴権（actio metu ないし actio quod metus causa）[16] は、都市の政治空間ならば必要がない。強迫がもともと排除されているというばかりか、bona fides によってしか人々を動かすことができないから、metus による合意など誰も求めもしない。しかし、都市では誰もそれでは動かないような見せかけの合意にも領域ならば占有がついて行きかねない。そういう所有権体制にとってこそ新しい訴権は不可欠であった。瑕疵ある無効な合意といえども引渡の引き金になり、合意＝原因の有効無効と独立に引渡は引渡として有効でありうる。合意が無効であるから取り返しうるのであるが、占有原理が働いて自力で取り返すわけにはいかない。こうして契約が不存在であるのと無効であるのとでは大いに違う（だから後者の場合それが悪意ならば懲罰的賠償）ということになる。

　全く同じ観点から、詐欺にも対処することとなる。悪意の訴権（actio doli）がこれに該当する。そしてこれらはすべて合意を無効にすることを忘れてはならない。というのも、「取り消しうる」という怪しげな効果は流石にローマ法が知らない事柄であるからである。錯誤の場合との違いは、多額の懲罰的賠償と infamia である。帝政期末に、領域の上の物的な原状回復に関心を有する中央の権力が自ら合意を抹消することとした、その名残が「取り消しうる」であり、またこのとき第三者まで追求して原状回復しようとしたところから、物的権能（in rem）を付与されて出来上がったのが actio in rem scripta である。

　これらのジャンルに属する各制度の要件は、「合意には意思（voluntas）が必要である」という理論的把握を生み出す。つまり「一定の記号行為をして合意を達成したとしてもそこには当事者の意思が欠けている」と構成するのである。これが所有権の基礎にある占有の二重構造、あるいは所有権が秘かに観念する中枢指令機能、と通じていることは疑いない。だからこそ、この voluntas 概念のセンセーショナルな登場として名高い「クーリウス事件」（causa Curiana）は遺言をめぐるものである。遺言という制度は元来は政治

---

16) Cf. A.S. Hartkamp, *Der Zwang im römischen Privatrecht*, 1971

的空間のなかにある。その限りで死者が書き遺したものといえども解釈に問題ない。十分に批判的に解釈されるであろう。死者の思想は探究される。しかし死者の記号行為が領域の側に投げ出されると、ちょうど死者に問い返すことができないのと符合し、行ったきりになる。そのときにかつてのように周囲の理解のなかでテクストが解されれば、それはかえって領域の錯綜した利害関係に棹さすだけになる。むしろそこから断固離脱することが自由保障の道である。誰が何と言おうと死者はかくかくしかじかと考えていた、と。或る意味政治が保障する自由と同じである。それは合意の条件であった。しかしこれに、「誰が何と言おうと単一頂点たる所有権者の意図は絶対である」という原理が習合する。causa Curiana は、遺言の欠缺を頂点維持の方向で（親族無視の方向で）結着するものであった。ここに既に後の voluntas/animus 混同が胚胎している。つまり、voluntas は所有権者が二重構造躯体を動かす指令機能を指す animus と融合していく。しかも、animus の方が、二重構造解体ないし溶解の事態を受けて対象を勝手にしうる恣意性を表現するようになると、voluntas/animus 混同は罪が重くなる。契約は合意の要素を希薄化させ、両当事者の自由な処分権限の各々発露、その一致、にすぎないと概念構成される。法律行為・意思表示理論はそうした長い伝統の最後の最も洗練されたヴァージョンである。

　とはいえ、voluntas と animus は理論的には十分に区別しうる。もちろんともに他からの干渉を排除し切断する役割を持った概念である。しかし働き方が違う。一方は単一体の独立を担い、他方はあくまで合意の条件を二重にして自由を守る。つまり voluntas は合意概念が既に自足的に達成している両当事者の自由を、各当事者についての条件再チェックにより重ねて確認する任務を帯びているのである。その限りで、所有権の射程を越えて使うことができる理論的可能性を秘める。

## 4-7　民事訴訟の変容

　所有権概念の定着によって民事訴訟も根本的な変容を被る。その様子を理

解するためには、重複を恐れず少々遡って説明し直さなければならない[17]。

　民事訴訟の生命は手続の二段階分節である。占有を確定し、原告被告の役割を分け、その後に本案に入る。訴訟要件の判断にすべてを傾注する。これを職権で判断する。これは極めて専門的な判断になる。ローマの場合、トライアル前の in iure 手続とトライアルに相当する apud iudicem 手続に厳格に分節されていた。そして後段の手続が極めて貧弱であり、すべてを前段で決着し、むしろしばしば前段の判断の適否のみを端的に本案にした。その場合にはその手続は本案のそれとして本格的なものであった。つまり本格的な陪審と本格的な弁論が用意された。

　後代 bonae fidei iudicia とやや講学的に総称される訴訟手続の本来の形、紀元前 2 世紀における諸形態、においては、多分に仲裁的政治的な性質ゆえに、以上のような民事訴訟の厳格な原則は緩和される。例えば infamia のような効果、原状回復命令のごときもの、賠償額の認定のための別途の審級（大型の審判人団 recuperatores）、等々はそうでなければ考えられない。あるいは dare facere oportere という判断形式自体そうである。それでもしかし、praetor の管轄に収まるかどうかとは別に、案件は占有モデルに極力包摂された。原告被告の役割の厳格な区分はもちろん、（ここでは実質的に構成される）陪審に求められるのは決して自由な政治的判断ではなく、型にはまった形式の問題に対してイエスかノーで答えることであった。委任のためには仲裁（arbitrium）が用意されていたことが明らかであるが、しかしこの仲裁はむしろ本当の仲裁（例えばギリシャの国際紛争処理仲裁）というよりははるかに民事訴訟を模したものであったろう。

　学説にとって 19 世紀以来ネックとなってきたのは、法律訴訟（legis actio（第 2 章で説明した十二表法由来の民事訴訟））がいわゆる方式書訴訟に移行するということと、市民法に対して法務官法（ius honorarium, ius praetorium）

---

17）発達した内容の民事訴訟のテクニカルな面に関しては、Kaser, *Zivilprozessrecht* が参照に値するが、共和末に一瞬花開く手続的活況に関しては、A. H. J. Greenidge, *The Legal Procedure of Cicero's Time*, 1901 も有用である。テクニカルなことよりも手続の実質から見る。イギリスでの関心が政治システムそのものにあることに由来する健全さである。Cicero の法廷弁論の Loeb シリーズの対訳本解説さえなかなかの場合がある。

第4章　所有権概念の登場とその帰結　　155

が横付けされるということと、そして最後に bonae fidei iudicia の登場、この三つの転換の内容と相互連関、あるいはどれが決定的か、である。幻の lex
Aebutia の実在性、内容、も議論の的である。

　第一に、儀礼が大幅に言語（verba）に置き換えられ、ここに多くの抗弁が付着していった、その過程は相当に早く、紀元前3世紀の前半から進行していたと考えられる。その段階で praetor の創造は既に決定的であり、少なくとも占有訴訟は独立していき、占有に関連してさまざまな命令が発給されていた。さらに praetor peregrinus の活動があり、そしてまた bonorum
possessio や missio in bona といった領分において praetor の決定は不可欠である。これらが bona fides の圏内に属することは言うまでもない。

　しかしながら第二に、これらが何か統一的なジャンルであると観念される必然性は全く存しない。むしろ審級の多元性に特徴づけられており、反対にそれらを統括する審級は存在しない。

　したがって第三に、発達した段階の民事訴訟を方式書訴訟の名で一括りにする観念に何らか根拠があるとするならば、別途それを探らなければならない。その際 praetor の役割や bona fides との関係は全く自明ではない。

　重要な画期はローマ市民相互の関係に bona fides が適用されるようになったところで訪れたとする学説[18]は、上記の3点相互の連関を具体的に示そうという関心に基づく。しかしながら、bona fides の圏内にローマ市民が深く関わることは、論理的には、何ら伝来の民事訴訟を変えることに繋がらない。いわゆる negotiatores として同盟諸都市の市民はますますローマ市民権を獲得しつつ地中海をまたにかけ、出身都市を離脱していく。この階層の者たちは bonae fidei iudicia をそのまま使い続けたことであろう。双方がローマ市民であれば必ず旧来の訴訟をしなければならない、ということはない。むしろ、問題が領域に関わったときにそうである。

　以上の諸点を考慮するとき、むしろ領域の側に bona fides が進出すれば、そのとき初めて、「民事訴訟は新しい原理を欲するようになる」という予測

---

18) F. Serrao, *La "iurisdictio" del pretore peregrino*, 1954

が立つ。それはまさに所有権が形成されていく段階である。このとき、単一のpraetorのもとに、領域の問題とbona fidesの問題が複合的に織り成す一個の案件が持ち込まれる。既に述べたように、相続の問題は優れてbona fidesの階層の問題になっている。遺言の解釈においても、相続財産のメカニズムの点でも。かくして相続については大型陪審を特徴とするcentumviri[ケントゥムウィリー]の裁判所が管轄を用意している[19]。しかし今、相続は、領域の占有をめぐる裁判において先決問題を構成する。逆に相続財産の占有の問題を独自に解決しようとするならば、領域における実力の問題を他方で処理しておかなければならない[20]。おそらく最初は属州で、praetorが言わば総合管轄を提供し始めたと思われる。少なくとも、大法学者クイントゥス・ムーキウヌ・スカェウォラ（Quintus Mucius Scaevola）のアシア（今のトルコ沿岸のギリシャ都市域）での事蹟（紀元前94年）は、praetorとしてそのような総合管轄を設けたばかりか、繊細な弁別 partitio et divisio[パルティーティオーエトゥディーウィーシオー]をもってしたことを示唆している。そこには、ローマ市民たる商人が、非ローマ市民たる人々の具体的な領域問題に複雑に絡まる状況がある。基本ツールは占有の一本である。類推に次ぐ類推。精確に類型化する精緻な概念構成が要求されざるをえない[21]。この類型はメニューになって結実するであろう。積極的にさまざまなタイプのbonae fidei iudiciaを吸収するであろう。しかし伝統的な占有訴訟を拡張適用することも辞さないであろう。何も属州起源、つまりいわゆるedictum[エーディクトゥム] provinciale[プローウィンキアーレ]や属州法などを強調する必要はない。praetorがローマに居たとしても同じことである。世界中から人々が集まりつつある。ローマ中央に同盟諸都市民相互のbona fidesに基づく銀行のブティックが存在する。このことはキケローの法廷弁論ウェッレース弾劾が詳細に描くpraetorウェッレー

---

19) Cf. J. M. Kelly, *Studies in the Civil Judicature of the Roman Republic*, 1976, p. 1ff.

20) Cf. Cic. De orat. I, 173

21) 共和末に現れる束の間の政治システムの本格的な多元性こそは、今日でも学説に「ローマにもデモクラシーの可能性があったか」と本気で考えさせるし、他方法学に目を転ずれば、Q. Mucius Scaevolaによるギリシャ風体系概念の導入をもたらした。F. Schultz, *History of Roman Legal Science*, 1946はこの問題を取り上げ、しかし結局学問化・科学化が挫折するという様を描いた。

第4章　所有権概念の登場とその帰結　　157

スの内外での事蹟が雄弁に物語るところである。基本的に同一の構造に対して活動が展開され、新式の訴訟が創り出されつつある。その典型が既に述べた actio quod metus causa であり、これはもう、問題からして領域上と bona fides 上の混合であった。

　方式（formula）による訴訟とは、手続の verba 化のことではなく、新しい総合管轄に対応する praetor のメニューの告示、edictum のコロラリーであったと考えられる。結果、訴権（actio）の意味が微妙に変化する。訴権は元来、占有が作り出す訴訟の条件と、同じく占有原理に拘束される訴訟の帰結、の双方が狭く決まってくることに基づく概念であった。しかしいまやむしろ当事者が edictum 上で選択するメニューをさしあたりは意味するようになる。これを特定しかつ儀礼的に確定公示しなければ始まらないのである。この制度が editio actionis と呼ばれる。すると、この部分が in iure 手続を大きく先取りし簒奪してしまうことになる。その限りで、in iure 手続の比重は下がり、本案手続が強く意識される。そちらへ手続が直行する傾向さえ見られるようになる。このことは民事訴訟の根幹を揺るがしかねない。この点が寄与したからばかりではないが、元首政期以降の法学テクストは実体法上の結論だけを卒然と述べ、手続の分化に無頓着になる。editio actionis はその最初の伏線となる。メニューさえ選べば実体判決が出てくるという粗野な民事訴訟観にとって editio actionis がなかなか重要であったのは十分に理解できる。

　実際、所有権をめぐって当事者が多面的な問題を同時に抱えるという状況の帰結として、さまざまな起源を持つとはいえ立体的に組み立てられたさまざまな iudicium つまり「裁判所」すなわち陪審構成がその分節隊形を（問題が所有権という坩堝に流れ込んだ以上）維持しえない、同一 iudicium 内で適宜切り替えるしかないということが存在した。方式書訴訟の成立はそのコロラリーであった。したがって2世紀の末か1世紀の初頭にまで確立時期は降りると考えざるをえない。否、確立となると、カエサル／アウグストゥス期のいわゆる "duae leges Iuliae" の時期にさえ降りると考えられる。つまり、praetor がさまざまな審級ないし陪審に送るのか、それとも単一の審級が性

質の違いを意識して事を処理するのか、の間にはやはり大きな違いが存在するからである。民事訴訟を考察する際の最重要事項は、何と言っても、政治システムの分節的構造であり、諸種裁判管轄の分肢とそれぞれの陪審の構成である。フランスで言うところの l'organisation judiciaire[22] である。共和末以降、政治システムの構築によって解決するよりも、手続はどうあれ、いかなる結論を出すかによって思考する傾向が急速に強まっていく。政治自体が崩壊したのであるから、当然ではある。

とはいえ、占有原則と民事訴訟の基本は直ちに曖昧にされたのではなかった。editio actionis は中世ローマ法学におけるのとは異なって直ちには重みを獲得せず、in iure 手続の輝きを担う新しい制度こそが民事訴訟の華となる。

## 4-8　争点決定 litis contestatio

（刑事手続に関してやがて述べるように）実は皮肉にも政治の崩壊期においてデモクラシーと見まごうばかりの華やかさで政治システムの分節が発達した[23]。そこに所有権という概念が棲息し始める。生前売買の買主を自称する者が占有も保持している。これに対して遺贈を主張する者は、売買契約の不存在か占有保持の（窃盗等）違法を主張するであろう。対するに買主は遺言の偽造を主張するであろう。後者は bona fides 圏内の事実である。占有保持の違法は、領域上の事実によって基礎づけられるであろう。そのなかに決定的な事実、例えば何年何月何日の実力行使が存在するかもしれない。もしその事実があれば、他を論ずるまでもなく受遺者の勝ちである。他方遺言に偽造があれば、たとえ売買契約の存在を証明できなくとも買主の勝ちである。このよ

---

22）Cf. P. F. Girard, *Histoire de l'organisation judiciaire des romains*, I, 1901

23）審級の多元性に対応して先決問題を切り出して決着をつける場合、大型の陪審の前での本格的な弁論が行われた。われわれが Cicero の民事弁論を有するのはこの一瞬の晴れ間のおかげである。Pro Roscio comoedo, Pro Quinctio, Pro Caecina 等いずれも決定的な史料である。賠償額の決定等々中間的な審級の大型陪審団はしばしば recuperatores と呼ばれた。元来は国際仲裁の審判人団である。Cf. B. Schmidlin, *Das Rekuperatorenverfahren*, 1966

第4章　所有権概念の登場とその帰結　　159

うにして焦点が定まるならば、その事実一点の存否をめぐって当事者たちが
誓約（sponsio）しあってその正しさを賭けて争い、これで問題のすべてを結
着させてしまう（sponsio praeiudicialis）ことが考えられる。この手続を先決
問題訴訟（praeiudicium）と呼んだ[24]。少なくとも共和末において praeiudi-
cium は花盛りであった。前提に、上述の「審級の多次元構築」が存在した
が、同時に、占有原則に端を発する思考、つまり「要するにどちらが正しい
か」と一括りに問題を捉えるのでなく決定的に重要なポイントを順次前提す
る思考、が徹底された。今日のいわゆる確認訴訟の原型はこの praeiudicium
であり、問題解決にとって決定的であるならば、たとえ或る日或る時或るこ
とを言った事実の確認というのでもよかったのである。

　以上は当事者が sponsio を使って自主的に審級を創造するがごとき動きで
あるが、そしてそれは in iure 手続のさらなる開花という側面を有するが、形
の上で in iure 手続を高度に精緻化させるのは、正反対のヴェクトルであっ
た。皮肉にも、in iure 手続を発達させるのは、praeiudicium の束の間の開花
後審級の多元性を失って逃げ場のなくなった問題を、praetor が一手に職権
的に引き受けなければならなくなったという先述の事情であった。民事訴訟
において決定的であるのは陪審に何を訊くかである。これを固めるために in
iure が存在する。ここを当事者は争う。editio actionis はこれを決定づけた
ように思われた。ところが陪審に訊くことを儀礼的に画定した結果たる文書
の文言、formula は editio actionis と相対的に別個であり、まさに in iure 手
続の終局において確定されるのである。praetor が（当事者間の応酬を受けて
であるが、しかし最後に）孤独に苦闘する姿であるが、ただし、praetor のこ
の対 editio（自己）反逆こそは「問題の層を繊細に識別する」という伝統の
最後の砦でもあった。明快大規模の l'organisation judiciaire を失ったことを
補う最後の試みでもあった。

　このように強いられるについては、或る致命的な事情が存在した。例えば、
組合資産に対する不法行為案件において、一方組合員 S1 に対して代物弁済

---

24) Cf. M. Lemosse, Les questions incidentes dans le procès romain classique, *RHD*, 66,
1988

がなされた。その前に訴訟を遂行した他方組合員 S2 は勝訴判決を受け取っていた。これが組合のためであるならば、S2 が判決履行の給付を受領した後 S1 が組合訴権（actio pro socio）により S2 に対して求償していく。逆に S1 は組合のために代物弁済を受け取ったのだろうか。そうだとすれば S2 は actio pro socio により S1 に対して請求しうる。否、そもそも代物弁済と訴訟はそれぞれの持分につき別個になされたのであろうか。あるいは既に組合は解体されており、それぞれ独自の占有についてなされたのか。それとも、代物弁済は組合のためになされた S2 への給付判決の履行であり、ただ求償を短絡させたにとどまるか。例えば S1S2 間後訴においてこれらの点が問題になったとして、どうしても前提になるのは、前訴の in iure で praetor が最後に行った確定である。陪審に賠償の当否を訊くのであるが、「ただし」それは組合のためなのか、個別持分のためのなのか、（組合と無関係に）個別占有のためなのか。さて、二つの次元が重畳しているからこそこの特定が不可欠となる点に着目する必要がある。所有権はそもそも構造上常に曖昧になりがちな二つの次元を抱えている。bona fides 上の関係と領域上の関係を。例えば、売買契約後そして引渡後、契約が無効であることが判明した場合、引き渡した農場の返還は、もとより bona fides 上の債務である。このために condictio も流用しうる。しかし他方、売主は所有権に基づいて返還を請求しうる。移ってしまった市民的占有は原因を欠くから、rei vindicatio の対象となる。この二つの手段は必ずしも同じことを意味しない。bona fides 上の関係であればそれに相応しく被告は bona fides を審査される（善意悪意を問われる）。果実に関する限り rei vindicatio の場合にも占有の善意が審査されるから、差異は大きくないとはいえ。しかし買主が素早く転売してしまったとき、どうなるか。確かに民事法の大原則からして訴権は当事者に関して相対的に機能するから、condictio に基づいて金銭を受け取った売主が今度は第三者を rei vindicatio で追求することもできそうである。しかしそれでよいか。転売がなくとも、契約法上の給付、例えば代金を受け取った買主は、これを返還せずに rei vindicatio を行使しうるであろうか。これに対して買主は bona fides 上の抗弁を提出しうるか。そして何よりも、何らかの形態で

第4章　所有権概念の登場とその帰結　　161

判決を受け取った当事者が別の形態の訴訟を再び起こせるだろうか。prae-
tor は、訴えの性質の決定に際してそれが消尽させる可能性の範囲について
も判断しなければならない。

　以上が「訴権の競合」という法学ジャンルを花開かせる典型的な事情であ
る。もちろん、in iure もまた当事者主義的に運用される。訴権の競合をめぐ
っても当事者は駆け引きする。しかしその結果 praetor は職権で決定を下す。
その結果初めて陪審に訊くことが確定される。これが争点決定（litis contes-
tatio）である。理論的には民事訴訟が生まれたときに既に litis contestatio
は生まれている。つまり前段の占有判断はまさに litis contestatio の原型で
ある。しかし今この litis contestatio が極めて精緻で技巧的な判断の対象と
なり、また実体を大きく左右するようになる。その限りで、litis contestatio
は所有権概念のコロラリーである。

　litis contestatio は陪審に訊く内容を示す書式を分節させる。何らか法的判
断を求めることを意味する intentio は直ちに判決の内容を決定しえない。例
えば bona fides に基づくならばその給付はなされるべきである、のかどうか
が訊かれたとして、そこに infamia をつけるのかどうか、何か原状回復等の
実体上の措置がとられるのかどうか、等々は、dolus malus の懲罰訴訟かど
うかという litis contestatio の結果にも左右される。かくして、もしイエスと
答えるならば出すべきである判決の内容が別途 formula の中で書かれる。こ
れが condemnatio である。そしてまた、請求の次元と認容が消尽させる範囲
を説明する demonstratio も intentio に付加される。これも litis contestatio
の結果を受ける。訴権に対する litis contestatio の消尽効である。先の例で、
bona fides 上の債権について判断を得ることになった場合、勝訴判決が得ら
れなかったので次に、では rei vindicatio で訴えようとしても、そもそも訴訟
要件を満たさないということになる。これは demonstratio の記載があって
初めて可能となる判断である。否、そもそも判決まで行かずとも、litis con-
testatio の時点で消尽効は生ずる。その後に和解してしまったとしても、li-
tis contestatio 以後であれば、その結果に拘束されるのである。占有判断の
先決性の系譜を引く思考である。

このようにして in iure 手続は輝きを取り戻すが、これは一個一個の審級において占有原則が確固たる地歩を保持しているからではなく、審級の選択を in iure 以前に行うことができず、審級の選択に相当する判断を in iure における実体的判断内部で行わなければならないからであった。こうして、praetorの任務は矛盾したものになる。一方で editio actionis のためにメニューを的確に示さなければならないが、他方でこれに拘束されずに実体を鋭く洞察して正しい litis contestatio に当事者を導かなければならない。少なくとも in iure における当事者相互の攻撃防御を深めてピンポイントの litis contestatioを行う訴訟指揮の力が要求される。ここからして、litis contestatio の結果は不断に、メニューを示す告示（edictum）からの創造的逸脱になる。つまり formula が定型の変型ヴァージョンとなる。そしてますます事案の細かいニュアンスに対応するものになる。これは既にローマで講学上 formula in factum concepta と呼ばれた。元来の典型は formula in ius concepta と呼ばれる。前者が定型にまで成長すると、これを actio utilis と呼んだ。代表的な例は、次章で述べる actio institoria である。契約当事者でない第三者に対して契約債務の履行を求めうるというのであるから、これが正規であるわけがない。同様の現象が抗弁（exceptio）について生ずる。抗弁の設定は in iure手続の専権であるが、しばしば edictum 自体、つまりメニュー自体に明示されるようになる。これが前書（praescriptio）である。さらに、praescriptio からは訴権が抜け出してくる。つまり抗弁に該当するかどうかだけを訊くように原告の側から請求し、それが容れられれば、その効果としていきなり給付さえ命じられる。いわゆる前書訴権（actio praescriptis verbis）である。

　所有権から発する構造的な要因は複数当事者の重畳である。典型は主債務者と保証人である。保証についても次章で述べるが、保証人が主債務者の有する抗弁をどこまで援用できるかが問題となる。いわゆる附従性の問題である。主債務者と同一の債務を保証人が負うということが自明でないことには、多くの場合、bona fides 上の債務を領域の側で、しばしば実質上物的にさえ、保証しているからである。極端な話、主債務者の bona fides 違反の最大の効果、infamia を保証人につけても仕方がない。ここは（たとえ代物弁済であろう

とも）一定の給付を引き出すことが目的である。同時履行の抗弁を主張させるかも大問題である。そもそも、契約はますます約款ないし特約（pactum）によって特徴づけられるようになっていく。両当事者が bona fides 上だけで決済する特約、不訴の特約（non petendo）を結ぶことがしばしばである。しかしここに保証が絡まったり、この債権を第三者が取得したり、あるいは第三者に訴えていく道（後述の actio de peculio 等）が認められたり、というとき、この pactum の効力はどうであろうか。また逆に質権設定に（後述の）流質の特約（lex commissoria）がついていたならば。こちらは逆に mancipatio の世界で結着をつけたく、bona fides の問題にはしたくないのである。一種の脱法行為であるから、法学者はこの特約（lex）に大変警戒的であったが、すると第三取得者に対してこの特約は効力を持たないであろう。いずれにせよ、これらすべての判断はひとえに praetor の裁量に懸かる。彼が condemnatio をどのように書くかであったり、intentio に exceptio を含めるかであったり、に左右されるのである。理論的には、actio utilis や formula in factum concepta の形成と同一の問題である。そしてこれらの問題群が生じること自体を所有権の独特の構造が深く決定づけているのである。

　以上が民事訴訟の動向であるが、そうであれば、非正規民事訴訟（cognitio extra ordinem）の跋扈も、かえって訴訟手続の実質に影響を与えないことになる。これは基本的に、元首の権威により職権的に紛争解決するものである。元首自身、あるいは元首の任命した官僚、が告訴のような形で訴えを受理し、自分で判決してしまう。陪審は構成されないし、手続の二段分節も消失する。むしろ（とりわけ元首自身に対する）上訴（appellatio）が分節を担う。もっとも、元首や担当政務官は顧問法学者たちを consilium の形で迎え、その助言を得て判決する。それでも、占有に端を発する法学的概念装置に拘泥せずに判決が出され、さまざまなことを職権で命じたり、取り消したり、法学的には疑問の余地のある交換関係に契約的な拘束力を認めたりする。陪審を構成しないことに典型的に見られるように、政治システムが崩壊したことによって l'organisation judiciaire が維持できなくなった、その帰結がこの cognitio extra ordinem であり、既にわれわれは法の外に居ると言

っても過言ではないが、しかし通常訴訟でも陪審の実質が再びゼロに近づくのであるから、この点に関する限り選ぶところがなかった。もちろん litis contestatio を厳密に行うかどうかは法学的にはなお大きな差異であるが、しかし litis contestatio の一点に依存し陪審の前でのトライアルに実質的な意味のない裁判というものは、やはり空洞化を免れなかった。

## 4-9　刑事訴訟の新展開

　所有権概念が定着する頃、既に示唆したように、ローマの政治システムは崩壊の道をたどる。この崩壊の帰結が所有権概念であるのか、所有権概念が崩壊を招いたのかは微妙な問題であるが、所有権の保障は少なくとも政治システムに新しい要素が加わらなければ可能ではないし、新しい要素は、どんなに取り繕っても、およそ政治の基本理念に反する面を有し、したがってもちろん政治溶解の原因である。現実には、既に所有権概念の揺籃期以来、領域での動きに危機感を強めたローマの政治システムがさまざまに反応し、反応する度に崩壊へと加速度的に突き進む、という経過が見られる。グラックス兄弟の改革が一気に引き金を引いたこの過程は、テロルの応酬とマリウス（Marius）の軍事組織、スッラ（Sulla）の復古的独裁体制、その帰結としての金魚鉢の中の束の間の平和、その帰結であった信用のバブル的膨張、他方における新しい政治システム構築の試みとその失敗、ポムペイウス（Pompeius）の融和的軍事力への依存、カエサル（Caesar）の妥協なき軍事力の勝利と実体なく膨らんだ信用の叩き潰しを経て、その失敗に学んだアウグストゥス（Augustus）のもたらした不安定均衡に至り、以後この不安定こそが安定的に永続し、なおかつ延々と続く退屈でおぞましい現実は、それでもなお時代ごとに悪化の一途をたどり、残骸すらも日に日に消えていく。その初期にはまだ興味深い怪しい政治的プロパガンダが展開され、政治システムの残存が粉飾される。しかしそれもなくなる頃にはただただ流動的な実力支配、テロルとクーデタの応酬のみが残るという事態に至る。厳密には元首政初期から、もはや「公法」の語をいかなるアナロジーによっても語ることができな

くなる現実が存在した。その関心から辛うじて興味を引く最後の体制はスッラのそれであろう。これとても虚偽であった。

　ローマの政治システムは、政治システムとしては、所有権概念の存在によって特徴づけられる領域の新しい事態に適合できなかった（政治なき体制を生み出すしかなかった）のである。もっとも、bona fides 概念が大変に創造的であった時代においても、この現実を取り込むことは意識的に避けられた。ただし、それはなかなか絶妙のことであった。人々は今日でもローマの政治体制は何故版図が拡大してもそのままであったのかと問う。何と安定的であったかと。逆に、そこにこそ狡知が潜んでいた。しかし今、所有権概念とともに、この狡知を放棄し、新しい現実に応答することとした。結局これは広大な空間に遍くローマ市民権を普及させることになる。その意味は、広く人々を政治に参加させるのと正反対に、bona fides 理念を支えた「国際的」な空間と同盟諸都市の解体であった。

　それでもその間、現実というよりは挫折したプランとして、グラックス兄弟以降、さまざまな新機軸が用意されたことも確かである。一瞬、ローマにもついにギリシャ的な意味における本格的なデモクラシーが到来したか、と目をこすりたくなるくらいである。護民官と民会の役割の増大はその一つであるが、ただしこれは政治の中心で都市の浮動的分子を動員するテロルまがいの手段と紙一重であった。これに対して、もう一つの顕著な傾向、すなわち刑事裁判の陪審の「民主化」は重要な概念を生み出していった。しかもその端緒は新しい構造を好意的に受け止めた積極的なものであった。つまりbona fides を支える同盟諸都市の（とりわけ財政的）破壊に対して訴追を行うというものであった。軍司令官としての性質を持つ属州の長官が戦利品掠奪の刃を内側に向けることを弾劾し、「外国」でありながら同盟諸都市を政治システムの生命線のなかに含めて概念するものであった。政治システムの単一性という、優れてローマ的な信条が執拗に同盟体制を崩そうとするのに抗する試みであった。

　同盟諸都市の側から「付帯私訴」により賠償請求もしえたため、「賠償請求（repetundae）の刑事裁判所」（quaestio repetundarum）と呼ばれるが、こ

れは立法により初めて「常設」される刑事裁判所となる[25]。つまりアド・ホックではなく予め陪審を設置して待ち受けるのである。それまでは刑事司法は訴追と訴追官をその都度政治的に決定することによって行われた。

　手続もまた一層の発展を見せる。弾劾主義は既に provocatio の制度によって本格的なものになっていたが、ここでもう一段の成熟が達成され、キケローの法廷弁論を媒体として近代初期・啓蒙期のヨーロッパに伝わり、成熟段階の諸概念のみならず弾劾主義そのものが学ばれ、われわれの刑事司法が野蛮を脱する、という因縁が生まれる。第一に、訴追者が被告人との間で八百長を仕組むことを防止するためにコンクールが行われる。予備手続（divinatio）において複数候補者が弁論で訴追権を争い、勝った者が公訴を担う者に指名される（nominis delatio）。第二に、陪審が元老院議員以外から広く採られる。同盟諸都市を基盤とする階層に陪審を委ねるつもりで騎士身分（equites）が陪審選出の母体となる。equites は、財産資格によって与えられる民会投票区分上の身分で、最上位の者たちであるが、実質（官職歴任者で政治的階層を意味する）senatores に対抗的な階層を意味するようになっている。ただし equites は 2 世紀末から同盟都市を捨てて広く事業を展開するローマ市民（negotiatores）によって構成されるようになり、皮肉なことに、属州長官と結託して同盟都市の犠牲の上に蓄財する分子を含むようになるから、被告人に有利であるというニュアンスさえ生まれた。

　第三に、こうした力が加わったこともあって、被告人の権利保障に関し、理論的にも最大限たる観念が発達する。つまり、弾劾のための論証対象が犯罪と訴因（crimen et causa）に分節し、これに応じて公判手続が更新される（ampliatio）。まず犯罪を概括的に論証し、陪審に有罪の心証が得られた場合にのみ次に進むことができるが、陪審は解散し、新たな陪審の前で犯罪と訴因の両方を一から論証しなければならない。訴因が複数に跨るときには、その度ごとに公判手続が更新されうる。Crimen, C＋causa1, C＋c1＋c2 のように。被告人にとっては二重三重に無罪が推定されていることになる。公判手

---

25) Cf. F. Pontenay de Fontette, *Leges repetundarum*, 1954

続の更新は当初職権で行いうるにすぎなかったが、結局は必要的とされる（comperendinatio コンペレンディナーティオー）。他方これに応じて、第四に、訴追側にも糾問（inquisitio インクイーシーティオー）に相応しい手段が与えられる。とりわけ広範な差押権限である。銀行の帳簿その他の書類を開示させるのに大きな武器となった。これは訴因から犯罪本体へと因果連鎖をたどりうるようにするためである。

　訴因概念の独立と浮上は、さしあたりは、犯罪の概念が分節したことに対応している。政治システムの骨格が害されたのであるが、その事実は単純でなく、いくつかの行為が並列的に連なって初めて一個のエフェクトをもたらした。時空に跨る別のセットもまた同じ法益侵害をもたらしたかもしれず、かつ責任は同じ主体に帰属するかもしれないとき、しかし訴追はセットを特定してなされなければならず、弁護はセット論証の鎖のうち一個の連結さえ切ればよい。つまり訴因を特定しなければ犯罪自体概念されないとされるに至ったのである。

　以上のことは政治システムの骨格が二重になったことのコロラリーであるが、偶然の符合で、所有権概念は或る種の二重構造の上に築かれているということを既に述べた。次節で述べるように、犯罪の概念は所有権に深く関わっていくが、この新しい犯罪概念のもとで、刑事裁判手続は、政治的にはやや皮肉なことに、「民主化」の時代に花開いた弾劾主義の帰結をすべて受容する。例えば、訴因を厳密に論証するのでない概括的な犯罪の立証は無効であるという弁護が高らかに行われる[26]。「やや皮肉」というのは、所有権概念に深く関わる犯罪概念は、「民主化」を全否定する動きのなかから登場するからである。

　そして、この皮肉は皮肉にとどまることができなかった。精緻化された弾劾主義手続の不思議な延命は、およそ政治システム自体の終焉とともに、跡

---

26）Cicero の Pro Roscio Amerino や Pro Cluentio 等の一連の鮮やかな刑事弁護であるが、これらは実質、dominus となっても都市の名望家たるにとどまってほしいと Cicero が考える人々のための弁論であり、政治的な色彩も濃い。しかし例えば、所有権の構造奥深くに毒を忍ばせ dominus を殺すのと、領域上の実力抗争のなかでたまたまミサイルが当ったその傷が原因で dominus が命を落とすのでは、犯罪の意味が全然違うのである。事実毒殺は別の法律により処罰される。

形もなくなる。たかだか、精緻になった糾問の概念が負の遺産を遺すのみである。provocatio のレヴェルの本格的な弾劾主義はおろか、共和初期に現れた単純な弾劾主義自体が消えてしまう。陰惨な歴史の始まりである。刑事裁判所の常設化だけが残るが、身体刑が復活し、さまざまな形の残虐な死刑が登場する。自由刑さえ現れ、遠島や強制労働が行われる。逮捕の帰結としての勾留と自由刑が連続的になり区別ができない、と嘆かれる始末である。告訴が刑事手続の開始を意味するようになる。密告が奨励される結果である。元首によって「私的に」任命された官僚が訴追を行う[27]。

## 4-10 犯罪の新しい概念

スッラの立法により初めて日常的な犯罪概念が登場したと今日説かれ、クンケルの指摘[28]に懸かるこの認識は極めて重要である。しかしそのことの意味は十分に明らかにされていない。結論を述べれば、政治システムの破壊を少なくとも直接の要件としないタイプの犯罪類型が初めて刑事司法の対象となったということであり、その理由は、体制の根幹が（政治システムの存立を離れて!?）所有権を支える構造それ自体である、と考えられ始めた点に求められる。実際、新しい犯罪の構成要件はすべてこの方向を示唆してくる。その意味で依然、犯罪の概念は一義的であると潜在的には考えられた。所有権の躯体が政治システムを支えるからこれの破壊が犯罪である、というのである。

所有権概念の登場は、不法行為法に典型的に見られるように、人間の行為に対する基本的な考え、例えば形而上学の基軸分野たる心身論を一層繊細なものに変える。そもそも政治システムに属するだけで主体は二元論のなかで捉えられた。典型的な表現は「故意なければ犯罪なし」であり、その裏側として、「故意だけあっても結果が発生しなければ犯罪ではない」ということ

---

27) 元首政期以降の刑事司法については、B. Santalucia, *Diritto e processo penale nell'antica Roma*, 1989, p. 91ff. がコムパクトな叙述を提供する。

28) これもまた、先述の W. Kunkel, *Kriminalverfahren* の功績である。

も確立された原則となった。占有概念の浸透もまたこの二元論を補強し一層精緻にする。主体自体が心身二元的に捉えられ、複合的に客体と関係する。身体が主体の一部としてかけがえのないものになる（三元構成）。さて、所有権概念の確立に伴って占有概念が複合的になれば当然に、客体自体が複合的に捉えられる。結果としての「犯罪の事実」自体複合的に概念される。また、故意の概念も、意思と故意に分節する。行為指令の頂点がそもそも自由である（他から条件づけられていない）ことと、行為指令が正しい連鎖によって実現されたものであること（結果が欲せられたこと）は区別される。前者が意思ないし責任の問題であり、後者が故意の問題である。

　こうして犯罪概念の古典的な形姿が現れてくる。つまり意思が必要で、故意は連鎖的な事象に要件としてかぶさり、過失は刑事責任を基礎づけず、故意とは切り離されて行為自体（factum）が占有を基準に判定され（違法性）、しかしそれでは足りずにこれと分節的な結果（effectus）が要求される。

　このことを典型的に示すのが、スッラの立法（lex Cornelia de sicariis et veneficiis）に基づく新しい殺人の概念である。そこでは刺客を使った殺害（sicaria）と毒殺（veneficia）が典型として規定される。つまり間接的な手段を使った殺人である。因果連鎖は長く延び、仕組んだとしても果たして結果は見てのお楽しみ。そこで人が殺されたらしいとしても、果たしてどの仕掛けが功を奏してのことであったのか。訴追の線は訴因を特定したうえで長い道のりとなる。弁護はその一箇所を断ち切ればよい。

　反面、初めて未遂が罰せられる。この場合も行為自体（着手）はなければならない。計画だけでは駄目であるが、しかしもう一つその行為には目的が要求される。同じことをしてもその目的によるのでない限り犯罪ではない。しかしこの判定は微妙であり、政治システムが崩れれば、目的は故意にすり替わり、挙げ句の果てには故意自体が、あるいはまたその前に謀議が、罰せられるであろう（元首政期以後の逸脱）。

　スッラの立法を鼓吹する基本思想をよく物語るのが、lex Cornelia de iniuriis である。これは傷害罪を定めるのであるが、同時に住居侵入を罰する。そもそも傷害は不法行為の原型たる位置にあり、到底犯罪とはなりえな

かった（犯罪不法行為排他性原則）。何故それが今罰せられることになったか。その謎を解く鍵を住居侵入の方が握っている。決して破壊してはならぬ主体、その中枢自体が、今分節した。所有権者と、所有権を支える構造のセンターと、に。農場には villa がある。ここの破壊は社会の基本繊維の破壊であるというのである。そうであれば、住居以上に彼の手足は重要であろう。そして手足となって構造を束ねるエイジェントも。殺人罪は今や人一般（homines）を対象とする。これは元来奴隷を意味する語である。少なくとも従属的人員を指す。かつて犯罪は政治的頂点の破壊であった。ただの市民も頂点となった。その頂点は手足や villa に分節した。反射的に、不法行為の対象は分節的延長を持つ中枢のさらに外側へと押し出された。つまり homines の手足以遠である。

　スッラにはもう一つ偽造罪の制定（lex Cornelia de falsis）が帰せしめられる。それは文書偽造（遺言の偽造 testamentaria）と通貨偽造（nummaria）を包含する。そもそも公文書偽造・変造・破壊は政治的犯罪である。包括的な犯罪概念に属する。公共施設の破壊と同列である。確かにギリシャ・ローマの政治世界は口頭言語の世界で、文書と書記は徹底的に蔑まれる。しかしデモクラシーはそれでも文書による決定の公開を余儀なくされる。また、既に見たように、半公共的な役割を有する帳簿も、bona fides を支える構造のなかで決定的な役割を果たしつつある。遺言もまたこの構造のなかで機能する。かくして文書偽造も犯罪とされるに至るが、さしあたりこれは各同盟都市の問題であり、属州総督による変造等は、一個の訴因としてローマの政治システム破壊の一アイテムとなり初めて問題とされるにすぎない。さて、それが何故今単独でローマの常設刑事裁判所を得るに至るのか。これも所有権者（dominus）の関心である。遺言（testamentum）も、複合体したがってその中枢の存続を担う一元的意思を体現している。死者は彼方にあるからかえって都合がよい。誰も抗しえない。生きている dominus もまたエイジェントを通じて指令を出す。これらの文書は、まさに文書の特徴として、「山を越える」ことができる。山の向こうの見えないところからやってきて、しかも頭越しにメッセージを伝える。この頭越し機能をインターセプトされたならば

どうか。所有権にとっては致命的である。かくしてスッラの立法は、少なくとも後の解釈に対して、有形偽造の道を拓くものであった。それは bona fides の構造のなかの文書の信用を保護する無形偽造の考え方の対極に立つ。

　通貨偽造は国家大権に関わるから犯罪であって当然である、という考えは全く通用しない。そもそも計量貨幣の場合、計量する以上偽造はありえない。金貨や銀貨に何かを混ぜればその分価値が減ずるのみである。そもそも bona fides の構造のなかでは、金銭は主として帳簿の上に存する。すると、通貨偽造が問題となるのは、金銭が bona fides の構造外で、つまり現物信用のなかで再び作動し始めた場合である。強大な軍事組織が退役兵を入植させるとき、まさに鋳造貨幣を大量に供給した。巨大軍事組織の首領は、自分が発行した鋳造貨幣をどのように偽ろうとも自由である。その価値でしかそれは通用していかない。しかし彼が発行した貨幣を誰かが（軍団退役兵士の手に渡る前に）インターセプトして変造した（5枚から10枚を作った）ならばどうであろうか。通貨の価値は下がるが、それはそれだけのことであるとして、しかしこのインターセプトの場面で副次的権力が生ずる。再分配の結び目があってはならないところに生じたのである。首領の「頭越しの」「山越えの」伝達力が害された。通貨偽造罪の構成要件の書き方は、まさにこのような思想を伝えてくる。それは文書偽造のロジックと同じである。

　公金横領罪（peculatus ペクーラートゥス）にもまた同じロジックが見られる。共和的な財政原理について述べたところに従えば、「占有があってはならないところに占有＝果実連関を生ぜしめること、団体が占有を保持する形になること」は王の権力を樹立することであるから、直ちに政治システムの破壊に該当した。共和体制転覆罪たる perduellio ペルドゥエッリオー の一訴因であった。したがってあらためて立法されるまでもなく罰せられてきたのであるが、lex Iulia レークスユーリア なるものが伝わり、peculatus について規定され、peculatus が常設の刑事裁判所を得たという。カエサルもアウグストゥスもユーリウス（Iulius）氏に属するから、カエサルの手になるのかアウグストゥスの手になるのか決着しないが、初めて何か国庫を所有権者とする金銭として「公金」（pecunia publica ペクーニア　プーブリカ）が概念され、これを委ねられた者が流用することが peculatus と捉えられる。アウグストゥ

ス期の法学者ラベオー（Labeo）が皮肉って言うには、これでは窃盗と区別がつかない。相手方の占有を前提として、自分に占有を違法に移転することが犯罪とされているからである。するとメルクマールは公金だけになり、同じことが公金に対しては犯罪に、私人の金銭に対しては単なる不法行為どまりになる。しかしどの状態までが公金と言えるのかは微妙な問題であるから、非常な混乱をもたらす。以上のことは、財政の基本原理が変化し、所有権者に割りつける形で負担が発生し、その最大のものが元首の家産なのであり、そこからの支出が目的に到達するかどうかだけを問題とし始めた、ことに対応している。

　占有概念の変化を説明する際に述べたように、上が或る形態の軍事化を行って外に向けても違法ではないのに、下が同じ形を作ってその上の者に立ち向かえば違法になる、という非対称性が生まれた。何が違法な実力かが一義的に決定されたかつてとは大いに違った。そもそも、同盟都市を束ねて対外戦争を繰り返したローマが、スッラの手を通じて初めて、その同盟都市破壊に抵抗して連携した同盟都市連合の軍事化を反逆として弾圧したのであった。初めて軍事力が内側に向けて発せられたとも言うことができる。使った軍事力は弾圧された軍事力と同じものであった。ここから、上下の方向を示す概念（maiestas）が生まれる[29]。比較級 maius の抽象名詞化である。ここから発生する犯罪概念が反逆罪（crimen maiestatis）である。次第に元首に対するクーデタの謀議に嫌疑が向けられるときの基礎概念となる。形態でなく目的で処罰される以上、目的は内心に潜むから、意図をさえ罰しうるようになる。意図は確証できないから、猜疑心や疑心暗鬼がそのまま人々に死をもたらす。

　所有権の束たる家産に負担を割りつけることが体制の生命であるから、そうした単位の維持に躍起になるのは当然であり、他方家産はジェネアロジーに条件づけられるから、とりわけ女子、それもあらぬ方向の女子、またそれを通じてあらぬ方向の男子、に家産が移転しないよう、さまざまな「家族

---

29) Cf. J. Gaudemet, Maiestas populi romani, *St. Arangio-Ruiz*, 1964

法」的命令が出される。プロパガンダが体制の主要な手段となったこともあって、「イデオロギー」をそのまま刑事罰に結びつけるようなことも行われる。典型は姦通罪の処罰である。他方、社会全体の軍事化はかえって収まるところを知らず、いまや有効な軍事化阻止のデヴァイスを失って取り締まるしかないから、実力形成そのものが罰せられる。そのときにしかし流石に、所有権レヴェルの占有を脅かす次元のものと、体制転覆の恐れのある軍事化とが区別される。前者が vis privata、後者が vis publica と呼ばれた。かつてそれぞれ占有訴訟と政治システムで対処していた問題である。

# 第5章　　所有権に基づく信用の諸形態

## 5-0

　そもそも本書は、「ローマ法」の名で受け継がれてきた独特の言説（「大陸法」系の民事法の言説）の歴史的意義を考察するものでもあるが、最後に、そうした言説のなかで最もテクニカルな部分の（内部に分け入る余裕は到底ないが）入口だけ一瞥し位置だけ確認しておくこととする。所有権概念の機能を支える構造は、さまざまなタイプの信用を生み出す。これをめぐって元首政下季節はずれの「最盛期」を迎えた法学がミニチュア細工の精巧さを開花させた。成功したかどうかは定かでないが、「ローマ法の遺産」のなかで最も奥深い部分を形成する。

## 5-1　locatio conductio
（ロカーティオー　コンドゥクティオー）

　locatio の基本観念、そして bona fides の構造のなかでの自由人労働の問題、（ロカーティオー）（ボナ　フィデース）については既に述べた。「conductor が対価を払って果実を取る、がしかし（コンドゥクトル）locator が占有を留保する」という類型は、土地の上にも発展し、決してこ（ロカートル）れは諸成契約ではないが、都市から領域への資金投下のために行われた、ということも述べた。実は、所有権を支える構造体の最下部をなす colonus に（コローヌス）ついても locatio の語は用いられた（「一片の土地を colonus に対して、耕作させるべく、locare する（賃貸する？　請け負わせる？）」という文言になる）。（ロカーレ）

これに対して、所有権概念の作動を前提として全く新しい locatio conductio が領域の上に登場する。これは諾成契約とされ、したがって bona fides の関係であり、そしてこの類型がわれわれの「賃貸借」の祖型であり、近世に locatio rei（物の locatio）という類型概念を生むことになる。

　所有権の基体は元来二重構造を持っており、他方、locatio conductio は二重構造創出のために用いるものであること、既に述べたとおりである[1]。しかし今、所有権の二重構造の上部にのみ働きかけ、ここに固有の二重構造を創る、言わば三重構造を創る、ために locatio conductio が用いられるようになる。所有権者の持つ市民的占有を基礎としてここに locatio conductio を設定するのである。二重構造の下部が安定していれば、果実は着実に上がってくる。直属のマネージャーたる procurator に経営を任せるのも一つのやり方であるが、いっそ、この部分に locatio conductio を使うと、対価を取って果実を取らせるのであるから、locator たる所有権者にとって費用を先にかつ安定的に回収することになる。リスクは conductor たる経営受託者が負う。この者は、リスクの見返りに努力すれば大きな収益を上げうるというインセンティヴを有する。これが locatio rei であり、それは所有権の構造を前提しており、それが存在しない単純な占有については成り立たない。

　この関係は完全に bona fides に基づく。なぜならば、互いに領域の上の占有を動かしえない。locator たる所有権者が下部の構造を破壊し更地にして何か怪しい構造物を構築しようとすれば、長期の良好な収益を阻害する限りで conductor に対する重大な信義則違反となる。逆に、conductor が短期に収益を上げるため躯体を摩耗させれば、locator の占有を致命的に侵害することになる。こうして粗野な人的集団に物を言わせて占有内の経営を行うことは許されなくなる。占有内の、ひいては領域の上の、実力の要素は減殺される。このように所有権が諾成契約によって媒介されることには大きなメリ

---

1）しかし或る意味では不思議なことに、所有権躯体の二重構造に端的に対応する locatio はなされなかった。都市住居の単純な賃貸借としての locatio は、諾成契約および所有権構造のすり減った形と見ることもできるが、正統的なものではない。所有権者の市民的占有のろくろっ首効果を確保するために大っぴらに locatio とせず、むしろ以下で述べる正規の locatio rei が所有権の梁を間接的に支持する仕組になっていたと思われる。

ットがある。going concern value の保全である。反射的に、colonus つまり
テナントの地位は相対的に安泰となる。少なくとも理由なく実力で追い立て
られることがなくなる。locator/conductor 間の結託が bona fides により排除
されるということのもたらす恩恵でもある。以上のように、locatio rei は基
本的にサブリースのことである。裏から言えば、bona fides を支える構造が
脆弱であるときには、リスクを負わされた方が悲鳴を上げたり、大きなチャ
ンスを逃した方が分け前を寄越せと要求したり、泥仕合が展開される。

　ローマでは考古史料[2]からも locatio horrei、つまり倉庫のスペースにつ
いてのサブリースが知られる。寄託が絡むために重畳する二つの契約の法的
性質が複雑であり、法学者を悩ませた。現在のローマ法学者をも悩ませる[3]。
もちろん二つ目は寄託であり、locatio でない。

　conductor にはいかなる占有も認められない。否、彼は全く占有取得に関
心を有しない。そこには諾成契約しかない。「ローマ法では賃借人に占有は
ない」というときには元来このことであるから注意を要する。反対に単純な
占有について諾成契約でない locatio という形式が用いられたとき、占有が
クルーシャルな問題になる。これらの点の混同・混乱が近代に大きな悲劇を
招いた。そして今なおアクチュアルな問題である。さらにまた、「売買は賃
貸借を破る」は二つの諾成契約の間の関係である。買主が別の諾成契約に拘
束されるいわれはない。自分が新たなマネージャーを選びうる。

　以上のように locatio conductio は信用創出に関わる。所有権者たる locator
は基盤の占有を提供し、conductor は運転資金と経営ノウハウを提供し、互
いに信用を与え合っている。

## 5-2　質権

ローマでは担保権の設定は嫌われた。包括執行が原則であるから当然であ

---

2 ）*FIRA*, 2ed.（Arangio-Ruiz）, 1969, Nr. 145
3 ）Cf. F. Wubbe, Zur Haftung des Horrearius, *SZ*, 76, 1959;C. A. Cannata, Su alcuni prob-
　lemi relativi alla "locatio horrei" nel diritto romano, *SDHI*, 30, 1964

る。プラウトゥスの喜劇（*Captivi* 『捕虜』）においては、質（pignus）の観念
が痛烈に批判される。債権者平等に基づく透明な合議体の観念が執行という
ジャンルの基礎に座って動かない。これに対して、所有権は再度担保権の考
え方に出番を与える。

　一方でまさに locatio のようなトゥールを使って土地の上に有効に投資しう
るようになる。locatio は資金を保持する所有権者が構造を創り出した後、
この投資を早期に回収するものであった。ならば他方で、資金を借り入れる
必要もしばしば生じたはずである。この信用は短期ではありえない。なぜな
らば領域から現実に果実が上がってくることにより継続的に回収される以外
にないからである。locatio（サブリース）はオーナーにとって確かに返済し
やすくするであろう。それでも回収は長期にわたる。すると当然信用供与者
は、取引の回転、資金の流通ではなく、所有権の基礎をなす構造の収益を予
想して貸し付けることになる。まさに消費貸借（mutuum）の復活である。

　消費貸借が復活したとしても、包括執行と債権者平等はローマの場合動か
ないはずであった。債権者の介入に対する占有概念の障壁は包括執行手続に
より強化されていた。bona fides を俟つまでもなかったのである。しかし一
方で所有権はアド・ホックな領域上の占有の収益性を考慮する制度であり、
資産全体や債務超過などに関心を有するわけではない。他方で、個別の債権
者に対して個別の単位が責任財産となる事態も、所有権の構造が健在である
ならば、それほど危険ではない。債権者は、もし本気で債権を回収しようと
いうのならば、どのみち収益性の高い下部構造を破壊しないであろう。領域
の上の占有が実力により崩壊する怖れは相対的に低い。もっとも、この怖れ
を払拭するための制度的な手当がなされる場合にのみそのように言える。そ
こで、個別の市民的占有に質権設定を認めるとしてもなお、質権者（pignerator）
は市民的占有をまさに市民的占有として尊重し、その市民的占有を売却して
得られた収益について優先弁済受領権を保持するにすぎない、ということが
確立されなければならない。流質禁止が絶対の原則となる。ただし、bono-
rum possessio のような政治制度の裏打ちはない。現在ならば実体法の強行
規定で特約（流質約款 lex commissoria）を無効にするのみであるが、ちょう

第5章　所有権に基づく信用の諸形態　179

どそのように、ローマでは法学者が譲渡担保的実務に対して「意見」ないし「鑑定」を以て戦ったのみである。かつ彼らにとっても、ついに、当該所有権をめぐる信用が破綻したときに（言わば当該所有権が「債務超過」に陥ったときに）それだけで（債務超過前に）債権者は執行に及びえた。その意味で個別執行が現れる。最小限包括性は維持され、他のすべての債権者が劣後して手続に参加しえた、はずではあるが（これを担保する政治システムは存在しない）。質権の浮上は、言わば資産単位が個別所有権になり、政治システムに幅広く媒介された政治的階層の資産総体の収益力・組織力でなくなったことを意味する。

　interdictum Salvianum によって「質権者の占有」を保護するのは以上の趣旨であり、以上の限りである[4)]。質権者に対して占有防御を認めるのであるが、質権者に市民的占有を認めるのではなく、所有権基体の崩壊、とりわけ（他の）債権者たち自身による侵食に対して、防御する権能を与えるものである。言わば管理占有の付与である[5)]。かくして actio Serviana もまた、

---

4）ドイツの学説は一時期以来（裁判を経ずに執行して対象物を自分のものとしうる）Faustpfand（実力質）が長く原型であったと考え、交換価値に着目する非占有質が現れると非占有を補うべくこのinterdictumが登場したとする。フランスの学説は、裁判抜きの執行を否定し、非占有質も早い時期に確立したとする。本書はフランスの学説よりさらに徹底的に、非占有質自体遅く登場し、かつその間質権自体が否定された（pignoris capio は徴税等特殊な脈絡でしか使われなかった）と考え、かつ何故質権が登場しかつ占有を付与されるのか、その理由を明らかにする。

5）ローマの質権者は占有を有するのではなかったか？　だからこそわれわれの民法典において質権設定に引渡が要件とされているではないか？　この「質権者の占有」は古くからローマ法学者を悩ませた。サヴィニーが「派生的占有」の語によって本質を看破するまでは。質権者は所有権者の市民的占有を決して保持しえない。それが証拠にどこまで行っても時効取得できない。しかし単純な占有は認められないし、その権能は possessio naturalis とも異なる。結局市民的占有を言わば代行する点が骨子であり、ここからサヴィニーの命名となる。質権者 pignerator は、信用を供与した後、正確な位置に立たせなければ基体に介入しないとも限らない。擬制的な引渡行為を課し、そして果実をさえ質権者に提供し、債務弁済に充当させ、市民的占有のレヴェルに立つことを儀礼的に示す、のはかえって介入を許さないためである。質権は合意で設定され、そして bona fides を要件とする。かつ引渡は対抗要件である。所有権の移転を意識的に模する。質権者による管理占有類似の権能の行使は優れて公的なものであり、質権者の占有の公示機能（bona fides 代替機能）と連動している。

erga omnes の取り戻しであり、言わば破産管財人の否認権行使である。ただ
しこれが interdictum でなく actio になった、言うならば実体法ないし本権
レヴェルに移行した。このこと自体重大な逸脱である。

　このように、おそらく所有権登場とともに質権を認知しつつ補完する制度
が構築され、そこでも「質権者は債権者であって、したがって占有者でな
い」という原則はなお固執されたが、それでも、法学者が流質約款（lex
commissoria）と戦わなければならなかったばかりか、法学者の形勢不利、
悪戦苦闘が遺されたテクストから偲ばれる。対象物の領域上の占有を把捉し
たい、その可能性と引き換えにのみ信用を与えたい、という関心の所産であ
る。そもそも非常に早くから、つまり法学者たちが質権制度を上述の方向に
導く以前の段階から（紀元前1世紀から）、売買を擬装した融資が多発したこ
とが知られる。どの債権者も整然と競売手続に従うということは、集団内外
において十分な信頼関係が樹立されて初めて可能である。元来は bona fides
を諸都市の政治システムが裏打ちすることによって、この信頼は担保されて
いた。しかしもし今領域の上に降り立ったと称される bona fides に懐疑的な
者があれば、売り渡し担保や譲渡担保に類した形態が生まれるのは自明であ
る。これは占有原則が最も嫌う病的な現象であるが、fiducia がこのために使
われるようになったことは十分によく知られる。このほかに、mancipatio を
さえこのために使う。つまり債権者に mancipatio をしておき、たとえ売買
は存在しなくとも、担保だけは独立に存在するようにするのである[6]。

　質権制度には別の発展方向が存在した。資産（bona）の上に pignus を設

---

6）こうした形態が執拗に存続し続けたであろうことは十分に推測できる。その背景の一つ
　にギリシャ世界においては元来占有原則が存在しないということが存する（このようなジ
　ャンルの問題についての古典的な研究として、cf. L. Mitteis, *Reichsrecht und Volksrecht
　in den östlichen Provinzen des römischen Kaiserreichs: mit Beiträgen zur Kenntnis des
　griechischen Rechts und der spätrömischen Rechtsentwicklung*, 1891）。ローマでは当然、
　質権者は質の原理を働かせること（つまり留置的な作用を働かせるということ）を禁じら
　れた。したがって債務者に占有は留保される。まるで抵当権ではないか？　そのとおり、
　われわれの抵当権に近い。ところが「抵当権」hypothecae は語からしてギリシャ語であ
　り、実はこちらの方が占有を債権者に渡すタイプである。ただし何らかの公示装置を前提
　とし、この点が近代の抵当権を連想させるが、しかし自力で執行しえた。

定する道である。例えば、「全資産質」(pignus omnium bonorum) であり、資産の総体を担保にとる形態である。これは、資産の全体をマネージさせる procurator omnium bonorum という制度とパラレルである。ともに、一方で資産を資産として解体しないまま動かすという関心に基づくが、他方でその上に包括的一体的一元的なコントロールを確立しようとするものでもあり、資産の実体がいまや所有権であることを反映してもいる。つまり両義的である。しかしともかく、質権者はここでは自動的に実質 bonorum possessor つまり「管理占有者」のようになる。

## 5-3 債権信用

既に述べたように、bona fides の構造において信用は極めて活発に回転していた。しかしそれは銀行という制度を介してであり、しかも無因的には運用されなかった。Aが銀行に有する消費寄託をBに付け替えることは頻繁に行われたが、これは決して債権の移転ではなかった。具体的な支払手段であった。Aが有する売買代金受領債権自体をBに譲渡するということはありえなかった。代金の支払は厳密に bona fides 関係（委任や銀行）のなかに存在した。

しかし今、この「代金支払」が切り離されてふらふらと領域の方へ浮き出る。所有権者が経営のために必要な取引において支払債務を抱えているとしよう。かつての bona fides の関係においては、商品の回転のなかで短期に決済されてしまう問題である。それらは銀行の帳簿の上で処理されていった。債権者は銀行の負担においてリスクを負わなかった。他方、領域上の取引を銀行が媒介することは避けられた。銀行が債権者ないし金貸し・高利貸しと変わらなくなるからであった。しかし今、所有権を支える躯体は長期の借り入れと日々の代金決済の両方を行う。もちろん、両者を区別し後者のみを銀行が媒介するということは目指されるだろう。しかし両者の区別を意識的に解消する点にこそ所有権概念のメリットがあった。長期資金を一時短期資金に回しておいて短期に回収されたもので長期資金の返済に充当する、等々。

これらのことは所有権の名において所有権者＝債務者の自由に属する。

　債権者＝売主の側は、継続的にアンフォラ（ワイン・オリーヴ油等のコンテナーたる大型の壺）供給を行ううちに、弁済されない（代金）債権が蓄積されれば、まずはこの債権を担保する包括的な質権を農場に設定する、そしてやがては農場自体を購入することによって弁済に換える。その農場のワインが魅力的であるならばこれを目指しさえするであろう。いっそ買ってしまえ、となる。このコンヴァージョンを所有権のみが可能にした。もちろん bona fides の取引空間こそが、アンフォラ取引が蓄積した膨大な支払債務の弁済を農場売買代金に変換しうる。しかし所有権概念の作動によって初めて農場の取引がワインの取引と同列になる。実は、債権や債務という一般概念を樹立しうるのはこのことのコロラリーである。それまでは、mancipatio の世界と bona fides の世界を通約する意味は全く存在しない。また個々の契約の連関を離れて債務が浮出することもありえない。

　上に想定した取引は既に興味深い法的素材を提供する。第一に bona fides 上の債務につき最後は農場の引渡によって弁済がなされる。代物弁済（datio in solutum）である。先述のコンヴァージョンのランドマークのような制度である。第二に、或る債務が別の債務に変換されている。更改（novatio）である。例えば多数の売掛代金債務が一本の消費貸借債務に転換されたうえで、これが代物弁済されるのである。第三に、和解（transactio）の要素が含まれる。これはそれまでの多くのことを解消して将来を設計する形成的な作用を果たす。その限りで政治システムの作用の派生であり、bona fides の作用の領域展開、そして反対に領域債務の bona fides 収容でもある。以上のように所有権という装置を背景に多種多様の債務につき創造的な形成を構想することができるようになった結果、大規模な総合的更改（acceptilatio）も行われるようになる。

　以上のことを前提にして、信用自体の取引は形態を変ずる。銀行の帳簿の上の勘定を移転させるだけではなくなる。いずれの性質の債務であろうと、もし債務者が遅滞に陥ったときに債権者が満足する別の方法は、他の資金提供者が代位弁済することである。このとき、それまでのさまざまな種類の債

務は一体としての金銭債務に変換されうる。何らかの引渡債務が遅滞に陥っているとき、替わって私がその現物を供給しましょうということはありえない。債権者に金銭が支払われて問題が解決されるのである。そうすると代位弁済と同時に必ず更改（novatio）が生ずることになる。引き継がれた債権は金銭債権に統合されることになる。このときの変換機もまた所有権であることは明らかである。そして債権という一般概念の必要も明らかである。それが金銭債権を意味するということも明らかである。さらには、このときにその債権が譲渡されているように見える。新しい債権者は債権を見て投資したのである。債務者の弁済能力は低いかもしれない。しかし見切りをつけた旧債権者は安くとも売り抜けてリスクを回避しようとしている。これをねらって新債権者が動くのである。以上のすべての操作はひっくるめて versura と呼ばれた。制度のエッセンスには先に述べた和解ないし小政治システムの作用が存する。複数当事者間の合意である。

　債権譲渡[7]に関するいわゆる有因主義に繋がる思考がここにあるとも言える。つまり旧債権者と新債権者の間の合意だけでは不可能で、少なくとも当事者全員が一つの bona fides の構造のなかに納まっていることが条件とされる。その限りでそれは政治的決定の性質を具有するから、「第三者に対抗しうる」のは当たり前である。そのかわり手続的要件は厳格である。今日で言うならば裁判所において民事再生をするということに該当する。証券化して無因化し転々流通させる方向とは正反対か。しかしもしその方向が望みであるならば、むしろ bona fides のレールの上を走ればよい。決して無因的には思考せず、否その対極でありながら、ローマの銀行はなお転々流通を実現した。短期に債権は回収された。ただし決して領域の不安定な債務を対象としなかった。とりわけ消費貸借を嫌った。このファイア・ウォールは迂遠に感じられようが、今日これを持たずにわれわれはいかに痛い目に遭っていることか。

---

　7）ローマ法は債権譲渡を知らない、あるいは嫌った、と言われる中身は、銀行が無因の支払手段移転を認めないということと、acceptilatio に典型が見られるような政治的合意を要するということ、の二つで、これらは（同一の思想ではあるが）別のことである。

この versura は信用を拡大させる働きを有する。少なくともそれを生き延びさせる。決済が猶予される。その間、所有権躯体においては going concern が維持される。結局信用とは先送り renvoi（相手にとっては待ち）であり、協働しながらなお互いの自由な活動をとことん尊重することである。土地を担保に取る信用はほとんど「不信用」である。信用の極は自由なコラボレーションである。bona fides 関係は典型である。versura のような形態もこれに準ずる。（acceptilatio など）人工的に bona fides 関係を当事者間に創り出す営みであるとさえ評価できる側面を有する。もっとも、信用を拡大させるとしても versura のような形態はハイブリッドである。一方で bona fides に依存するが、しかしそれだけでなく、債務者の背後に所有権が控えていることを当てにしている。諸々の債務を融合させるに際してももちろん所有権が暗に作用しているが、新債権者は、債務者の所有権＝経営体が（たとえ計算上今悲惨でも）長期には収益をもたらしうることに着目している。これを見て「買う」のである。そもそも実力による侵食を受けやすい体質が社会に存するとき、実力支配が不安定を意味するのに実力しかないとなり、領域上の生産を重く見る。所有権こそが魅力的に映る。すると、アンフォラ供給業者がワイン生産経営体をそもそも買い取ってしまう先の例のように、投資はここに集中し、末は投機になる。所有権目がけての投資を延命もしくは膨らませる効果を versura が持つ。つまり土地と債権が一緒に高騰する。ここに（穀物市場等に連動して銀行に蓄積された）短期信用から無媒介に資金が流れる仕組みがあればなおさらである。さらに都市の不動産や郊外の villa は（bona fides と dominium の）両性的であるから、ターゲットになる。ローマでは、紀元前 70 年代から 50 年代にかけてまさに異常な信用膨張が生じた[8]。その歴史学的分析は大変に興味深いが、この信用の大崩壊こそ、所有権というコンヴァーターがいくつかの障壁を融解させたために生じたアンバランスの帰結であった。

　或る投資をするために借り入れる、買い取るにせよ債権者になるにせよそ

---

8）Cf. M. Iohannatou, *Affaires d'argent dans la correspondence de Cicéron. L'aristocratie sénatoriale face à ses dettes*, 2006

の資金を得るために自ら債務者にもなる、ということはこの信用膨張空間において頻繁に見られた。これらの債権債務を銀行ではなく各自の帳簿につけて決済することさえした。この鎖のなかで、返済を迫られた債務者は自分の債務者からの弁済を急遽実現しなければならなくなる。決済が始まる。ここで versura をする手もある。つまり自分の債権を売って自分の債権者に対して弁済するのである。この場合信用の収縮は先送りされる。しかしそうではなく、このように網の目のようになった金銭債権のジャングルをたちまち切り裂く方法もあった。delegatio である。AがBに対して金銭債権を有し、BがCに対して同じく金銭債権を有するとき、遅滞に陥ったBがCへの取り立てと弁済充当をAに譲る、ということを意味する（delegatio solvendi causa）。BはCに対する債権によってAに対する債務の弁済に当てた、とも解しうる。債権を譲渡して弁済に充当した（「代物弁済」）とも理解できる。債権の段階にとどめ弁済ないし取り立てまでも含意しないのが delegatio credendi causa であり、逆に債権の段階を飛ばしていきなりCに対してAへの給付を要求するのが delegatio dandi causa であり、給付のところを（弁済効力を有する）支払約束で充当するのが delegatio promittendi causa である。共和末の実務においては（versura における一般原則と対照的に）事実上中に立つ者の一方的な行為によって delegatio が行われた。しかるに、結果として二つの債権がAのCに対する債権に一本化されるのであるから、delegatio は信用収縮を意味する。

　これを大規模かつ強制的に進めていくとき、結局すべては少数の現実的な執行に還元されてしまうであろう。これを断行して巨大な権力を手にした人物がカエサルである。大規模に借り入れると同時に、その資金で不良債権を大量に買い集め、巨大な、ほとんど一元的な、Bになるべく操作していく。そして自分の手元で瞬時に delegatio して見せた。（Cに対する）虚しい債権を抱えて途方に暮れる大量のA債権者が現れた。熱狂が醒めて暴落したCの土地を奪う以外この債権者たちに回収の手段は残されていない。しかもカエサルはこれを未回収債権のまま置くことを許さない。法定価格での強制的な代物弁済を立法によって行ったのである。惨めな残存債権の残存さえ許さな

かったのである。徹底した信用圧縮である。カエサルの成功の秘訣、その権力および政策の性質をよく例解する。

かくして、以上のすべてが安定的な制度に転じたという形跡は存在しない。delegatio でさえどうか。delegatio は作用として相殺と似た側面を有するが、その相殺（compensatio）は、少なくとも一般的な形では認められた形跡がない。第一に、銀行の勘定の上でのみ行われた形跡が存する。しかし、紀元前1世紀以降銀行が取り立てるようになるときに、取り立てられる側がプラスの勘定を差し引いた残りについてしてくれという抗弁を有した、というから、相殺は銀行勘定間で完結し、領域上の一般債務には及ばなかったと考えられる。第二に、（銀行外で）あったとしても必ず bona fides 上の訴訟においてであったと考えられる。つまり信用の公式の決済手続のなかだけで概念された。

## 5-4 condictio 周辺の新動向

condictio は stipulatio などの要式行為を単純に巻き戻すための訴権であった。さて、共和末にこの condictio が新しい役割を演じ始めることになる。明確な指標は、condictio certae pecuniae（確定額返還訴訟）という制度が取引社会で大きな役割を果たし始めるという事実である。このことが第一級の史料によって確かめられる。「確定額」は、一方で賠償などと違うということ、つまり評価の対象ではないことを示す。動いた金銭をそのまま戻すのでもなく、動いた現物をそのまま金銭評価してその分を戻すのでもない。一連の取引が生ぜしめたプラスマイナスをその限りで決済しようというのである。「その特定額の金銭が間違って給付された」と擬制するのである。所有権コンヴァーターの作用が感じられる。

condictio それ自体よりは一層今日の（19世紀ドイツ法学の所産であり、フランス法が依然知らない、総合統一的な）不当利得返還制度の原点たるに相応しいのがこの condictio certae pecuniae であるが、元首政期以後の法学は condictio certae rei（特定物返還訴訟）と対比する。後者は、独立の特定額金銭 certa pecunia がさらに独立の特定現物 certa res に化けることによっ

第5章　所有権に基づく信用の諸形態　　187

て生まれたと考えられる。農場の売買契約において、錯誤無効があったとし
よう。にもかかわらず既に引渡は（たぶん mancipatio を使って）行われたと
しよう。bona fides の原理によれば単純に逆向きの引渡を行うまでである。
争いがないとしても、この際皆の前で形式を整えるのがよい。伝統的 con-
dictio の守備範囲である。しかしいまや同時に買主はその間農場の設備に多
額の投資をしたかもしれない。領域上において農場は格段に価値を増したか
もしれない。総資産のプラスマイナスに拘泥しないのが紳士たる所以である。
しかし領域の占有に半分重心を残す所有権者はこのような事態を前に穏やか
でない。自分が投資した農場に執着する。ただ、売主とて同じである。互い
に金銭は支払うから現物を確保したいと言う。互いの持ち札（農場）の中か
らどれか見合う現物を移転して解決するしかない。

　また例えば condictio certae pecuniae は以下のような実例[9]において用い
られた。condictio の極めて曖昧な決済的和解的性質を示すので紹介しよう。
AとBが組合契約を結んで事業をしていたところ、組合資産の構成要素が損
害を受けた。それはさしあたり領域上の不法行為であったためもあり、当該
構成要素の現物出資者Aが損害賠償請求訴訟を担当したが、不調で、結局逆
にBの方が被告Cと単独で和解し、土地を代物弁済として受け取った。これ
が二束三文の土地であったことからAは不満であり、Bに対して求償せず、
またBも持ち分に対応する半額にしか相当しないと理解していた。ところが
まさに所有権に相応しい二重構造を備えた立派な農場にその土地が成長する。
ここで急にAはBに対して請求する。しかし組合契約に基づく請求は前提を
欠く。組合存続中でなくともせめて破綻直後でなくてはならなかっただろう。
代物弁済の時点で bona fides 関係は消滅している。しかもそこから十数年経
過してしまった。そうであればそもそも組合訴権に相応しい審級は構成しが
たく、また現在の事案は組合契約にほど遠い。まさにこのとき、condictio が
擬制される。所有権対象物の半分は原因無くBに帰属しているというのであ
る。しかも、Aは農場を金銭評価するのでなく、AC 間で特定額金銭による

───────────────────

9 ) Cic. Pro Roscio comoedo である。実は先にも少しアレンジして用いた（160 頁）。

和解を成立させ、この特定額につき condictio certae pecuniae をするのである。bona fides 関係が崩壊して所有権をめぐる関係に変身してもなお追いかけるために、condictio は使われている。所有権が領域の関係と bona fides 上の関係を相互に変換する偉大なコンヴァーターであるからこそ生じた必要である。

## 5-5　保証

「ローマ法は物的担保を発達させず、人的担保を発達させた」（「物的担保法は中世由来であり、人的担保法はローマ法由来である」）とされるが、われわれの「保証」にローマ法から流れ込んでくる諸制度は大変に多層的であり、それぞれさまざまな人的結合に対応しているし、他方われわれの「保証」はしばしばその実所有権を言わば物的に当て込むものである。

　刑事裁判手続や民事裁判手続における vades や auctor については既に述べてきた。この auctor（A–a において A が a の「保証人」になっている関係）からは sponsio という儀礼的行為が派生ないし発展する。多くの用途・形態があるが、一方的に誓約し何かを請け合う者を指す sponsio という語はテクストにおいて auctor と互換的でさえある。一定の条件が成就した場合の支払誓約が「praetor による占有付与が間違っていたならばいくらいくら払う」などの賭けの訴訟、占有訴訟や praeiudicium 等々に用いられたことも既に述べた。他の形態として、或る金銭債務者の弁済がない場合に自分が替わりに弁済する旨を一方的に誓約するものがあった。さらには、弁済の効力を有する支払約束（stipulatio）をカヴァーするために、債務者に対してコラテラルに stipulatio をして adstipulator となる保証の形態が早くから存在した。これらの背景に存する人的結合体は、mancipatio を可能にしたり初期において nexum 克服に貢献したあの領域の非公式 forum である。そして stipulatio がそうであったように、bona fides の関係のなかで応用されていき、bona fides の関係をバックアップする作用を果たす。

　そうであったから、（金銭債務保証としての）sponsio および adstipulatio の

扱いにおいて bona fides の原理が広く適用されていった。紀元前 2 世紀の立法がこれに従事したということは強調に値する。優れて政治的な次元の存在を確かめうる。例えば lex Appuleia は求償関係について組合を擬制した。複数の保証人は平等な割合で組合を形成しているとみなされる。lex Cicereia は手続面で同じ思想を表現した。つまり保証の関係は公告手続を通じて集団的に処理された。破産手続の源流にこそ相応しい創造である。このなかで分別の利益 divisionis beneficium という概念が獲得された。いずれも、当事者たちが金銭価額にしか関心を有しないことを反映している。

おそらく紀元前 1 世紀になって、転換が始まる。最初は fidepromissio という保証の形態の登場である。sponsio が暗黙に金銭債務を前提として動いていたのに対して、領域上の引渡債務を金銭給付の保証でカヴァーしようというのである。初めて非対称性が生じた。しかしながら依然 bona fides 優位である。おそらく主債務は bona fides 上のものであり続ける。むしろ、bona fides 上の信用の領域進出ないしヘゲモニーを表現している。明らかに dominium 形成期ないし勃興期に相応しい信用の形態である。

元首政期に入ると fideiussum が現れ、これがわれわれの「保証」に最も近い。保証人は誓約行為によって債権者に対し直接包括的責任関係に立つ。fidepromissio が、何であれ立て替えておいて求償する短期信用に近いのに比して、fideiussum は保証人の責任財産に着目した信用の形態である。前者が結局保証人の信用調達力、その意味の資産、を信頼供給源とするのに比して、後者は同じ資産でも結局分解して売却した場合の価額を端的にあてにする形態である。したがって、資産の形態として想定されているのは所有権である。それが証拠に初めて検索の抗弁（discussio）が現れる。前提として債務者の所有権を先に分解せよという要請がある。裏返せば背後に dominium が聳えているというので債権者は信用を与えるのである。そうであればこれは実質既に人的担保というより物的担保に近い。物上保証までの道のりは大きくない。

かくして、通常保証の一形態とはみなされない fideicommissum（信託遺贈）は fideiussum と極めて近い信用の形態である。設立伝承が雄弁に物語ると

ころである。元来相続財産を受け取った者がこれをどのようにしようと全く自由である。これは占有原則の命ずるところである。しかし他方、遺言の自由は絶対であり、被相続人は相続財産が自分の欲する形で使われることに関心を有する。この二つの要請が正面衝突しないでいたその秘訣はまたしてもbona fides 体制である。自由な政治的階層にとって、諸都市の政治システムを支える活動こそが崇高であり、相続財産は結局はここへと収斂していく。言わば被相続人＝相続人間の bona fides 関係が存在したのである。しかし所有権はこの連帯を分裂させる。例えば、一方で被相続人は、相続人が資産の形を保持し、諸都市のインフラや娘（相続人の姉妹）の経済的基盤として生かすことを望む。しかし相続人は領域に投資して収益をあげることを望む。自都市の参事会を離脱し、ローマ市民として土地保有をパトロニッジによって端的に保障される。すると被相続人は娘に遺贈する。都市の政治的枠組は諦めるが資産の形は残そうというのである。都市になお固執するならば遺言に条件をつける（例えば「相続財産を公共広場の修復に使う限りにおいて、某を相続人とする」等々）。付帯文書（codicilli）である。はじめは遺言外のテクストであるにすぎなかったが、それを遺言テクスト内で確認することによって「法的効力」が認められる。ただしアウグストゥスが創設した consul の特別裁判所の管轄である。その下心は丸見えである。アウグストゥスは決して心底からではなかったが諸都市を復興しようとした。経済のインフラを名望家に負担させるための装置として。同盟都市体制と政治的階層のプライドを復活させようというのではなく、いまや実体は所有権と化した「都市名望家」の「資産」を確実に都市の物的装置へと還元したいのである。このためには相続財産を縛る必要がある。女子への遺贈を禁ずるのと同時に。

　こうして codicilli は浮上するが、さらに一歩進んだ制度として、まさに fideicommissum が現れる。レントゥルス（Lentulus）という者が codicilli を遺言内で確認してあったが、codicilli の内容は、何か具体的な事業の実現をアウグストゥスに委ねるというものであった。つまり遺された資産をその事業のために使いかつその事業を完遂するということがアウグストゥスの責任に委ねられた。レントゥルスの死後、アウグストゥスは忠実にこれを実行し

第5章　所有権に基づく信用の諸形態　　191

た。のみならず、レントゥルスの妹まで、単純な遺贈を受けたにすぎなかっ
たのに自発的に拠出し事業の実現に寄与した。資産たる相続財産が何か具体
的な領域上の公共事業に用いられることをレントゥルスは望んだが、相続人
は信頼できず、アウグストゥスを要したのである。つまり相続財産が都市の
政治的機能を通じて公共財となる回路を信頼できなかった。せめて女子に遺
贈し資産の形を保つという部分さえ閉ざす。脱都市・非資産つまり領域への
直接投下の方が確実に公共財実現につながると考えられている。例えば大き
な水道橋の工事はもはや都市の延長ではなく、領域固有の建設事業と捉えら
れているのである。

　アウグストゥスは「領域直接」を表している。アウグストゥスは所有権を
（都市を経由せず）直接パトロニッジの体系で支えるシステムの代名詞なので
ある。かつ、事業が「直接領域」たるばかりでなく、財政基盤もそうでなけ
ればならないことをも示している。つまり相続財産や女子の資産はこれに変
換される。アウグストゥスの dominium 動員力に変換される。もちろんアウ
グストゥスはレントゥルスが遺した以上の経済的価値を投入してくれるであ
ろう。

　以上のことは、資産が資産の形のままでは信頼されず、後ろ楯に所有権を
要するという新しい事態を意味する。例えば娘の行く末を心配する父は、娘
が資産を資産として承継するよりも、信託遺贈により誰か有力な所有権者に
委ねる方が安心であると考えられ始めたのである。所有権者にとっては信用
を得たことになる。返済は娘に対する定期金の形をとるであろう。このヴェ
クトルの向きは、例えば所有権者が領域の上の占有を信頼できる誰かに委ね、
そしてそこからの果実を娘の定期金として確保する、という形態と正反対で
ある。これは領域占有の資産化である。信託遺贈は資産の領域下降である。
イングランドにおける信託の生成と比較するためのヒントがここに存する。
他方、信託遺贈は財政の変化と併せて考えなければならないことが以上から
わかる。事実、元首政下、財政はますます個々の所有権者に負担を割りつけ
るようにしてなされた。あるいはまた一定の束の所有権者に再転嫁すること
が行われた。これが cura と呼ばれる財政手法である。

## 5-6　特有財産 peculium
（ペクーリウム）

　法は〈二重分節〉システムである。それはさしあたり民事訴訟の当事者適格、A-a 分節要件によって与えられた。しかし法はこの形態そのものを変幻自在に流用する。例えば後見（tutela）は、auctoritas の関係（A-a）を、被後見人（pupillus=A）／後見人（tutor=a）で作って見せ（pupillus が a のポジションからAのポジションに移動し）、pupillus の占有を守ろうというものであった。嫁資（dos）の設定は、妻をAの位置に立たせ、a のポジションにシフトした夫を通じて妻の占有を守る。

　この最後の場合、妻の占有は資産のレヴェルで弁別される。夫の経営体のなかで嫁資部分は別計算である。そうであれば dos を（形のうえでは夫がさらに委ねる）独立エイジェントにより別個に運用するという道が無いわけではない。そして dos をこのように半独立的に運用させればどうしてもそこに資産の関係が現れる。委託関係と独立計算が不可欠になるからである。資産という平面を離陸させたのは bona fides の作用であったが、反対に、dos は資産化を通じて bona fides を支える構造を創り出すために貢献しうるのである。それもそのはず、bona fides を支える構造は2階建てであった。瞬時にして意味が反対になる点を利用して裏の意味を巧みに発展させるのが法の特徴である。

　同様のことは父と息子という（ローマ社会の基本）パラデイクマのうえでも言うことができる。父は立派な boni viri に属するからどこかの領域で堅固な農場を経営している。幼少期から都市に出入りする息子は国際的な人脈をたどって海上へと乗り出すことができそうである。船を積荷で満たし、これを売却し、そして購入した別の積荷を運び帰り、これを売りさばいて一儲けすることも可能に見える。ところが息子には先立つ物、資力がない。信用もない。他方父にはこれを遂行するノウハウがない。正確には、bona fides の社会圏に属さない。なにしろ領域での生産に励むメンタリティーの持ち主である。それでいて海上取引をしたいというのであれば、委任によるのがよ

第5章　所有権に基づく信用の諸形態　193

く、委任はまさに boni viri のために bona fides の世界への窓口となるのであった。しかし委任より前に、息子がいる。父の収穫物であってもよい。それを売却して得た資金によって購入した物でもよい。これを息子に委ねることが十分に考えられる。この場合でさえ、息子は父の単なる手足ではない。息子に独自の占有が成り立つ。したがって債権者はいきなり父の占有に手をつけるわけにはいかない。むしろ父もまた債権者である。ただし、ここからが委任との相違であるが、父は一般債権者に劣後する。他の債権者は父が背後にあることを信頼して取引をしたのである。息子の破産に際して、この分債権者平等は働かない。それでも、息子の過剰な負債の後始末を父が全部するということはない。委ねた分、出資分を失うだけである。この小さな落差の分、委任よりは一歩手前の、あるいは一歩後退した制度であるが、逆にその分、何もないところからこのような資産と海上貸付の関係を立ち上げるに際して父子関係は有効である。構築的エイジェンシーである。そして bona fides の関係が十分に発達してもなお取り外されない足場として構造を支え続ける。これが特有財産（peculium）という制度である。

　今 peculium を運用する 1 人の息子が契約責任を問われているとしよう。父から入るはずの種類物を空売りした。代金を受け取った。しかし種類物は父からは入ってこない。このために息子の信義が問われる事態となった。息子は bona fides 上の責任を認めざるをえない。infamia つきで判決を受ければ破産処理が行われる。このときに破産管財人は当然父に対して履行を求めるであろう。それを債権者たちが分け取る。しかし何時の頃からか、おそらくは紀元前 1 世紀に入る頃、あるいは半ばを過ぎて、われわれのケースにおける息子の債権者たちが父を直接に訴えうるということになる。委任において回避された事柄、つまり「受任者のところで一旦債権者平等を実現させ高々ここに委任者を巻き込むということを越えて、特定債務者に対して特定の債権回収をさし向ける」という関心がこれにより浮上することに注意する必要がある。言うならば、代理に近い関係の公認である[10]。

---

10）むろん、代理は高度な概念であり、単なる手足の関係ではなく、自由な主体間の関係である。にもかかわらず複数当事者が塊になったかのごとき誤解を生む（代理人が本人の手

peculium にこの変化をもたらすのは、言うまでもなく、所有権の構造である。所有権者は多くの農場のオーナーである。多くをマネージャーに任せざるをえない[11]。これも dominium の二重構造のおかげである。いっそそのうちの一つないしいくつかについて dominus 固有の操縦席にマネージャーを坐らせてみればどうか。彼が所有権者であるかのごとくに振る舞う。こうした文脈で解放奴隷や奴隷が主人のために領域上の物、土地や家畜を売買したならば peculium が現れる。土地を売ったり買ったりして peculium を増やしてくれれば主人としてもほくほくである。しかし例えば解放奴隷が二重売買してしまったときはどうか。解放奴隷は二重に代金を受領した。引渡を得ることのできない買主は契約責任を追求するであろう。主人がまだ解放奴隷に問題の土地を引き渡していない、したがって2人の買主とも引渡を得ることができないとしよう。かつてであれば破産財団が形成され、これが主人に引渡（相当の賠償）を求めたであろう。今もこの筋道が理論上消えたわけでは

先のようになるか、本人が代理人の言うなりになる）危険と背中合わせである。ローマではだからこそ代理が忌避されたのであり、奴隷を使えばよいから代理概念が必要なかったのではない。委任という形態が果たす絶妙の役割を大事にするためであった。そもそも近代における代理概念彫琢過程（Savigny, *System*, III, p. 90ff.）においては、procurator や tutela 等々と一緒に peculium も一つの坩堝に投げ込まれた。いかに「自由な主体の関係」として再構成されたとしても、委任の関係をさらにもう一段高度化し一種「スルー」してしまう（そして représentation に至る）道筋（Cf. R. Popesco-Ramneceano, *De la représentation dans les actes juridiques en droit comparé*, 1927）とはニュアンスを異にする。つまり peculium は代理に通じる道の上にある。

11) エイジェントとして解放奴隷が目立つようになる。奴隷は権利能力を有しないから使者 nuntius だったとするのは早計であり、現に既にかつて bona fides 圏内で「奴隷」はほとんどマネージャーを意味した（プラウトゥスの喜劇において何故ビジネスの主役は奴隷か、というのは興味の尽きない問題であり、ビジネスは市民が行うに相応しくなかったという旧式の陳腐な解釈はテクストを前にして全く成り立たない）。しかし解放奴隷が主役になるのはやはり大きな変化を意味し、奴隷がマネージャーになる意味を新しいものとする。解放奴隷は 100 パーセントの自由人を意味しない。ギリシャから見るともう一度解放されて初めて自由だと言われるくらいである。旧主人に対してさまざまな義務を負ったままである。この関係がさまざまな信用の形態のために使われる。そうした「自由な垂直的関係」は所有権の内部構造にぴったりである。中間に立つ者は自由人だろうと解放奴隷だろうと奴隷だろうとかまわなかった。既に述べたように、こうした事態を受けるようにして奴隷制は消失しつつあった。奴隷を示す語 homines は殺人罪の構成要件記述の中で初めて「人」の意味で登場した。

ないが、債権者たちは「他の一般債権者たちは本件に関係ない」と思うであろう。その土地を自分に特定的に寄越せと。こうして初めて主人を直接に訴える道が開かれる。これが特有財産訴権（actio de peculio）である。代理に繋がる道である。この訴権は peculium II とも称すべき新段階を画したと思われる。

　しかし他方、ここには深刻なディレンマも潜んでいたと考えられる。「特定的に寄越せ」を 2 人の買主がそろってしたときにはどうなるのか。「本件に関係ない」の線はどう引くのか。そもそも一方の買主は引渡を得ていたというときどうなるのか。主人は既に peculium 分を引き渡したのであるから免責されるというのか。それとも資産のレヴェルに着目して解放奴隷の資産上の不始末まで補填せよと（他方の買主が）言えるのか。確かに peculium は（劣後と引き替えの）一種の有限責任を概念させる[12]。だからこそ所有権者は peculium を設定してリスクを限定する。しかし有限性の範囲は自明ではありえない。取引の相手方にとっても、主人の資産全体よりも特定的な所有権基体に的を絞れば信用しうるときに peculium はメリットを有する。資産複合体の不良な部分についている債権者と競合する必要がないからである。しかし自分がねらった部分が不良である場合のリスクをめぐっては主人の責任を拡張しようとするであろう。

　事柄の性質上、本人を直接に訴えうる道は純粋に bona fides 的な関係のためにむしろ先に開かれたと考える学説の方が多く、確かにそうかもしれない。例えばかの息子が船に積荷を積んで出航する。しかしその商品に重大な瑕疵が存在したとしよう。主人の積ませた商品の質の悪さが原因で取引相手が損害を被ったとしよう。例の actio aedilicia が使えるはずであるが、なおかつ主人を直接訴える筋道が生まれても不思議はない。同一取引圏内の信用問題であるから。息子の役割を第三者が peculium とは独立に果たし海上貸付

---

12) 少し皮肉に誇張すれば、近年、乏しくなったローマ法研究を独占するかのようであるのが本節で扱う形態の信用である。（有限責任が既にあった等々）現代のビジネスと短絡させる議論も多い。法文が熱中する（次節で扱う）解放の問題と絡めてテクニカルな領分に分け入る論文はもっと多い。しかし 19 世紀以来伝統の法文解釈の水準が解消しているのを見せつけられるほか、社会全体の問題と関連づける視野などは望むべくもない。

を得る場合この第三者を exercitor（エクセルキトル）と呼び、父にあたる出資者を取引相手が直接訴える道を開くのが actio exercitoria（アークティオー　エクセルキトーリア）である。言わば peculium の欠陥分に相当する主人の払い込み責任が充足されていないということである。そのアナロジーで海上貸付プリンシパルの責任を問う。この種の半独立のエイジェントを指示する語は多々あったが、institor（インスティトル）（「支配人」）はそのうちの一つであり、とりわけ領域の主人のために都市中心にブティックを構える解放奴隷が中核的イメージである。主人は、例えば institor に一定の金銭を委ねて銀行を営業させることもできた。もちろんさまざまな売買が行われた。自らの生産物をさばくというのではもちろんなく、領域の占有を資産化してそれを運用するのである。この限りで、領域と短期信用の結節点を形成する。そしてエイジェントが海上貸付の脈絡に立たなくとも、第三者が主人を直接訴える道も開かれる。これが支配人訴権（ actio institoria（アークティオー　インスティトーリア））である。早い時期に登場したとすれば bonae fidei iudicia（ボナエ　フィデイー　ユーディキア）においてであったろう。

　しかしながら、少なくとも actio exercitoria や actio institoria が本格的に発展するのはむしろ actio de peculio の後を追ってのことであったように思われる。つまり短期信用に対して包括的な後ろ盾として所有権が立ち現れるに至った直後のことであったと思われる。領域の父に替わって立ち現れるのは、既に資産的能力を十分に有する所有権者である。彼が解放奴隷を institor に任命する。都市中心にブティックが営まれる。そこで行われる取引が旧来の意味の銀行や種類物取引のみであれば伝統的な法的手段で事足りる。しかし所有権の包括性とそのコンヴァーター的作用がものを言う。包括的な事業がブランチを得たということである。土地を取引するに際しての金融ブローカーとして、果ては消費貸借をする貸金業者として、institor が使われる。そしてそれが同時に短期信用のエイジェントでもあることになる。種類物の取引をしながら信用を領域にも投下する。villa への投機ばかりか、高利貸しさえ営む。institor は依然自分の名で取引を行うのであるが、相手方は背後に所有権者＝主人が居るという点を信頼して取引に入る。例えば引渡以前に代金を支払う。この代金を institor は誰かに直接貸し付けた、あるいは土地を買った、としよう。しかし売ったはずの穀物は届かない。したがって買主

に対して弁済できない。代金を支払った取引の相手方はどのようにするか。代金の支払いを主人dominus に直接請求しうる、というのが actio institoria の新しい作用である。というのも、資産上の問題に終始するならば包括執行で十分であるが、事が領域に及ぶ。そして事が領域に及んでも、エイジェントが所有権を託されていれば再びまずはエイジェントを追求すればよいが、ところが institor はそれにもかかわらず資産上でのみ活動する。すると背後の所有権者＝主人を引きずり出す以外にない。買った土地は確かに dominus の農場獲得のためか、投機的に回転させておいていずれはそれに充当するためである。なぜならば institor が農場を営むということはない。であるにかかわらず土地の購入をしたことに、これを主人が許した或いは委ねたという点に、問題が存する。かくして、actio institoria の場合、peculium による責任限定はなされない。ただ、任命行為（praepositio）の趣旨と委託内容（iussum）の範囲が責任を画すのみである。土地の購入など許していなかった、収穫物販売だけだった、という古典的な「領域の boni viri」の抗弁である。抗弁が通らない限り、主人は無限責任を負う。あくまで副次的である点が代理と異なり保証に類するが、責任が及べば代理に酷似する関係が現れることになる。所有権者が資産の上でゲームをしたことのツケである。

　今、主人が奴隷に農場経営を委ね、peculium を運用させるとしよう。たまたまその形式として locatio conductio が選ばれた。奴隷たる conductor は賃料を支払う。支払った賃料の累積が一定以上に達したとき、奴隷は自らの自由を買い戻したと主張した。このケースにつき紀元前 1 世紀の法学者は、支払いの少なくとも一部は利息に該当するから、このほかに元本分を償還しなければ自由、すなわち peculium の払拭、自己資産化、には達しないと判断した。つまり自由身分とともに農場を買い切って独立するには足りないというのである。この判断がスタンダードであり続けたかどうかは定かでないが、peculium という制度の趣旨をよく示す。それは一種の投資つまり信用供与であり、果実ないし利息が問題となる。そしてそれと別個に返済ないし言わば自社株の自己取得による償却のようなことが概念されるのである。その基底を支えるロジックは所有権であった。

今、主人が奴隷に1頭の牛を与え、これを peculium として運用するよう委ねた。奴隷はこれを売って新しい牛を買った。しかし代金を払わないまま姿をくらました。売主は主人に代金を請求した。このケースにつき、やはり紀元前1世紀の法学者は、与えた牛の価値が100であり、買った牛の価値が120であるから、差額の20のみを主人は支払えばよい、もちろん牛は主人の所有権に帰属する、と判断した。20の支払いはconditioの原理に基づくとされたが、別途訴権が生み出された。これが転用物訴権（actio de in rem verso）である[13]。所有権の二重構造が信用を演出する。ここへ絡まってくる債権者、つまりここへ誘い込まれた信用、の扱いが問題となる。このとき演出側の信用を担う所有権者＝主人がまさに所有権のメカニズムを使って優先的に信用を回収する、ことの是非が問題となるのである。優先回収のメカニズムは占有である。所有権者が留保する占有である。したがって強力である。所有権という装置に対する価値判断が問われるケースである。一方の極には、120取らせるという判断が存する。しかしこれは買主に先取特権類似の権能を与えることになって不当である。他方全然訴えを認めないのでは、今度は所有権者が peculium を設定した責任を全く不問に付すことになる。この両極の間で思考せざるをえないが、しかしそもそも、包括執行の大原則に従うならば、この牛について、あるいは120について、120と100の案分比例、ないし他の債権者も含めての案分比例、で事を処するべきであろう。さらには、そのとき所有権者は出資者として劣後すべきである、という判断もありうる。このように見るとき、actio de in rem verso は、或る個別の所有権連関を切り離して捉えながら、なおかつそれについて資産的な計算を施し、しかもまずは所有権者の信用を優先的に保護する、というものである。不当利得返還制度につきまとう問題であるが、所有権という特定の文脈を優先し、その軸

---

13) 共和末の大法学者 Servius Sulpicius Rufus の考案に基づくことがほぼ確実である。本節で扱う議論のジャンルによく現れているような所有権躯体内の経営的ないし物的合理性こそが法学に最後の生命を与えた（その限りで Schultz の言うように学問性が全く虚妄であったわけではなかった）ことを論証したのが（これまた法学史研究を画した）A. Schiavone, *Giuristi e nobili nella Roma repubblicana*, 1987 であった。法学者が以後この合理性と元首権力の板挟みになる様も Labeo の例を通じてよく分析されている。

の上でだけ一次元的に問題を処理するのである。そしてその場合には、pe-culium の元来の生命線であるところの「有限責任のかわりに劣後する」という原則が放棄される。たかだか、「優先されるかわりに元本のみ」という消極的な原則に置き換わるのである。

　以上のような actio de in rem verso に固有の問題状況を意識するのがいわゆる actio Pauliana、「詐害行為取消権」の原型とされる訴権、である。その前身とも言うべきものが actio Fabiana である。peculium が債務超過に陥って執行が始まったとき、dominus は直ちに奴隷を解放して peculium を切り離す。先の例で言えば与えたはずの牛の分、奴隷が購入してその手元にある牛を回収してしまう。これを債権者が取り戻そうというのである。そもそも破産手続の内部において、債権者の申し立てに基づき praetor が債務者＝第三者間取引を詐害行為と判定し原状回復（restitutio in integrum）を命ずる制度が存在した。praetor が移転してしまった資産を破産財団のなかに回復する命令を発するのである（元来は bonorum possessor が占有訴訟を提起するのであった）。その延長線上に位置するのが actio Fabiana であるが、精神を受け継ぐと同時に少々包括執行の脈絡を離れてしまった。なぜならば、interdictum ではなく actio となった。それでも一旦破産財団へと取り戻す点は維持されたが、actio Pauliana は、債権者の１人が特定の物を自分自身へと取り戻すのである。ただしこれは実は謎に包まれた制度であり、この「パウルス」（Paulus）がどの時代の誰かも判然としない遅い産物であるが、基本線を致命的に大きく踏み外したと言うことができる。中世には対物訴権（actio in rem）とさえ解され、受益者に（個別的な）賠償をさせる方向の解釈と対立する。しかるに、何故個別の物を回収する一連の関心が生まれるかと言えば、転用物訴権が考案されるのと同じ事情以外に理由は考えられない。所有権を使った巧妙な信用が破綻したときに（唯一）当てにしたその物を追うのである。

　ついでに述べれば、いわゆる債権者代位権の制度も同じ問題群に反応していることは周知のとおりである。しかしこれはローマからの系譜をたどりうるわけではない。強いて言えば以下のような筋道を想定できる。先に述べた

pignus omnium bonorum から出発してみよう。資産全体に対する質権の設定によって押さえられた資産構成債権を質権者が（代位）行使する。債務超過の要件とともに、基本は一旦債務者の資産へと回収することおよび包括執行である。これは金銭債権を念頭に置いている。しかし資産が即債務者の単一の所有権であるならば、もちろん必ずそうであるわけではないが、押さえた債権は物の取り戻しの債権かもしれない。なおかつその物を皆のために取り戻すということは排除されないが、しかしちょうど転用物訴権が問題となるケースのように「それはオレが売った牛ではないか」とばかり、特定の脈絡が特定の債権者に自分だけのために取り戻すことを正当と感じさせるかもしれない。つまりこの場合も、actio Pauliana におけるのと同じく、あの例の actio de in rem verso ケースにおける気の毒な債権者の側が猛威をふるうのである。所有権者の抜け駆けを押さえるために。要するに猛獣に猛獣を制させるばかりである。

## 5-7 　身分法の変容

　身分法もまた所有権概念のヘゲモニーに影響される。学説は bona fides 段階における変化を強調してきた。特に 20 世紀の一時期からのドイツでは「家団」論や家長権の強調のコロラリーとして「弛緩」が論じられてきた。しかし既に述べたように、初めから女子や未成年者に民事上の法主体性を認めていたのであり、bona fides の社会圏において dos に典型を見るような二重構造の効果的な利用がなお一層顕著になるというにすぎない。事実、他人を通じて占有をするということになれば、果実のみに着目することになり、占有はむしろ usus fructus に還元される。そうであれば女子が主役となったとしても不思議はない。まして領域の占有を離れた資産上の関係であるならば、男女の別や市民権は全く関係ない。つまり外国人や奴隷でも立派な法主体たりうるのである。否、既に述べたように、それでもよいというのでなく、その方がよかったのである。端的な占有の問題、まして実力の問題に転化してしまうリスクが極小化されるからである。政治的な問題に巻き込まれるリ

スクも少ない。

こうしてわれわれは共和末において「ローマ法の教科書」内の画像とは極端にかけ離れた光景を目にする。女子が技巧を駆使して資産を形成し、後見は最高度のビジネスのなかで信用を生み出している。所有権は一面で bona fides を土地の上にさえ及ぼすものである。女子がいきいきと土地取引をしている。

しかしそれでも、所有権概念の登場は微妙な影を落とし始める。まずは前節で見たとおり、解放奴隷（libertus）という社会的カテゴリーの浮上という事態を指摘しうる。奴隷を解放して市民団に加えることはローマでは頻繁に行われ、政治システムとしてのチェックはほとんど存在しなかったが、他方ローマ独特のこととして、解放された奴隷は、かつての主人に対して完璧に自由というわけではなく、負担を負った。A-a 関係の顕在化である。なおかつ、解放は非常にしばしば奴隷の側からする（場合によって信用を得てする）金銭支払い、つまり自己買戻しによってなされた。この計算は所有権の構造が生み出す信用、peculium にピタリ適合した。奴隷は主人から運用を委ねられた peculium をやがて返還しなければならないが、それを越えて収益を挙げれば自分の資産を築くことができる。これを主人に移転すれば解放されうる。主人にとっては、奴隷を買ったり育てたりした初期投資の回収である。むしろ、いきなり自由人であるよりも、このようにして投資を誘った方が資産形成において有利な場合がある。さらにまた、解放後も、完全に自由であるよりも「解放奴隷」にとどまる方が有利である場合が存する。例えば institor として主人の資産の一部分を独占的に運用する権限を与えられれば、信用を優先的に与えられたことになる。

そもそも、領域の占有に固有のレジーム（mancipium）に対応している奴隷制は紀元前 1 世紀に入ると意味を失っていった。占有内部の人員にますます主体性を認めざるをえない所有権体制においては奴隷制そのものが解消に向かう。同時に市民権制度も、同盟都市体制の崩壊、最初イタリアそして徐々にそれ以外の人々への包括的市民権付与によって意味を失っていく。「投票権の無い市民権」などという、議決権無き株式のごとき微妙な制度も

意味をなさなくなる。しかるにまさにこの大きな傾向のなかで、逆説的に、所有権にまつわる信用の形態が奴隷・解放奴隷というカテゴリーに再浮上を促したのである。特に解放奴隷は、例えば「アウグストゥスによって解放された解放奴隷」（Augustalis）として横断的特権的身分となり、むしろ解放奴隷たるを誇るようになる。オーナー階層に対する、マネージャー階層の自己主張である[14]。その背景には、解放奴隷にとどまることによる有利な地位確保という上述の事情が存する。有力者から独占的に投資を受け入れることができる。そしてそれを回収させないままにおくことができる。元首政期も下った頃になると、身分法は再度活気を呈し、生来自由人（ingenui）と解放奴隷（liberti）と奴隷（servi）の三層構造さえ、法技術的には認められる。

　女子の「権利能力」を制限する立法も元首政期を特徴づける傾向である。とりわけ遺贈を受ける権利を制限し、一定額以上の場合これを無効とする。遺贈という形式であれば、（相続財産という形態を経るから）資産として受け取り運用することができ、これはまた資産化を促進するから信用の発達に貢献する。諸都市の物的装置を充足するための財政も基本的にはこのタイプの信用に依存しているから、それにとっても決してマイナスではない。確かに、財政を直接担うのは都市政務官や参事会員としてである。しかし彼らの資産とて取引の総量に依存しているから、多くの資産を政治的な役割を果たさない女子が占有するようになったとしても、資産化が促進されるならば直ちに打撃というわけではない。ところが、既に述べたように、元首政以降財政の構造が変わり、領域上の所有権の束に負担が直接単純1対1で割りつけられるようになる（cura）。それらを束ねた者に官職就任を強いるようになっていく。協働と流通・回転の上に築かれる信用はそれ自体衰退するし、そもそも財政の形式に合わなくなる。官職の背後に政治組織が存する、これを信用が媒介し循環しているのではなく、政治の実質が失われ名望家たる所有権者が固定的に官職に就く。所有権からの直接の収益が財政のターゲットとなる。女子への遺贈は（資産化というそのニュアンスからして）この負担からの離脱

---

14）ただし、元首が彼らに都市の負担を担わせるべく参事会員にしたという事情もあったと思われる。

を意味することになる。これが制限の理由である。遺贈に関する限りの権利能力の否定であるから、一旦完璧な民事法主体たるに至ったかに見えた女子に対して再び落差が設けられたということになる。しかも女子に特有の形態、これまで奨励されてきたかに見える形態、に制限が課されたのである。

　後見（tutela）の意義も再度変化する。後見を通じてでなければ女子が領域上の占有を端的に主張することはできないという事情は、二重構造を生み出し、基盤を固定したまま確実に女子に収益を届けることが後見人に義務づけられる限りで、資産化への道を一歩スタートさせる形式であった。かくして後見は一旦完全に bona fides 上の関係になった。ほとんど事務管理（negotiorum gestio）と同じであり、むしろ信用供与をそこから受けて返済するかのごとくに、後見人が bona fides 上の債務を負って活動した。返却（被後見人成人）時の収支のみが関心の的であった。後見人は、不正があれば infamia つきで弾劾されたが、他方、資産の形態については全責任を負って自由に判断しえたのである。ところが元首政期に入ると、関心の焦点は、債務でなく、占有になる。後見人の任務は占有とその管理を死守することとなる。事実、法学者たちは後見人は果たして占有するのかどうかを論じ始め、イエスと答え始める。当然、後見人が領域上の占有を売却することには大きな制約が課され始め、挙句の果て勅法で禁止されるに至る。このような観点からのチェックのために praetor tutelarius が職権で活動しさえするのである。

# 補 遺

　以上に示したようなローマ法理解を前提にすると近代の法がどのように違って見えてくるか、という問題を扱う[1]ことは全く不可能である。それは何よりも近代の法についての認識にわれわれが至らないからである。その本格的な歴史学的研究はまだ発達途上にある。それでも、土台となったローマ法の認識が変わることでさしあたりどのような問題が意識されるか、見出し風にのみ簡単に記しておくこととする。

　われわれはそもそもローマ法像を示すというより、彼らがどのような課題を発見し[2]アプローチしていったかを探ったのであった。しかもアプローチ自体について、そしてとりわけその結果についての全体的な把握にはほど遠い状態にある。したがって、たかだか、彼らの問題設定と（それを模倣したつもりの）われわれの問題設定がどうズレて、これがどのような問題をもたらしている可能性があるか、というように思考しうるにとどまる。彼らの問

---

1）極めて簡単な眺望図として、拙著「現代日本法へのカタバシス」『現代日本法へのカタバシス』（羽鳥書店 2010 年）。

2）繰り返し述べるように、本書を読む場合に限らずおよそあらゆる場合に、重要なことは問題を発見することである。答えを得ることは二義的である。本書の読者もまた、もはやローマ法について知識を得たりわかったりすることを求めないと思う。そうでなければ叙述そのものをここまでフォローしえなかったであろう。できれば、自身で全く新しい問題を発見する糸口となればよいと考える。もちろん、何かおかしいと感ずることが先立たなければならない。しかし問題の発見とは、おかしいから取り去ってしまえ、と即断することの正反対である。これは問いを立てる前に答えを出してしまっている態度である。物事を問うということは、どうしてそうなのか、他の多くの何と関係しているのか等々、結論を出す、まして行動に移る前に、延々と省察をめぐらすことである。

題設定の基底性も自明ではない。まして彼らの解答集を再発掘した結果何か
うまい解決法が見つかるなどという話は論理的にありえない。否、彼らの問
題設定にもし忠実であるならば、そうであるほど、全く新しい次元で問題を
発見し、斬新な答えを模索しなければならないであろう。

　公法に関する限り、ギリシャ・ローマの政治システムやデモクラシーの影
響を再度評価する[3]必要があるものの、ローマ法の影響は限定的であるから、
ローマ国制をギリシャ・ローマ社会共通の構造に遡って捉え直す部分が若干
の新鮮な見方を提供するにとどまるであろう。刑事法に目を移しても、啓蒙
主義の時代にギリシャ・ローマの経験が大発掘され近代の諸原則が出来上が
ったことに疑いはないものの、やはりそうした経験の全体を視野に入れるべ
きである。ただ、刑事法に関してはキケローの法廷弁論をさしあたりの媒体
として近代の諸原則が出来上がったから、ローマの刑事制度の理解を更新す
ることは、それらの原則が何故不可欠なのかに関して若干の知見をもたらす
であろう。その際、それらの原則に関する通常の理解を変更するという点は
なく、むしろそれを緩めたり軽視したりする傾向に対して警告を発すること
になろう。

　近代の民事法については、多くの問題を新たに提起しうる。その最大のも
のは、占有概念の基底的な意味を近代の民事法が見失っているのではないか
という問いである[4]。近代の財の帰属秩序や移転方法は一見極めて合理的に
見えるが、その実、内在的に大きく混乱しているのではないか、もし混乱し
ているとすれば占有概念を見失ったことと関係しているのではないか、労力
をかけて検討する価値がある。占有概念自体は形のうえでは理解されている。

---

3 ）そのような問題提起として、拙著『［笑うケースメソッドⅡ］現代日本公法の基礎を問
　　う』（勁草書房 2017 年）。

4 ）18 世紀以前においてもローマ法の占有がどこまで深く理解されていたか、定着してい
　　たか、検討の余地は大きいが、19 世紀初頭において、ローマ法の根底的に斬新な理解の
　　もと占有理解の全面的な組み替えがなされた。この組み替えと占有概念退場との間には複
　　雑ではあるが確かな関係があると思われる。この組み替え場面の、とりわけ知の（テクス
　　ト解釈操作の）転換に着目した分析が、不可欠である。拙著「Savigny による占有概念再
　　構造化とその射程」海老原明夫編『法の近代とポストモダン』（東京大学出版会 1993 年）
　　所収は最初の試みである。

しかし 20 世紀に入ると急速に占有理論探究が廃れ関心が消えていった。これが何を意味するのか、どのような事象と関係していたのか、実証と省察を要する。かつ問題は二つである。占有が実力規制という第一義的な役割を終えたように見えてもどこかに機能不全が隠れており、高度な経済的な関係を裏打ちする作用が弱って問題が発生しているという可能性。高度な事象・制度そのもののなかに（もはや占有とは呼びえないとしても）占有原理を見出して省察を深めることが欠けるため、ビジネス界のジャーゴンに引きずられて法学的観念体系が滅茶苦茶になっている可能性。とりわけ高度な金融の世界において顕著である。まして、これらの裏打ちの関係を実現するための条件、裏打ちの関係を侵食し崩していく要因、についての厳密な認識がなされていないおそれがある。世界の経済、とりわけ信用の問題[5)]の根底にこうした問題が存することに十分な注意が払われていないのではないかという疑念が生ずる。

　bona fides については、少なくとも（国際取引の分野におけるリステートメントの動きなどで）称揚し推進する動きそのものの存在は認められる。第一の疑問は、bona fides の社会的条件の厳密な探求が遅れており、また探究の方法も確立されていないのではないか、というものである。第二に、ひょっとすると、契約法の規律に新たな相貌を与えようとする諸々の試み、とりわけ近時の諸々の民法典改正がその点の不十分をうけて少々混乱してはいないかという疑問[6)]が存する。この分野においても、占有の層の厳密な位置づけ、つまりこれと政治システムの関係の厳密な把握、そして次に占有の層と bona fides の層の繋がりがどのような配線によるかの認識、が不可欠である。さらに、bona fides の概念が機能するためには第二次的な政治システムの密かな働きが必要であるが、この点については特に注意深いチェックが要請される。つまりトータルな政治理論を巻き込んだ探究となる。

---

5）拙著『[笑うケースメソッド] 現代日本民法の基礎を問う』（勁草書房 2015 年）の全体を貫く問題関心である。
6）近時の日本民法典の改正については、拙著「『債権法改正の基本方針』に対するロマニスト・リヴュー、速報版」『カタバシス』所収。

bona fides の中核的な部分に属する問題として、（既に 19 世紀以来顕著な）委任そして組合の急激な衰退が何を意味するのかについて真剣な考察が必要である[7]。代理や法人といった制度によって完全に葬られた格好であり、とりわけ 20 世紀末以降（例えば問屋のような）特定の取引形態や業態自体が過去のものとなりつつあると言われるが、これをもたらすものをどのように評価すればよいのか、管見の限りなかなか本格的な研究は見つからないのである。

　民事手続法の全体に対して占有概念の弱体化がどのような結果をもたらしているのかも興味深い探究テーマであるが、若干の局面に問題を分けて考える必要がある[8]。まずは大きく 19 世紀の請求権概念誕生と訴権思考克服の問題性については古くより指摘がある。次に、20 世紀後半以降経済社会が組織的になることに伴いデモクラシーの要請を取り込む必要が生まれているはずであり、これは民事訴訟の占有原理に大きな修正要因をもたらすはずである。さらには、この最後の問題と 19 世紀以降の占有概念の退潮の問題が混同されている可能性を計算に入れなければならないかもしれない。また別途、とりわけ国際的な bona fides の空間における紛争処理と伝統的な民事訴訟との関係がどうかを見る必要がある。そもそも bona fides の原理は占有原理に直ちになじむものではない。さらにまた、bona fides の層における高次の占有問題であるところの資産の維持と透明性確保に果たして十分に民事手続法が貢献できているかも吟味されなければならない。倒産法は試金石である。良質の資産を債権者の介入から守ると同時に、不透明な依存関係であるにすぎない資産を解体するのであるが、すべて手続に懸かり、そして手続が動くための政治的条件に懸かる。

---

7）組合に関する限り、拙著「東京地判平成 25 年 4 月 25 日（LEX/DB25512381）について、遙か Plautus の劇中より」『東京大学法科大学院ローレビュー』（10、2015 年）において若干の分析を行った。

8）日本の社会に関する限り、端的な占有保障、例えば保全手続の機能不全という初歩的な問題が大きく影を落としている。或る意味ではこれにより（金融から憲法に至る）何もかもがうまく行かないのである。『現代日本民法の基礎を問う』のほか、拙著「『ローマ法案内』補遺」『カタバシス』154 頁以下を参照。

bona fides の問題とも深く関係するが、しかし独自の深刻な問題として、locatio conductio の混乱を指摘しうる。占有や bona fides についても、ローマの原型を再確認しどこで積み上げ損なったかを追究するだけでは不十分であり、全く新たなヴァージョンを構築しなければならない。しかし locatio conductio に関する限り、全く新しい概念世界、あるいは制度複合体の構想が不可欠である。つまり人の協同ないし協業、およそ働く関係を大きく再整理して捉え直さなければならない。もちろん労働関係の規律についての改革や提案は大変に盛んである。しかし locatio conductio という枠組は、1930年代に問題提起されたにもかかわらず、現在完全に忘れ去られ、したがってこのジャンルが厳密な法学的概念構成から遠く離れてしまった。このため、政治システム以下大きな枠組のなかで立論するための見通しも遮られてしまった。

所有権という概念は、それ自身明確であったためしがないが、近代になっても非常にしばしばそのローマ法起源が言われてきた。不明確さはこの概念がイデオロギーを運ぶ媒体になってきたことによるが、こうした側面は既に半世紀急速に消滅していった。所有権概念は花形ではなくなり、ほとんど誰も論じなくなった。会社法というジャンルが数少ない例外の一つではあろうが。にもかかわらず、意外な形態において所有権の問題が新たに露呈してきており、経済社会の重大な機能不全と関連しているのではないかと懸念される。典型は転用物訴権が妥当するようなタイプ、あるいは peculium を思い起こさせるようなタイプ、ABL などの信用、親子会社関係、匿名組合や信託を技巧的に使った信用、シンジケート・ローンなどである。あるいは巨大企業の裾野で相殺などを通じてはびこる担保の形態である。つまり閉鎖型の信用である。またリースなどとして locatio conductio が盛んに用いられる。locatio conductio は公共部門の巨大請負において頂点を極める。濡れ手に粟のはずがリスクを一手に背負うため巨大損失を被り破綻するという事例が見られる。これをまた公的資金が救うというとんでもないもたれあい、ないしモラル・ハザードである。以上のすべてが一定の時代から何故かくも好まれるようになったのか、それがしばしばもたらす大きな破綻が何故生ずるのか、

全体社会との関係、等々が探究されるべきである。

　法人は、bona fides に基づく信用を用済みとし、それに伴う厄介なコストを省くためのものであると考えられた形跡がある。これもまた所有権モデルの優越という歴史的事象の一環である。しかしローマで追究され、しかし解決を見ずに宿題として残った問題を意識するならば、bona fides の次元を法人に回復することは急務である。もちろんこのことは意識されている。しかし法人はその成り立ちからして bona fides の上にのみ組み立てうるという初歩は見失われている。まして、元来 bona fides を裏打ちしていた政治システムの要素を大規模に復元しなければならないという問題は意識されない。法人理論に内在する神学的基礎を復元するだけで、たちまちそのような課題は意識されるであろうに。もちろん既成の近代の政治学理論は全く役に立たず、占有や信用の問題との関連を詰めた政治理論の構築が要請される。いわゆるガヴァナンスの議論がいくら経済学を使っても（しかしこれを使うことにより既存のガヴァナンス理論が根拠を欠くことが明らかになるという大きなメリットは存するが）堂々巡りで出口が見えないのは、問題に必要な脈絡が与えられないからではないか。

# 欧文索引

## A

acceptilatio（アッケプティラーティオー, 総合的更改）182-184

actio（アークティオー, 訴権）60, 72, 157, 180, 199

actio aedilicia（アークティオー アェディーリーキア）102, 195

actio auctoritatis 104

actio bonae fidei（アークティオー ボナェ フィデイー）102

actio de peculio（アークティオー デー ペクーリオー, 特有財産訴権）163, 195

actio de in rem verso（アークティオー デー イン レム ウェルソー, 転用物訴権）198-200

actio exercitoria（アークティオー エクセルキトーリア）196

actio Fabiana（アークティオー ファビアーナ）199

actio familiae erciscundae（アークティオー ファミリアェ エルキスクンダェ, 相続財産分割請求の訴権）81

actio furti（アークティオー フルティー）67

actio in rem scripta（アークティオー イン レム スクリプタ）152

actio institoria（アークティオー インスティトーリア, 支配人訴権）162, 196, 197

actio Pauliana（アークティオー パウリアーナ）199, 200

actio poenalis（アークティオー ポエナーリス）67, 148

actio praescriptis verbis（アークティオー プラェスクリープティス ウェルビス, 前書訴権）162

actio pro socio（アークティオー プロー ソキオー, 組合訴権）160

actio Publiciana（アークティオー プーブリキアーナ）118, 142

actio quod metus causa（アークティオー クォッド メトゥース カウサー, 強迫訴権）152, 157

actio Serviana（アークティオー セルウィアーナ）179

actio utilis（アークティオー ウーティリス）162, 163

adfectatio regni（アドゥフェクターティオー レーグニー）24

adstipulator（アドゥスティプラートル, 誓約保証人）148, 188

aedilis（アェディーリス）79, 90, 102

aestimatio（アェスティマーティオー）80

ampliatio（アンプリアーティオー）166

Andreau, J. 114

animus（アニムス）153

annalité 22

appellatio（アッペッラーティオー, 上訴）163

Appius Claudius Caecus（伝承）89, 91

apud iudicem（アプッドゥ ユーディケム）60, 154

aqua publica（アクア プーブリカ, 公水）75

Arangio-Ruiz, V. 3, 106, 109

arbitrium（アルビトリウム, 仲裁）154

Ardea（アルデア）49, 89

argentaria（アルゲンターリア, 銀行）113

argentarii（アルゲンターリイー）114

articulation 14

attributio（アットゥリブーティオー）78

auctoritas（アウクトーリタース）63, 65, 66, 68, 83, 90, 104, 121, 126

auctor（アウクトル）59, 63, 64, 188

Augustalis（アウグスターリス）202

Augustus, C. Iulius Caesar Octavianus（アウグストゥス）130, 157, 164, 171, 190, 191

## B

bona（ボナ, 資産）117, 119, 135, 139, 140,

180

bonae fidei iudicia（ボナエ フィデイー ユーディ
キア） 102, 154-156, 196

bonae fidei possessio（ボナエ フィデイー ポッ
セッスィオー） 120, 121

bona fides（ボナ フィデース） 97, 99-102,
107-109, 111-117, 120-123, 125, 127, 130, 137,
139-156, 158, 160-162, 171, 175, 178-184, 186-
190, 192-195, 200, 201, 203, 207-210

boni viri（ボニー ウィリー, 良き人士たち）
90, 120-123, 128, 148, 192, 193, 197

bonorum possessio（ボノールム ポッセッスィ
オー） 111, 115-117, 155, 178

bonorum possessor（ボノールム ポッセッソル）
116, 181, 199

boule（ブーレー評議会） 19

Bruni, Leonardo 7

Buckland, W. W. 3

# C

Caesar, G. Iulius（カエサル） 129, 157, 164,
171, 185, 186

Cannata, A. 177

Cato, M. Porcius 128

causa Curiana（カウサ クーリアーナ） 152

causa liberalis（カウサ リーベラーリス, 自由身
分訴訟） 49, 68, 73, 82

cauta（カウタ, 予防法学） 91

cautio damni infecti（カウティオー ダムニー イ
ンフェクティー） 150

censor（ケーンソル） 79, 83

census（ケーンスス） 79

centumviri（ケントゥムウィリー） 156

centuria（ケントゥリア） 21

Cicero, M. Tullius（キケロー） 45, 111, 115,
126, 127, 139, 145, 151, 156, 158, 166, 167,
206

civitas sine suffragio（キーウィタース シネ ス
ッフラーギオー, 投票権無き市民権）
84, 89

clientela（クリエンテーラ） 34, 48

coactor 114

Codex 3

codicilli（コーディキッリー, 付帯文書） 190

cognitio extra ordinem（コグニティオー エクス
トラ オルディネム） 163

collégialité 22

colonus（コローヌス） 148, 175, 177

comitia（コミティア, 民会） 19

comitia centuriata（コミティア ケントゥリアー
タ, ケントゥリア民会） 20, 21, 77, 79

comitia curiata（コミティア クーリアータ, ク
ーリア民会） 20, 21

comitia tributa（コミティア トゥリブータ, トゥ
リブス民会） 75, 76, 79

commercium（コンメルキウム, 通商権） 84

commodatum（コンモダートゥム, 使用貸借）
113, 123

compensatio（コンペンサーティオー, 相殺）
186

comperendinatio（コンペレンディナーティオ
ー） 167

concilia plebis（コンキリア プレービス） 77

condemnatio（コンデムナーティオー） 161,
163

condictio（コンディクティオー） 72, 74,
100, 147, 160, 186, 187, 198

condictio certae pecuniae（コンディクティオー
ケルタエ ペクーニアエ） 186-188

condictio certae rei（コンディクティオー ケル
タエ レイー） 147, 186

conducere（コンドゥーケレ） 122

conductor（コンドゥクトル） 122, 175, 177,
197

consilium（コンシリウム） 163

consul（コーンスル） 21, 22, 29, 47, 79

conubium（コーヌービウム, 通婚（権）） 84

conventio（コンウェンティオー, 合意） 98

conventus civium Romanorum（コンウェントゥ
ス キーウィウム ローマーノールム） 139

Cremera（伝承） 35

crimen（クリーメン, 犯罪） 24

crimen maiestatis（クリーメン マーイェスター
ティス, 反逆罪） 172

Critique 2, 7

culpa（クルパ, 過失） 144, 145, 148, 149

cura（財政手法としての）（クーラ） 191, 202

cura（クーラ, 保佐） 83

欧文索引　213

custodia（クストーディア）　105, 112

**D**

dare facere oportere（ダレ　ファケレ　オポルテーレ）　100, 154

datio in solutum（ダティオー　イン　ソルートゥム, 代物弁済）　182

De Beaufort, L.　7

delegatio（デーレーガーティオー）　185, 186

delegatio credendi causa（デーレーガーティオー　クレーデンディー　カウサー）　185

delegatio dandi causa（デーレーガーティオー　ダンディー　カウサー）　185

delegatio promittendi causa（デーレーガーティオー　プローミッテンディー　カウサー）　185

delegatio solvendi causa（デーレーガーティオー　ソルウェンディー　カウサー）　185

De Martino, F.　17

demonstratio（デーモーンストラーティオー）　161

depositum（デーポシトゥム）　112

de vi hominibus armatis（デー　ウィー　ホミニブス　アルマーティス）　134, 135

de vi hominibus coactis（デー　ウィー　ホミニブス　コアークティス）　134

dictator（ディクタートル）　24, 29

Digesta　3

diligentia（ディーリゲンティア, 注意義務）　149

discussio（ディスクッスィオー, 検索の抗弁）　189

divinatio（ディーウィーナーティオー）　166

divisionis beneficium（ディーウィシオーニス　ベネフィーキウム, 分別の利益）　189

dolus malus（ドルス　マルス, 悪意・故意）　101, 144, 150, 161

Domat, J.（ドマ）　87, 98

dominium（ドミニウム, 所有権）　104, 126, 127, 142, 184, 189, 191, 194

dominus（ドミヌス, 所有権者）　142, 167, 170, 194, 197, 199

dos（ドース, 嫁資）　85, 119-121, 136, 137

dos numerata（ドース　ヌメラータ）　119

duae leges Iuliae（ドゥアエ　レーゲース　ユーリアエ）　157

duumviri perduellionis（ドゥウムウィリー）　26

**E**

échange　8, 10-14, 25, 28, 76, 92, 103, 104, 122

edictum（エーディクトゥム）　157, 162

edictum provinciale（エーディクトゥム　プローウィンキアーレ）　156

editio actionis（エーディティオー　アークティオーニス）　157-159

effectus（エッフェクトゥス,（犯罪の）結果）　169

emere（エメレ）　122

emptio venditio（エムプティオー　ウェンディティオー, 売買）　103-106, 122, 137

equites（エクイテース, 騎士身分）　166

error（エッロル, 錯誤）　101

Evans-Pritchard, E. E.　13

evictio（エーウィクティオー, 追奪）　104

exceptio（エクスケプティオー, 抗弁）　149, 162, 163

exceptio rei furtivae（エクスケプティオー　レイ　フルティーウァェ, 臓物の抗弁）　68, 121

exemplum iuridicum　49

exercitor（エクセルキトル）　196

exilium（エクスィリウム, 亡命）　45, 46

**F**

Fabius Pictor, Q.　15

faeneratores　72

familia（ファミリア, 奴隷）　72

fideicommissum（フィデイーコンミッスム, 信託遺贈）　189, 190

fideiussum（フィデーユッスム）　189

fidepromissio（フィデープローミッスィオー）　189

fiducia（フィードゥーキア）　85, 120, 180

Finley, M. I.　11, 73

formula（フォルムラ）　159, 161, 162

formula in factum concepta（フォルムラ　イン　ファクトゥム　コンケプタ）　162

formula in ius concepta（フォルムラ イン ユース コンケプタ） 162

Formula Octaviana（フォルムラ オクターヴィアーナ） 151

fructus（フルクトゥス） 69, 122

fundus（フンドゥス，農場） 128

furiosus（フーリオスス） 83

furtum（フルトゥム） 67

## G

Gabba, E. 127

Gaius 62

Gaudemet, J. 172

gens（ゲーンス） 35, 48, 49

Gernet, L. 9

Girard, P. F.（ジラール） 2, 3, 158

Gn. Flavius（伝承） 91

going concern value 115, 117, 177, 184

Gracchi（グラックス兄弟） 129, 131, 164, 165

Greenidge, A. H. J. 154

## H

Hannibal（ハンニバル） 93

Harrington, J. 129

Hartkamp, A.S. 152

hereditas（ヘーレーディタース，相続財産） 80

hereditatis possessio（ヘーレーディターティス ポッセッスィオー，相続財産の占有） 116

Hesiodos（ヘーシオドス） 9, 10, 33, 38

Homeros（ホメーロス） 9, 10, 34, 46

Humbert, M. 89

## I

impensa（イムペンサ，費用） 69

imperia Manliana 35

imperium（イムペリウム） 20, 21, 25, 27, 29, 30, 35, 46, 77, 79

impuberes（イムプーベレース） 83

in bonis esse（イン ボニース エッセ） 118

infamia（インファミア） 101, 108, 116, 144, 145, 152, 154, 161, 162, 193, 203

infans（インファーンス） 83

ingenui（インゲヌイー，生来自由人） 202

in iure（イン ユーレ） 60, 154, 157-161

in iure cessio（イン ユーレ ケッスィオー） 64

iniuria（イニューリア，傷害） 76

inquisitio（インクイーシーティオー，糾問） 167

institor（インスティトル） 196, 197, 201

Institutiones 3

instrumenta（インストゥルメンタ） 128

intentio（インテンティオー） 161, 163

intercessio（インテルケッシオー） 46

interdictum（インテルディクトゥム） 90, 134, 180, 199

interdictum Salvianum（インテルディクトゥム サルウィアーヌム） 179

Iohannatou, M. 184

iudex unus（ユーデックス ウーヌス） 60

iudicium（ユーディキウム） 157

iura praediorum（ユーラ プラエディオールム） 137

ius（ユース） 64

ius honorarium, ius praetorium（ユース ホノラーリウム，ユース プラエトーリウム，法務官法） 154

iussum（ユッスム，内容） 197

iusta causa（ユースタ カウサ） 143

## K

Kaser, M. 6, 154

Kelly, J. M. 156

Kunkel, W. 44, 136, 149

## L

Labeo, N. Antistius（ラベオー） 172

Leach, E. 13

legis actio（レーギス アークティオー，法律訴訟） 6, 62, 154

Lemosse, M. 159

Lenel, O. 3

Lepore, Ettore 9, 11, 15, 127

Lévi-Strauss, Cl.（レヴィ・ストロース） 48

lex（レークス，特約） 20, 163

lex Aebutia（レークス アエブティア） 155

lex agraria（レークス アグラーリア） 129

欧文索引 215

lex Appuleia（レークス アップレイア） 189
lex Aquilia（レークス アクイーリア） 148
lex Cicereia（レークス キケレイア） 189
lex commissoria（レークス コンミッソーリア,
　流質約款） 163, 178, 180
lex Cornelia de falsis（レークス コルネリア デ
　ー ファルシース） 170
lex Cornelia de iniuriis（レークス コルネリア
　デー イニューリイース） 169
lex Cornelia de sicariis et veneficiis（レークス
　コルネリア デー シーカーリイース エトゥ
　ウェネーフィキイース） 169
lex curiata de imperio（レークス クーリアー
　タ デー イムペリオー） 20
lex Iulia（レークス ユーリア） 171
lex Poetelia（レークス ポェテリア） 74
lex Valeria（レークス ウァレリア） 43, 49
libertus（リーベルトゥス, 解放奴隷） 201
litis contestatio（リーティス コンテスターティ
　オー, 争点決定） 161, 164
locare（ロカーレ） 122, 123, 175
locatio conductio（ロカーティオー コンドゥクテ
　ィオー） 78, 108, 121-124, 137, 175-178,
　197, 209
locatio horrei（ロカーティオー ホッレイー）
　177
locatio rei（ロカーティオー レイー） 124,
　177
locator（ロカートル） 122, 124, 175, 177
locus solutionis（ロクス ソルーティオーニス,
　履行地） 145

**M**

Machiavelli, N.（マキャヴェッリ） 129
Madvig, J. N. 18
Magdelain, A. 7
maiestas（マーイェスタース） 172
mancipatio（マンキパーティオー） 65, 70,
　74, 79, 88, 96, 103-105, 118, 135, 138, 144,
　180, 182, 187, 188
mancipium（マンキピウム） 35, 70, 74, 201
mandatum（マンダートゥム, 委任） 106,
　107, 109
Manlius Capitolinus, M.（伝承） 73

manus（マヌス） 85
Marius, C. 164
Martin, R. 12
matrona（マートローナ, 家婦） 84
Matsubara, K. 103
Mauss, M.（モース） 9
merces（メルケース, 対価） 122
metus（メトゥス, 強迫） 134, 151
missio in bona（ミッスィオー イン ボナ）
　117, 155
Mitteis, L. 180
Momigliano, Arnaldo 6, 9, 15, 18, 127
Mommsen, Theodor 17, 18, 25, 44, 89
mora（モラ, 遅滞） 145
Mucius Scaevola, Q.（ムーキウヌ・スカェウォ
　ラ, Q） 156
municipium（ムーニキピウム） 139
munus（ムーヌス） 123
mutuum（ムトゥウム, 消費貸借） 72, 178

**N**

nec vi nec clam nec precario（ネク ウィー ネ
　ク クラム ネク プレカーリオー, 平穏公然
　確定的たる場合に限り） 98, 121
negotiatores（ネゴティアトーレース） 155,
　166
negotiorum gestio（ネゴティオールム ゲステ
　ィオー, 事務管理） 108, 109, 203
nexum（ネクスム） 72-74, 88, 188
Nicolet, Cl. 78
Niebuhr, Barthold 7, 89
nominis delatio（ノーミニス デーラーティオー）
　166
non petendo（ノン ペテンドー, 不訴の特約）
　163
novatio（ノウァーティオー, 更改） 182, 183
nummaria（ヌンマーリア, 通貨偽造） 170

**O**

officium（オッフィキウム） 123
Olivier-Martin, Félix 124

## P

pactum（パクトゥム, 約款・特約）　163

Palingenesia　3

paterfamilias（パテルファミリアース, 家長）
84

patres（パトレース）　18

patrici（パトリキー）　18, 24, 25, 46, 80, 82

peculatus（ペクーラートゥス, 公金横領罪）
171

peculium（ペクーリウム, 特有財産）　193-195,
197-199, 201, 209

pecunia（ペクーニア, 金銭）　70

pecunia publica（ペクーニア プーブリカ,「公
金」）　171

perduellio（ペルドゥエッリオー）　171

periculum（ペリークルム, 危険）　134, 145

periculum emptoris（ペリークルム エムプトー
リス）　105, 146

Perizonius　7

pignoris capio　179

pignus（ピグヌス, 質）　178, 180

pignus omnium bonorum（ピグヌス オムニウム
ボノールム, 全資産質）　181, 200

Plautus, T. Maccius（プラウトゥス）　178,
194

plebiscitum（プレービスキートゥム, 平民会議
決）　148

plebs（プレーブス, 平民）　42, 46, 67, 76, 79,
84, 91

Polybios　93

Pompeius, Cn.（ポムペイウス）　164

populus（ポプルス, 国民）　19

possessio（ポッセッスィオー）　56, 136, 137

possessio civilis（ポッセッスィオー キーウィー
リス, 市民的占有）　136, 137, 141-143, 150

possessio naturalis（ポッセッスィオー ナートゥ
ーラーリス）　136, 143, 179

Pothier, Q. J.　98

praeiudicium（プラェユーディキウム, 先決問題
訴訟）　159, 188

praepositio（プラェポシティオー, 任命行為）
197

praescriptio（プラェスクリープティオー, 前書）

162

praescriptio longi temporis（プラェスクリプテ
ィオー ロンギー テンポリス）　67

praetor（プラエトル）　60, 61, 65, 79, 90-92,
102, 116, 134, 154-157, 159-161, 163, 188, 199

praetor peregrinus（プラエトル ペレグリーヌ
ス）　102, 155

praetor tutelarius（プラエトル トゥーテーラ
ーリウス）　203

probouleusis（プロブーレウシス）　19

procurator（プロークーラートル）　136, 176,
194

procurator omnium bonorum（プロークーラー
トル オムニウム ボノールム）　181

prodigus（プローディグス）　83

Prometheus　34

proprietas　126

provocatio ad populum（プロウォカーティオ
ー アドゥ ポプルム）　44, 46, 166, 168

puberes（プーベレース）　83

pubertas（プーベルタース）　83

pupillus/pupilla（プピッルス／プピッラ, 被後
見人）　82, 83

## Q

quaestio repetundarum（クアェスティオー レ
ペトゥンダールム）　165

quaestor（クアェストル）　79

## R

réciprocité　8-10, 25, 33, 35, 71

recuperatores（レクペラートーレース）
154, 158

rei vindicatio（レイー ウィンディカーティオー,
返還請求）　59, 147, 160

res mancipi（レース マンキピー）　70-72, 122

res nec mancipi（レース ネク マンキピー）
70, 71

restitutio in integrum（レスティトゥーティオ
ー イン インテグルム, 原状回復）　100

Ross Taylor, L.　76

## S

Santalucia, B.　168

欧文索引　217

Savigny, C. F. von（サヴィニー）　57, 136, 179, 194

Schiavone, A.　3, 198

Schmidlin, B.　158

Schultz, F.　156, 198

scrap value　115

secessio（セーケッシオー）　43, 148

segmentation　8, 13, 14, 16

senatores（セナートーレース, 元老院議員）　18, 166

senatus（セナートゥス, 元老院）　18, 47

senatus consultum（セナートゥース コンスルトゥム）　18

Serrao, F.　155

servi（セルウィー,「奴隷」）　149

servitus（セルウィトゥス, 地役権）　75, 137

Servius Sulpicius Rufus　198

Sherwin-White, A. N.　81

sine culpa（シネ クルパー）　149

societas（ソキエタース, 組合）　109

socii（ソキイー, 同盟都市）　93

sponsio（スポンシオー, 誓約）　159, 188, 189

sponsio praeiudicialis（スポンシオー プラェユーディキアーリス）　159

stipulatio（スティプラーティオー）　72, 74, 100, 186, 188

Sulla, L. Cornelius（スッラ）　44, 130, 164, 168, 169, 171, 172

supplicium（スップリキウム, 身体刑）　45

supplicium maximum（スップリキウム マークシムム, 死刑）　45

Syme, R.　130

**T**

testamentaria（テスタメンターリア, 文書偽造）　170

traditio（トラーディティオー, 引渡）　140

transactio（トゥランサークティオー, 和解）　182

tribuni militum consulari potestate（トゥリブーニー ミーリトゥム コンスラーリー ポテスターテ）　79

tribuni plebis（トゥリブーニー プレービス, 護民官）　44, 46, 47, 67, 76

tribus（トゥリブス）　75, 76, 79

tribus gentilicia（トゥリブス ゲンティーリキア）　35, 75

tributum（トゥリブートゥム）　78

tutela（トゥーテーラ, 後見）　83, 192, 203

tutor（トゥートル, 後見人）　82, 83, 192

**U**

unde vi（ウンデ ウィー）　134, 135

usucapio（ウースーカピオー）　66-68, 120, 143

usus（ウースス）　65, 88, 90

usus auctoritas（ウースス アウクトーリタース）　65, 66

ususfructus（ウーススフルクトゥス）　119, 120, 200

uti possidetis（ウティー ポッスィデーティス）　134

**V**

vacua possessio（ウァクア ポッセッスィオー）　142

vades（ウァデース）　188

vadimonium（ウァーディモーニウム, 出頭保証金）　45

Valla, Lorenzo　7

Varro, M. Terentius　128

vas（ウァース, 出頭保証人）　45

vendere（ウェンデレ）　122

venditio（ウェンディティオー）　122

verba（ウェルバ）　155, 157

Verginia（ウェルギニア（伝承））　47, 48, 50, 53, 54

Verres, C.（ウェッレース）　45, 145, 156

versura（ウェルスーラ）　183-185

Veyne, P.　31

via publica（ウィア プーブリカ, 公道）　75

vilicus（ウィーリクス）　136, 138-140, 142, 143, 148, 150

villa（ウィッラ）　128, 138, 170, 184, 196

vindex libertatis（ウィンデクス リーベルターティス, 自由のための取り戻し人）　69, 73, 82

vis（ウィース, 実力）　53, 131, 133, 151

vis armata（ウィース アルマータ）　133-135

vis contemplativa　134

vis maior（ウィース マーヨル, 不可抗力）
　105, 146

vis privata（ウィース プリウァータ）　173

vis publica（ウィース プーブリカ）　173

vis quotidiana（ウィース クオティーディアー

ナ）　133

vitium（ウィティウム, 瑕疵）　102

voluntas（ウォルンタース, 意思）　152, 153

## W

Weber, Max　17

Wieacker, F.　6, 98

Wubbe, F.　177

# 和文索引

## あ 行

悪意　102
悪意の訴権　152
意思　147, 152, 169, 170
意思表示理論　153
遺贈　80, 158, 191, 202, 203
囲繞地通行権　137
委任　19, 20, 31, 78, 82, 102, 107-114, 117, 138, 154, 181, 193, 194, 208
委任者　108, 109, 112
違法性　169
遺留分　80
因果連鎖　25, 102, 169
訴えの利益　59
売主　140-142, 144-146, 160, 182, 187, 198
枝分節　14
エティオロジー　16, 47, 53, 58, 84
王　18, 29, 31, 81, 171
応報　25, 26
公水　75, 127
音韻論　38

## か 行

外国人係法務官　92
解除　147
海上貸付　195, 196
海上取引　192
買主　140, 141, 143-146, 158, 160, 187, 194-196
解放奴隷　149, 194-196, 201, 202
確認訴訟　159
嫁資　85, 119, 192
瑕疵　102
瑕疵担保責任　102
過失　25, 144, 146, 148-150, 169
果実　13, 30, 31, 69-72, 77, 78, 85, 93, 94, 103, 108, 109, 111, 113, 116, 117, 119-124, 175, 176
片岡輝夫　2, 7
神々　30-32

間接代理　82
姦通罪　173
管理占有　179, 181
喜劇　94
「危険」　134
危険負担　105, 133, 145, 146
記号　8, 58, 101, 151, 152
騎士身分　166
偽造　158
貴族　18, 43, 44, 49, 50, 84
起訴陪審　44
寄託　71, 94, 97, 112, 113, 117
糾問　167, 168
糾問主義　44
境界　75, 128
強行規定　178
強迫　151
強迫訴権　152
共有　110
共和革命　5
儀礼　16, 17, 20, 21, 23, 26-29, 32, 47, 49, 53, 54, 58, 59, 62, 65-67, 74, 81, 82, 84, 88, 90, 100, 104, 137, 157, 159, 188
銀行　97, 98, 104, 113, 119, 138, 156, 167, 181-186, 196
金銭　70, 71, 73, 80, 96, 97, 99, 100, 102, 104, 106-108, 112-114, 116, 119, 122, 141, 147, 148, 160, 171, 186, 189
金銭価額評価　77, 78, 80, 111, 115, 116, 141, 186, 187
金銭債権　183, 185, 200
金銭債務　183, 188, 189
クーリア民会　20, 21
籤　19, 23, 42
組合　31, 102, 109-114, 116, 117, 138, 159, 187, 189, 208
組合財産　110, 111
組合資産　187
組合訴権　160, 187

軍指揮権　21
軍事化　13, 21, 22, 24, 26, 35, 54, 81, 129, 132, 133, 135, 142, 150, 172, 173
軍事組織　24, 30, 164, 171
軍事編成　21, 22, 24, 79
経済　12
刑事裁判　61, 165, 167, 188
刑事裁判所　168
刑事司法　41, 44, 166, 168
刑事制度　26
刑事責任　169
刑事訴訟　44
刑事法　42, 67, 78, 206
競売　116, 117, 138, 180
刑罰　28, 45, 46
契約　87, 98, 100, 103, 107-109, 124, 125, 141, 143, 147, 150, 152, 153, 162, 182
契約責任　101, 102, 143, 144, 146, 148, 194
契約法　87, 88, 102, 108, 160, 207
結果（犯罪の）　169
決済　185, 186, 187
原因　74, 141, 143, 152, 160, 187
厳格法　65
権原　63, 66, 104, 137, 142
言語　8, 10, 11, 17, 23, 61, 97-99, 101, 139, 155, 170
言語学　38
原告適格　59
検索の抗弁　189
元首政　6, 130, 131, 157, 163, 164, 169, 172, 175, 191, 202, 203
原状回復　100, 102, 152, 154, 161, 199
ケントゥリア民会　20, 21
原売買　103
現物出資　187
権利能力　82, 85, 203
元老院　18, 19, 22, 26
元老院議員　18, 26, 43, 63, 166
故意　101, 145, 150, 168, 169
故意責任　108, 146
故意なければ犯罪なし　25, 168
合意　98-101, 103, 107-109, 112, 123, 140-142, 150-153, 179, 183
行為能力　82-85

更改　182, 183
合議体　26-28, 44, 74, 80, 110, 111, 115-117, 178
公共空間　23, 24, 26, 30, 32, 33, 53, 64, 65, 75, 77, 79, 112, 130, 137
「公金」　171
公金横領罪　171
後見　82, 192, 203
後見人　82, 85, 192, 203
考古学　6, 7, 16, 30, 127, 135, 177
公告　189
工作物責任　150
公訴権　46
公道　75, 127
公判手続　166
衡平　78
抗弁　48, 66, 68, 90, 91, 108, 149, 150, 155, 160, 162, 186, 197
公法　206
公法学　17
高利貸し　72, 181
告訴　168
国民　19
穀物　30, 31, 35, 69, 70, 77, 93, 94, 105, 196
古事学　17, 18, 73
国家　12
国庫　171
個別執行　179
護民官　18, 44, 47, 147, 165
暦　22
婚姻　50, 82, 84
混同　71, 96, 113

## さ 行

罪刑法定主義　25
債権　74, 161, 181-183, 185
債権者　72-74, 80, 107, 108, 110, 115, 116, 146, 147, 178-180, 182-185, 193, 195, 198-200, 208
債権者代位権　199
債権者平等　74, 178, 193
債権譲渡　183, 185
最高政務官　20, 21
財政　31, 40, 41, 77-79, 114, 121, 122, 171, 172,

191, 202
裁判　23, 26, 27, 29, 41, 43, 54, 55, 58, 61, 73, 75
裁判長　27, 28, 59, 60
債務　74, 162, 181, 182, 184-186, 199
債務者　72-74, 107, 115, 116, 162, 182, 183-185,
　188, 193, 200
債務超過　74, 178, 179, 199, 200
債務奴隷　73
詐害　148
詐害行為取消権　199
詐欺　152
作為義務　101
錯誤　101, 141, 187
殺人　43, 44, 76, 169, 170, 194
サブリース　177, 178
参事会　94, 190, 202
ジェネアロジー　81, 82, 172
死刑　28, 45, 46
時効　66, 104
資産　41, 77, 100, 102, 108, 111, 115-117, 119,
　120, 123, 139, 141, 146, 159, 178-181, 187,
　189-192, 195,-198, 200-202, 208
使者　110
氏族　34
質　178
質権　163, 179, 180, 182, 200
質権者　178-181, 200
執行　74, 117, 178, 179, 199
執行組合員　110, 111
実証主義　3, 17, 18, 44
実力（暴力）　8, 9, 11, 13, 22, 25, 26, 28, 30, 52,
　53, 55, 56, 59, 60, 64, 67, 80, 85, 95, 97, 99, 105,
　111, 116, 117, 131-135, 137, 138, 150, 151, 156,
　158, 164, 167, 173, 176, 184, 200, 207
実力質　179
支配人訴権　196
支払手段　114, 181
支払誓約　188
市民　21, 39, 45, 47, 77-79, 82, 89, 91, 129, 139,
　155, 166, 190, 194, 201
市民権　79, 81, 82, 84, 85, 89, 90, 92, 96, 155,
　165, 200, 201
市民社会　12, 52, 75
市民的占有　141, 142, 160, 176, 178, 179

事務管理　108, 203
社会構造　6, 7, 15, 42, 49, 50, 53, 58, 83, 87,
　115
社会人類学　9, 13
受遺者　158
自由　8-10, 13, 14, 22, 23, 29, 33, 34, 38-40, 43,
　44, 46, 51, 52, 54, 56, 57, 63, 65, 69, 72, 73, 75,
　82, 92-96, 149, 151, 175, 197
自由刑　28, 168
自由心証主義　62
自由人　48, 147-149
自由人の身体侵害　76
自由のための取り戻し人　69
自由身分訴訟　68
宗教　32, 33
住居侵入　169
集団　8, 9, 13, 25, 26, 28, 32-34, 50, 52-54, 75,
　89, 111, 131, 176, 180
十二表法　6, 7, 43, 47, 62, 65-67, 76, 80, 147,
　154
受寄者　112-114
首長制　21, 29
出資　110, 111
出頭保証金　45
出頭保証人　45
取得時効　63, 66, 88, 90, 120, 121, 143, 147
受任者　106-110, 112
受領　145
種類物　70, 71, 77, 78, 105, 107, 108, 113, 122,
　137, 193, 196
傷害　76, 148
傷害罪　169
償還　107
証券化　183
証拠法　62
消尽効　161
常設刑事裁判所　166, 170, 171
上訴　163
使用貸借　113
譲渡担保　99, 103, 179, 180
消費寄託　113, 114, 181
消費貸借　69, 72, 73, 97, 103, 106, 107, 111,
　114, 178, 182, 183, 196
消滅時効　67

女子　81-85, 172, 190, 191, 200-203
職権　59, 60
処分権主義　62
書面　61
所有権　31, 110, 111, 114, 118, 125, 126, 130,
　　137, 142-145, 147, 150-153, 156-158,
　　160-162, 164, 165, 167, 168, 170-172, 175,
　　176, 178-184, 186-188, 190, 191, 194, 196-199,
　　201, 202, 209, 210
所有権者　142, 170, 171, 176, 178, 181, 182,
　　187, 194-198, 200
所有権に基づく返還請求　147
所有権留保　103
自力執行　115
史料批判　6, 7, 15, 62
審級　155, 157, 159, 162
人権　69
心身二元論　25
心身論　83, 168
人身保護　69
身体　26, 45, 46, 53, 54, 147, 148
信託　82, 85, 191
信託遺贈　189, 191
神殿　30, 32, 34
人文主義　1, 2, 6, 7, 17, 62, 128
人文主義法学　1
信用　2, 71-73, 77, 84, 85, 88, 93, 96-98, 100,
　　103, 105, 106, 108, 110-114, 117-119, 128, 129,
　　137, 138, 164, 171, 177-179, 181, 182,
　　184-186, 189, 191, 192, 195-199, 201-203, 207,
　　209, 210
神話　16, 47, 53
政教分離　32
政治　2, 8-12, 14, 16, 19, 21-23, 26, 29, 31-34,
　　37, 38, 40, 45, 57, 71, 76, 91, 96, 119, 126, 139,
　　158, 165
政治システム　11, 14, 16, 17, 19, 22-29, 31, 33,
　　35, 38, 39, 41, 42, 44-47, 51, 52, 54-56, 58, 60,
　　62, 63, 65, 66, 71, 74, 76, 79-81, 83, 84, 89,
　　91-94, 96, 98, 99, 101, 110, 115, 117, 121, 122,
　　130, 150, 151, 158, 163-165, 167, 169, 173, 179,
　　182, 183, 190, 201, 206, 207, 209, 210
政治的階層　18, 27, 42, 43, 75, 90, 91, 93, 96,
　　139, 179, 190

政治的決定　11, 13, 14, 18, 20, 21, 23, 24, 26-28,
　　35, 40-42, 57, 61, 63, 101, 103, 183
政務官　18, 28, 60, 76, 77, 78
誓約　159
誓約保証人　148
生来自由人　202
責任財産　178, 189
窃盗　64, 67, 68, 104, 147, 158, 172
善管注意義務　105, 142, 144, 146
先議権　19
選挙　18-22, 29, 47, 60, 76, 91
先決問題　156
先決問題訴訟　159
全資産質　181
占有　35, 56-59, 62-85, 88, 90-92, 94, 95,
　　97-101, 103-105, 107, 108, 110-114, 116-120,
　　122, 124-129, 131-137, 139, 140, 142-145, 148,
　　149, 152, 154, 157, 158, 160, 161, 163, 169,
　　171-173, 175, 177-180, 187, 188, 190-193, 196,
　　198, 200, 201, 203, 206-209
占有回収の訴　134
占有訴訟　60, 65, 68, 90, 116, 121, 134, 155, 156,
　　173, 188, 199
占有保持の訴　134
占有保全の訴　134
戦利品　30, 77, 165
訴因　166, 169, 170, 171
倉庫　94, 96-98, 104, 105, 112, 137, 139, 140,
　　145, 177
総合的更改　182
相続　79, 110, 111, 116, 117, 156
相続財産　80, 110, 116, 156, 190, 191, 202
相続財産の占有　116
相続財産分割請求の訴権　81
相続人　80, 190, 191
争点決定　161
贓物の抗弁　68, 121
贈与　31
相隣関係　76, 88
訴権　60, 68, 74, 102, 147, 151, 152, 157, 162,
　　208
訴権化　62
訴権の競合　161
訴訟指揮　162

和文索引　　223

訴訟物　60
訴訟要件　59, 61, 154, 161
訴追　27
訴追権　46
訴追者　43
疎明　59
損害　68, 76, 100, 101, 146, 148, 187

**た　行**

代位弁済　182, 183
対価　32, 108, 122, 123, 137, 175, 176
大土地所有　128
第二次的政治システム　33, 34, 38, 39, 51, 74,
　　88, 90, 103, 119, 207
代表　19, 20
代物弁済　159, 162, 182, 187
逮捕　44, 168
代理　31, 107, 110, 193-195, 197
諾成契約　87, 103, 106, 107, 112, 123, 147,
　　175-177
単一性　79, 88
弾劾主義　27, 43-45, 58, 166-168
団体　171
担保　184, 188, 189
担保権　177, 178
地役権　75, 137
蓄蔵財　30
遅滞　73, 74, 145, 146, 182, 183, 185
注意義務　149
中間占有　59
仲裁　76, 102, 123, 154
忠実義務　107
懲罰　67, 68, 100, 102, 146, 148, 151, 152, 161
帳簿　94, 95, 97, 100, 102, 105, 109, 113, 114,
　　119, 128, 138, 167, 171, 181, 182, 185
賃借人　117
賃貸借　176
追奪　64, 104
通貨偽造　170, 171
通婚権　84
通商権　84
抵当権　180
哲学　2, 9, 40, 42, 91
デモクラシー　2, 15, 17, 37-42, 44, 45, 56, 57,

　　82, 91-93, 158, 165, 170, 206
テリトリー　9, 13, 14, 25, 30, 33, 38, 39, 58,
　　71, 72, 127
伝承批判　6
伝聞法則　61
転用物訴権　198-200, 209
動機　101
当事者主義　60
当事者適格　59, 192
同時履行　163
同時履行の抗弁　103, 147
投票　21
投票権無き市民権　84, 201
同盟都市　49, 84, 89, 93, 94, 116, 128, 129, 139,
　　155, 156, 165, 170, 172, 190, 201
トゥリブス民会　75, 76
特約　163
特有財産　193
特有財産訴権　195
都市　11-14, 16, 17, 25, 29, 32, 33, 38, 64, 75,
　　79, 90, 92-96, 105, 107, 112, 113, 119, 120, 123,
　　124, 127, 129, 135, 137-140, 151, 152, 165, 167,
　　175, 180, 184, 190-192, 196, 202
取引所　104
奴隷　48, 51, 68, 69, 72, 83, 122, 124, 149, 170,
　　194, 197, 198-202

**な　行**

内容　197
〈二重分節〉　38-41, 46, 51-59, 72, 81, 192
二段階訴訟　61
任命行為　197
農場　128, 133, 136, 138-140, 145, 146, 160,
　　170, 182, 187, 192, 194, 197

**は　行**

賠償　60, 68, 76, 100-102, 144, 146-152, 154,
　　160, 186, 187, 194, 199
陪審　27, 28, 39, 59-62, 154, 157, 159-161, 163,
　　165, 166
配当　116
売買　78, 94, 96, 101-104, 106, 109, 112-114,
　　117, 137, 138, 143, 145, 158, 160, 180, 181, 187
売買は賃貸借を破る　177

破産　107, 111, 116, 119, 189, 193, 194, 199
破産管財人　180
派生的占有　179
発議権　19
原田慶吉　2, 7
反逆罪　172
判決　28, 61, 63, 64, 101
犯罪　24-27, 31, 44-46, 76, 166-169, 171, 172
パンデクテン法学　1, 3
引渡　104, 105, 116, 137, 140, 141, 143-147,
　152, 182, 187, 194
引渡債務　183, 189
被後見人　82, 192
被告適格　59, 65, 66
被告人　27, 28, 43, 44, 54
非占有質　179
被相続人　80
否認権　180
費用　13, 69-72, 78, 103, 109, 121, 123, 176
費用果実関係　12-14, 33, 99, 108
費用前払い　110
評議会　19, 39, 42
平等　14, 82
不可抗力　105, 144, 146
附従性　162
部族組織　15, 21, 35, 48, 49, 67, 77, 93
不訴の特約　163
付帯文書　190
物上保証　189
不当利得返還　186, 198
不法行為　76, 147, 148, 159, 168, 169, 187
文学　2, 9, 10, 16, 32, 42, 58, 83, 94
文書偽造　170, 171
〈分節〉　14, 33, 38, 50-52, 84
分別の利益　189
「平穏公然確定的たる場合に限り」　90
平民　42-44, 46, 47, 49-51, 68, 79, 84, 147
平民会議決　148
弁済　72, 74, 115, 182, 183, 188, 197
弁論　61, 62
弁論主義　61
法　2, 8, 37, 57, 58, 62, 64, 66, 67, 76, 80, 87,
　91, 124, 126, 127, 131, 163, 192
法学　3, 71, 91, 92, 121, 131, 157, 163, 172, 177,

　179, 180, 198, 203, 209
包括執行　74, 88, 115, 117, 118, 177, 178, 197,
　198, 200
方式書訴訟　154, 157
報酬　108, 111
法廷　64
法定相続　81
法務官法　154
亡命（権）　45
法律行為　153
法律訴訟　154
保佐　83
保証　162, 188, 189
保証人　162, 188, 189
ポトラッチ　21, 54
捕縛　26, 27, 43, 54, 58
本案　61, 63, 65, 66, 99, 126, 154, 157

## ま 行

前書　162
前書訴権　162
未遂　169
未成年者　200
身体刑　45, 168
身分制　47
身分法　200, 202
民会　19-21, 33, 35, 39, 42, 76, 77, 81, 165
民事再生　183
民事裁判　29, 58, 79, 188
民事訴訟　58-62, 68, 97, 98, 100-102, 124,
　153-155, 157-159, 161, 163, 192, 208
民事法　6, 8, 60, 64, 78, 82, 88-90, 160, 175,
　203, 206
無因　183
無過失責任　150
無形偽造　171
無償　109, 113
息子　28, 49, 82-84, 192, 193, 195

## や 行

約款（特約）　163
遺言　80, 81, 152, 156, 158, 170, 190
有因主義　142, 183
有形偽造　171

和文索引　225

有限責任　195, 199
ユスティニアーヌス法典　3
要式契約　87
要式行為　65, 74, 100, 147, 186
要物契約　87
予防法学　91

## ら　行

利益　9, 11, 33, 100, 108
履行　100, 103, 107, 140, 141, 144, 146, 147, 160, 162, 193
履行地　145, 146
利息　71, 72, 103, 147, 197
リベラル・デモクラシー　17, 47
流質　178

流質約款　163, 178, 180
留置権　123
領域　11, 12, 14, 17, 25, 30, 33, 34, 38, 39, 42, 45-47, 51, 52, 54-56, 58, 65-69, 71, 74-76, 78-80, 82, 84, 85, 88, 90, 93-96, 99-101, 103, 105, 107, 111, 112, 114, 117, 119-121, 123, 129-131, 135, 137-139, 143, 145-148, 151-153, 155, 158, 160, 162, 167, 175, 178, 180-184, 186-192, 194, 196, 197, 201-203
隣人　66, 68, 75-77, 84, 85, 88, 90, 122, 123
歴史学　9, 40, 42, 91
労働　2, 22, 30, 32, 69, 77, 122-124, 175, 209

## わ　行

和解　161, 182, 187, 188

**著者略歴**

木庭　顕（こば・あきら）
1951年東京生まれ。1974年東京大学法学部卒業。現在、東京大学名誉教授。専門はローマ法。
主な著作：
『政治の成立』（東京大学出版会、1997年）
『デモクラシーの古典的基礎』（東京大学出版会、2003年）
『法存立の歴史的基盤』（東京大学出版会、2009年）
『現代日本法へのカタバシス』（羽鳥書店、2011年）
『［笑うケースメソッド］現代日本民法の基礎を問う』（勁草書房、2015年）
『法学再入門　秘密の扉　民事法篇』（有斐閣、2016年）
『［笑うケースメソッドⅡ］現代日本公法の基礎を問う』（勁草書房、2017年）

新版　ローマ法案内
現代の法律家のために

2017年10月30日　第1版第1刷発行
2017年11月30日　第1版第2刷発行

著　者　木　庭　　顕

発行者　井　村　寿　人

発行所　株式会社　勁　草　書　房
112-0005 東京都文京区水道2-1-1　振替 00150-2-175253
（編集）電話 03-3815-5277／FAX 03-3814-6968
（営業）電話 03-3814-6861／FAX 03-3814-6854
本文組版 プログレス・港北出版印刷・松岳社

©KOBA Akira　2017

ISBN978-4-326-40342-4　　Printed in Japan

JCOPY　〈(社)出版者著作権管理機構　委託出版物〉
本書の無断複写は著作権法上での例外を除き禁じられています。複写される場合は、そのつど事前に、(社)出版者著作権管理機構（電話 03-3513-6969、FAX 03-3513-6979、e-mail: info@jcopy.or.jp）の許諾を得てください。

＊落丁本・乱丁本はお取替いたします。
http://www.keisoshobo.co.jp

木庭　顕
[笑うケースメソッド]
現 代 日 本 民 法 の 基 礎 を 問 う

A5 判　3,000 円
40297-7

木庭　顕
[笑うケースメソッドⅡ]
現 代 日 本 公 法 の 基 礎 を 問 う

A5 判　3,000 円
40328-8

樋口陽一
六　　訂　　憲　　法　　入　　門

B6 判　1,800 円
45109-8

樋口陽一
近代立憲主義と現代国家　新装版

A5 判　4,400 円
40319-6

遠藤比呂通
人　　権　　と　　い　　う　　幻
対話と尊厳の憲法学

四六判　2,700 円
45096-1

小泉良幸
個　人　と　し　て　尊　重
「われら国民」のゆくえ

四六判　2,500 円
45106-7

勁草書房刊

＊表示価格は 2017 年 11 月現在。消費税は含まれておりません。